O **PERISPÍRITO**
E SUAS **MODELAÇÕES**

Solicite nosso catálogo completo, com mais de 400 títulos, onde você encontra as melhores opções do bom livro espírita: literatura infantojuvenil, contos, obras biográficas e de autoajuda, mensagens espirituais, romances, estudos doutrinários, obras básicas de Allan Kardec, e mais os esclarecedores cursos e estudos para aplicação no centro espírita – iniciação, mediunidade, reuniões mediúnicas, oratória, desobsessão, fluidos e passes.

E caso não encontre os nossos livros na livraria de sua preferência, solicite o endereço de nosso distribuidor mais próximo de você.

Edição e distribuição

EDITORA EME
Avenida Brigadeiro Faria Lima, 1080 – Vila Fátima
CEP 13360-000 – Capivari-SP
Telefones: (19) 3491-7000 | 3491-5449
Vivo (19) 9 9983-2575 ☺ | Claro (19) 9 9317-2800
vendas@editoraeme.com.br – www.editoraeme.com.br

Luiz Gonzaga Pinheiro

O **PERISPÍRITO**
E SUAS **MODELAÇÕES**
EDIÇÃO **REVISTA E AMPLIADA**

Capivari-SP

© 2005 Luiz Gonzaga Pinheiro

Os direitos autorais desta obra são de exclusividade do autor.

A Editora EME mantém o Centro Espírita "Mensagem de Esperança" e patrocina, junto com outras empresas, instituições de atendimento social de Capivari-SP.

24ª reimpressão – março/2025 – de 39.301 a 39.800 exemplares

CAPA | André Stenico
DIAGRAMAÇÃO | Editora EME
REVISÃO | Celso Martins, Rubens Toledo

Ficha catalográfica

Pinheiro, Luiz Gonzaga
    O perispírito e suas modelações / Luiz Gonzaga Pinheiro
– 24ª reimp. mar. 2025 – Capivari, SP : Editora EME.
    352 p.

    1ª edição : fev. 2000
    ISBN 978-85-7353-111-4

1. Espiritismo. 2. Perispírito e suas modelações.
I. Título.

CDD 133.9

Dedicatória

Este livro é para os amigos encarnados e desencarnados que contribuíram para sua realização. Eles deixaram a certeza de que um amigo é uma preciosa dádiva, tal qual um crisântemo, um gerânio ou uma quaresmeira, a espargir suave perfume no jardim de nossas vidas.

Luiz Gonzaga Pinheiro

Sumário

1ª Parte

Introdução...9
Origem – Evolução – Humanização.................................13
O fluido universal...17
O nascimento da matéria...19
Evolução da matéria...25
Radioatividade..27
Animalização da matéria...33
O princípio inteligente...35
Os cristais..39
O Elo..43
Aliança da Vida com a Matéria Densa...........................47
A Célula Primitiva..51
Os Degraus da Vida..53
As cianofíceas..57
As algas..59
Os fungos...63
As impressões nos vegetais...67
Os protozoários...71
Os espongiários...73
O instinto...75
A memória..79
Os celenterados...83
Os platelmintos...85
Os nematelmintos...89
Algumas provas da evolução...95
A humanização..101

O cérebro perispiritual 103
Pensamento: agente modelador......................................107
Ideoplastia..111
A lei cármica 117
A reencarnação..121
O perispírito: generalidades..127
O perispírito: aspectos gerais 129
O sistema nervoso..133
O duplo etérico...139
A ciência dos Espíritos 141
Sobre a sede da memória e a não perenidade do perispírito..........145
Conclusão..157

2ª PARTE

Introdução **161**
Tirando dúvidas..163
Os amputados..167
O perispírito frente às mortes prematuras 179
Deformação perispiritual pela viciação mental...............189
O perispírito frente ao suicídio 193
Degradação da forma (Vampirismo) 227
Degradação da forma (Hipnotismo) 239
A ortodoxia dos Espíritas..247
Estudo do corpo mental 251
Transplante de órgãos 263
Patogenia perispiritual..279
O laboratório da natureza 299
Traumas por acidentes 305
Estranhos desencarnes 319
Reencarnes 325
Conclusão..343
Glossário (Biologia e Química).......................................345
Bibliografia 349

INTRODUÇÃO

O perispírito e suas modelações é uma obra que visa aglutinar idéias em torno desse corpo maleável (o perispírito) desde a sua origem, tratado aqui como corpo astral, até o período de humanização. Neste volume, partimos da sua formação, enfatizando as mudanças e os aperfeiçoamentos sofridos na longa peregrinação pelos vegetais e animais, detendo-se na humanização e prosseguindo em sua evolução, quando cada vez mais se clarifica.

A primeira parte desta obra (Origem e evolução) é um trabalho de pesquisa espírita e acadêmica. É uma tentativa para tornar compreensíveis os passos nos quais o princípio inteligente, através de seu comando, auxiliado pelas potências angélicas responsáveis pela evolução terrena, direciona sua caminhada, esculturando aos poucos as formas e funções adequadas a cada um de seus estágios na matéria.

Na segunda etapa, (Humanização) o intercâmbio com os amigos espirituais foi constante. Durante o sono físico, em reuniões mediúnicas, através de desdobramentos, psicofonia, vidência e audiência, eles nos levaram a assistir e participar das mais variadas transformações, modelações e pesquisas no corpo espiritual.

Contribuíram nesta obra centenas de irmãos desencarnados, técnicos, cientistas, médicos, enfermeiros, psicólogos, suicidas, mutilados e viciados, estes testemunhando com suas próprias deformações perispirituais as ocorrências suscetíveis de danificar esse mediador plástico e aqueles orientando como preservá-lo e modelá-lo.

As experiências aqui relatadas variam desde o Espírito atônito pela falta de um órgão seu, retirado para transplante, até o desdobramento levado a efeito por um desencarnado para provar a existência do corpo mental, um corpo ainda mais sutil que o perispírito; das incursões às furnas e cavernas para estudar a zoantropia, a observação do perispírito de vampiros e de vítimas de radiações nucleares.

Fizemos questão de manter a máxima originalidade possível com relação aos relatos mediúnicos, mudando apenas alguns vocábulos e retirando outros demasiadamente repetidos. A linguagem é clara e instrutiva. Essa originalidade visa a nada subtrair da narrativa, que revela nas entrelinhas inúmeros ensinamentos paralelos, dando margem a variados questionamentos.

Iniciei este volume motivado pela dificuldade que sempre encontrei ao pesquisar o perispírito, o que me obrigava à demorada pesquisa bibliográfica, uma vez que os apontamentos sobre esse corpo se encontram pulverizados em muitas obras.

Certamente que existe muito a desvendar e a desmistificar. Estou contente pela oportunidade de serviço a que me ative, na qual ganhei muitos amigos e pude confirmar que sem esforço e perseverança, toda e qualquer batalha já é perdida antes de iniciada.

Começo como pretendo terminar. Com uma louvação ao Criador da vida e de seus implementos.

Deus seja louvado.

O PERISPÍRITO E SUAS MODELAÇÕES

PRIMEIRA PARTE

CAPÍTULO 1

ORIGEM – EVOLUÇÃO – HUMANIZAÇÃO

Na opinião de alguns filósofos espiritualistas, o princípio inteligente, distinto do princípio material, se individualiza e elabora, passando pelos diversos graus de animalidade. É aí que a alma se ensaia para a vida e desenvolve, pelo exercício, suas primeiras faculdades. Esse seria para ela, por assim dizer, o período de incubação. Chegada ao grau de desenvolvimento que este estado comporta, ela recebe as faculdades especiais que constituem a alma humana. Haveria assim filiação espiritual do animal para o homem, como há filiação corporal. Esse sistema, fundado na grande lei de unidade que preside a criação, corresponde, forçoso é convir, à justiça e à bondade do Criador; dá uma saída, uma finalidade, um destino aos animais, que deixam então de formar uma categoria de seres deserdados, para terem, no futuro que lhes está reservado, uma compensação a seus sofrimentos.

A Gênese – Allan Kardec
(Cap. XI – item 23)

DEUS

O primeiro desafio que temos a enfrentar quando ousamos entender Deus, é o da limitação. É do senso lógico que o limitado não abrange o ilimitado. A parte não absorve o todo. O relativo não se sobrepõe ao absoluto, nem o finito descreve com plenitude o infinito.

Alguém pode pensar simploriamente que uma gota do oceano seja capaz de lhe desvendar os mistérios. Concordamos em parte que sim. A essência, os elementos químicos formadores de suas moléculas, algumas formas de vida nela existentes, as transformações relativas aos fenômenos físico-químicos poderiam fornecer pálida ideia do conjunto formado pelo oceano.

Mas daí a aventurar-se a mar alto confiado nessas informações, é candidatar-se a decepções e desenganos frustrantes. Descobriria de imediato o navegante, os inumeráveis pluricelulares marinhos, as formas de vida exuberantes que lhe ultrapassariam em centenas de vezes o peso e o tamanho; os abismos obscuros; as correntes indomáveis; as tormentas bruscas; os segredos que esperam os heróis incansáveis para a pesquisa e o trabalho fecundos. Deus, em nosso estágio de entendimento, tem a grandeza que a nossa inferioridade permite ver. Nós O olhamos com os olhos de catarata. À proporção em que nossa ciência e sabedoria atuarem como bisturi da ignorância que nos torna cegos, nosso cristalino terá menos opacidade, permitindo que o raio de luz da verdade, em sucessivas raspagens reencarnatórias nos permita vê-Lo, como sentenciou o Espírito de Verdade.

Claro está que jamais O veremos circunscrito a um local específico, nem conseguiremos descrevê-Lo em dimensões e formas. Nós O entenderemos relativamente e com Ele nos identificaremos em essência e destinação.

Dizem alguns tolos cujo orgulho lhes põe cera aos ouvidos e venda aos olhos: se Deus existe, prove-o!

É o segundo desafio. O da demonstrabilidade. Poderíamos dizer-lhes o mesmo, utilizando de sua ótica retorcida. Se Ele não existe, prove-o!

No entanto, seria gastar tempo e energia, fazendo-nos de mestres que não somos, quando para tais alunos o mestre tem muitos nomes: frustração, vazio, desengano, dor, e no final do curso, aceitação.

Podemos, no entanto, lembrar a quem de interesse sadio se arme, que o sentimento e a certeza da existência de Deus são universais. Da crença mais bizarra nos Espíritos primitivos até a intelectualidade mesmo fria, Deus é a razão, lei, Criador do universo.

Quando em vez alguém tenta negar a existência do Ser supremo ou deixá-Lo ausente das construções universais. Tal foi a infeliz conclusão de Nietzsche ao afirmar a morte de Deus, e a singular resposta de Pierre de Laplace a Napoleão Bonaparte, quando este lhe interrogou sobre a obra do importante matemático, intitulada "Mecânica Celeste": Escrevestes este enorme livro sobre o sistema do mundo sem mencionar uma só vez o autor do Universo? Perguntou

Napoleão. E Laplace respondeu com mais respeito ao imperador que a Deus: Senhor, não senti necessidade dessa hipótese.

Trinta anos após a morte de Laplace, é lançado na Europa *O Livro dos Espíritos* cuja pergunta número um é: Que é Deus? Essa pergunta abriu de vez as portas do Além para a Humanidade. E a sua resposta (Inteligência suprema, causa primeira de todas as coisas) deixou claro que as portas do céu estão abertas para quem as queira conquistar através da caridade.

Em *O Evangelho Segundo o Espiritismo* falam os Espíritos superiores que, nos mundos mais atrasados onde a força bruta é a lei, no fundo tenebroso das inteligências de seus habitantes encontra-se latente a vaga intuição de um ser supremo, mais ou menos desenvolvida.

Pela observação e questionamento de si e do Universo, o Espírito terá milhões de provas materiais e filosóficas de uma ordem mantenedora, de uma harmônica diretriz que a tudo impulsiona rumo à perfeição. Todas as equações e fórmulas científicas do nosso mundículo atestam a existência de Deus. Igualmente, vasculhando o mundo íntimo, repositório de dores e conquistas, encontramos a ação de Deus em cada segundo vivido. Imersos estamos em Deus, mas nem todos partilham de igual visão.

Os racionalistas, tomando a razão como via natural do conhecimento, só aceitam Deus racionalmente. Muito bem! Eles estão satisfeitos com a sua meia verdade. Os que defendem a supremacia da fé entendem que jamais o Espírito encontrará Deus pela razão, pois só na fé existem condições indispensáveis para desabrochar a luz espiritual. Estes estão crentes na sua meia verdade.

Convivendo com ambos, os vinculados ao plano das emoções rejeitam a razão e optam pelo sentimento, afirmando: Deus não pode ser racionalizado, apenas sentido. Estes estão acomodados com sua meia verdade. Se Deus está em tudo, todos os caminhos desaguam em sua plenitude. Juntando as meias verdades teremos uma meia verdade aproximada de Deus, ainda de acordo com o nosso estágio de semi-analfabetos na ciência espírita.

Objetivistas e subjetivistas em suas buscas filosóficas enquanto sadias, ampliarão a cada dia o pensamento sobre Deus até que descubram que ambos estão corretos e incompletos. O problema exige a atuação da mente e a melodia do coração.

Apreende-se desse fato que todos possuem argumentos na busca pelo conhecimento teológico. Só aquele que procura negar a existência de um ser superior é que não os possui. E se julga detê-los, vê chegar o momento em que a lógica inflexível os devora, deixando-o aturdido frente à sua imaturidade espiritual.

Deus nesta obra será tratado como causa primeira de todas as coisas, o que pode criar a substância e a essência, cabendo ao Espírito, manejar, planejar, direcionar, auxiliar, supervisionar, mas nunca decidir em grau maior, de vez que as leis divinas já incluem a decisão em seu âmago. O Espírito decide através do seu livre-arbítrio em questões menores, pois em última instância prevalece as leis divinas, dotadas de determinismo inexorável a culminar na sabedoria, beleza, justiça...

Os Espíritos agem, portanto, sob o comando de uma diretriz já delineada, cujo fatalismo evolutivo é sentido obrigatório. À proporção em que escapam da faixa grosseira da ignorância e adentram a sutileza das emoções sublimadas, mais corroboram com esse determinismo.

Se quisermos entender um pouco da grandiosidade de Deus, procuremos entender e conhecer a nós mesmos, criados à Sua semelhança, e estimemos o que é, e do que será capaz o poder amoroso de Deus.

Sem contaminar a palavra hoje, tão vulgarizada e tomada como representação de sentimentos e atitudes até mesquinhas, diria que Deus é fonte inesgotável de amor. A fonte que move e sustenta a bipartição de um simples protozoário e a estabilidade das imensas galáxias bordadas de bilhões de sóis. Por esse motivo não pune, não castiga, não é guerreiro, não obriga, não distribui chagas ou medalhas para nenhuma de suas criaturas.

Como energia criadora, criou a lei, e como ninguém é forte fora da lei, ausentando-se dela, a ela retorna por absoluta falta de opção. A vida não deixa alternativa. É seguir a Deus ou condenar-se ao sofrimento. E como ninguém se adapta à dor, embora muitos com ela convivam por largos anos, acaba cedendo ao chamamento do amor, após a lapidação imposta por esse mestre tão enérgico, mas tão solicitado no mundo atual, qual seja, o sofrimento.

É um conforto saber da existência de Deus e ter a segurança de que não somos órfãos em tão extenso Universo.

CAPÍTULO 2

O FLUIDO UNIVERSAL

Esse fluido cósmico que enche o mundo, mais ou menos rarefeito, nas regiões imensas, opulentas de aglomerações de estrelas; mais ou menos condensado onde o céu astral ainda não brilha; mais ou menos modificado por diversas combinações, de acordo com as localidades da extensão, nada mais é do que a substância primitiva onde residem as forças universais, donde a natureza há tirado todas as coisas.

A Gênese – Allan Kardec (cap. VI – item 17)

O FLUIDO UNIVERSAL

Segundo nossos padrões científicos, torna-se difícil uma imagem real ou aproximada do fluido universal, por absoluta falta de analogia. Podemos, contudo, considerá-lo como elemento que permeia todo o cosmo, constituindo-se na ambiência propagadora da energia e a fonte de tudo que se materializa no universo.

Nossa ciência acadêmica tem dificuldade em detectá-lo e estudá-lo, porque, em seus planos e pesquisas, admite o fluido universal (éter ou algum tipo de fluido que ocupa o espaço, uma vez que não há vazio) como forma de matéria palpável ou mensurável, quando, na realidade, nossos instrumentos apresentam-se adequados apenas para vibrações grosseiras, escapando-lhes as de natureza etérea.

O fluido universal é uma espécie de substância primitiva originada sob o comando divino que deu nascimento a todos os elementos constituintes dos mundos, através de diferentes arranjos atômicos e moleculares. As propriedades desse fluido propiciam à matéria, estabilidade na forma e na essência, evitando a sua contínua transformação.

É pela ação pensante sobre o fluido universal que resulta a criação dos mais simples aparelhos usados no cotidiano dos Espíritos e também na formação dos vastos aglomerados estrelantes. A capacidade criativa e de utilização desse elemento está diretamente relacionada com o estado mental e moral dos Espíritos. Imprimindo-se o pensamento, unido à vontade criativa sobre os fluidos, estes são modelados em formas desejadas, dispersos, direcionados, assumem colorações e finalidades específicas, são dotados de poderes dulcificantes, tóxicos, enfermiços, terapêuticos, manipulados enfim, conforme o desejo e o poder de quem neles atua.

Servem-se desse fluido não somente os Espíritos superiores, mas todos os Espíritos, que com ele fabricam os objetos que lhes são íntimos e habituais, por vezes até sem se aperceberem, dando-lhes existência enquanto perdure o pensamento, agente materializante, dirigido a tais objetos.

Dessa maneira os Espíritos trazem à realidade suas próprias recordações, externando das lembranças mentais mais fortalecidas, residências, mobiliários, vestimentas, adornos e até frutas e iguarias. Aqui reforçamos o princípio da proporcionalidade do estado evolutivo de cada Espírito, ou seja, perfeito faz quem perfeito é.

Em estado latente encontra-se nesse fluido o princípio vital que animará as futuras formas de vida dos inumeráveis seres que preencherão os mundos. Em sua intimidade, igualmente se abriga as características a serem gravadas nos planetas em formação, as suas especificidades, quais pressão, atmosfera, gravidade, dentre outras que nele têm gênese. Esse fluido dará ensejo ainda ao surgimento de uma força gravítica suportável pela vida, que aguarda o momento de palpitar em qualquer mundo, refletindo as vibrações que lhes serão próprias.

Assim falando, temos um fluido com poderes quase de um Deus. Mas importa saber que foi Deus quem criou o fluido com essas atribuições, a refletir sua suprema inteligência.

Sob o comando imperioso das mentes superiores, o fluido universal se aglutina, toma movimento e é regulado em seus espaços atômicos e moleculares, para que nele se definam as rotações e movimentos adequados ao determinismo necessário e formador dos elementos físicos e químicos, materiais e orgânicos, os quais a tempo certo afloram, se isolam ou permutam-se em avanço sem anteparo para a vida.

Os mundos nascem do fluido universal por condensação e a ele voltam por desagregação. Essa parece ser a versão admitida pelos Espíritos como a que mais se aproxima da verdade.

CAPÍTULO 3

O Nascimento da Matéria

*No princípio criou Deus os céus e a terra.
E a terra era sem forma e vazia; e havia
trevas sobre a face do abismo: e o espírito
de Deus se movia sobre a face das águas.
E disse Deus: Haja luz: e houve luz.*

**O Primeiro Livro de Moisés,
chamado Gênesis (cap. I:1-6)**

A ORIGEM DO UNIVERSO

Desvendar a origem do universo seria conhecer o pensamento de Deus acerca da criação. Ao concebê-la Ele já sabia (onisciência) de todos os seus desdobramentos, o que implica o domínio do conhecimento das leis científicas relativas à matéria e aos seres vivos (Espíritos).

Um plano tão ousado assim, deixa transparecer o poder inimaginável que Ele tem, uma vez que o sistema criado é auto--sustentável através de forças e leis que o orientam, ou seja, os mundos nascem, cumprem suas finalidades por bilhões de anos, morrem e são substituídos por outros. Assim se diz que Deus trabalha sem cessar.

A perfeição dessas leis abrangendo o macro e o microcosmo é tamanha, que nada, absolutamente nada, seja matéria bruta ou viva, escapa ao controle diretor de Deus.

Sua lei sustenta e dirige a energia e o princípio inteligente, ambos de sua autoria, orientando-os na mão única da evolução, sentido obrigatório onde tudo deve caminhar. Deus detém o controle do universo e aos poucos o homem vai aprendendo e assimilando o seu pensamento, no que se torna seu assistente e colaborador.

No presente estágio evolutivo, a origem do universo ainda é um mistério dos mais intrigantes a desafiar a inteligência do homem. Contudo, a maioria dos cientistas que pensa sobre o tema, admite a teoria da "grande explosão" (*big bang*) como a mais satisfatória para explicar racionalmente o seu atual panorama.

Para entendermos tal teoria, temos que imaginar as condições iniciais do Universo. Toda matéria estaria concentrada em um ponto de temperatura infinitamente elevada no instante da explosão. Antes dela não havia ainda espaço nem tempo, sendo estes criados a partir do exato instante em que ela ocorreu. A partir dela a matéria foi se afastando do ponto central tomando todas as direções, o que persiste ainda hoje.

À proporção em que o Universo se expandia, sua temperatura diminuía, e segundo os cálculos de Stephen Hawking, professor de Matemática de Cambridge e o mais renomado astrofísico da atualidade, um segundo após o formidável estrondo, ela deve ter caído para aproximadamente 10 bilhões de graus.

Ao formular a hipótese de um Universo superaquecido em seu estágio inicial, o cientista George Gamov em 1948 fez a seguinte previsão: "A radiação (sob a forma de fótons) dos primórdios extremamente quentes do Universo deve estar presente ainda hoje, com a única diferença de apresentar temperatura reduzida a poucos graus acima do zero absoluto (-273 C)."

Em 1965, os físicos Arno Penzias e Robert Wilsom operavam uma enorme antena para estudar a interferência das radiações estelares nas comunicações por satélite e encontraram uma espécie de radiação que chegava de todas as partes do céu. Na Universidade de Princeton, Robert Dicke chefiava uma equipe que procurava vestígios da origem do Universo. Quando os dois grupos se encontraram para uma conversa sobre suas pesquisas, ficou claro que Penzias e Wilsom haviam feito uma estupenda descoberta, o eco do *big bang*, um resíduo de energia proveniente de fótons que existiram no Universo, quando a radiação se desligou da matéria, aproximadamente 400 mil anos depois da explosão.

Recentemente, quando o satélite Cobe confirmou que a radiação cósmica não é homogênea, mas portadora de diminutas oscilações, Stephen Hawking considerou: estamos diante da maior descoberta

O perispírito e suas modelações

deste século, a confirmação da veracidade da teoria do *big bang*.

Aprofundando o assunto no sentido de entendermos a origem dessa radiação, temos que voltar ao espaço inicial zero, onde não havia nenhum observador para colocar-se do lado de fora do evento para observá-lo. Essa radiação, imensa cascata de luz, só poderia ser detectada milhares de anos após a explosão que gerou o espaço--tempo.

Em seus estágios iniciais, o Universo era um emaranhado de partículas que não permitiam que os fótons circulassem livremente. Só quando a temperatura do ambiente caiu para cerca de 5000 graus, os elétrons livres foram aprisionados pelos prótons devido à atração entre as cargas positivas e negativas vencer a velocidade com que tais partículas se deslocavam. A queda da velocidade se deu devido à baixa da temperatura e possibilitou o aparecimento do átomo.

Em consequência do aprisionamento mútuo entre prótons e elétrons, os fótons puderam viajar a grandes distâncias formando a radiação de fundo, hoje realidade aceita, comprovada, e ponto a favor da teoria do *big bang*.

Outra prova bastante convincente da veracidade dessa teoria é a conhecida lei de Hubble. A descoberta que gerou essa lei foi feita por Edwin Hubble em 1929, e permitiu a constatação de que as galáxias se afastam umas das outras como se impulsionadas pela força de uma grande explosão. Hubble verificou que as galáxias mais distantes se deslocam com mais rapidez que as mais próximas. Isso permitiu à ciência calcular a idade do Universo a partir da velocidade de fuga das galáxias e as distâncias em que elas se situavam naquele momento.

Isso nos leva à conclusão de que a idade do Universo oscila entre 15 e 20 bilhões de anos. Todavia, com tantas evidências a favor, a teoria da grande explosão não nos esclarece muito sobre o pensamento de Deus. Em que condições ela ocorreu? Antes da explosão o que havia? Como surgiu a imensa quantidade de energia concentrada em espaço zero? Poder-se-ia dizer que Deus criou o Universo do nada, por nada existir fora desse espaço zero, que para nós é ausência de espaço? Que força descomunal concentraria tanta energia? Haveria um espaço vazio e toda a energia estava concentrada em um único ponto?

Em certas faces do questionamento acerca da origem do Universo a especulação toma ares de teoria provável. Acreditam alguns cientistas que, a depender da quantidade de matéria existente no Universo, ele poderá expandir-se para sempre caso a quantidade seja pequena; ao contrário, poderá chegar a um limite crítico de expansão e inverter o sentido de deslocamento, culminando numa grande implosão.

Será que há quinze ou vinte bilhões de anos não houve uma implosão? Seria esse o ritmo do Universo? Expandir-se e contrair-se indefinidamente?

Os aglomerados, hoje conhecidos como galáxias, só surgiram milhares de anos depois do início do universo. Em regiões de densidade ligeiramente acima da média das demais, a expansão retardou-se por força da gravitação universal. Isso deve ter parado a expansão em determinados pontos do universo, dando ensejo a que novas explosões ocorressem.

"Quando entrassem em colapso, o impulso gravitacional da matéria para fora dessas regiões poderia fazê-las começar a girar lentamente. À medida que as regiões que entrassem em colapso se tornassem menores, adquiririam rotação mais rápida, e mais tarde ainda, quando a região ficasse pequena o bastante, estaria girando o suficiente para equilibrar a atração gravitacional, dessa maneira tornando-se diferentes galáxias rotativas" (Hawking – *Uma Breve História do Tempo*).

Pietro Ubaldi, místico italiano, em sua admirada obra *A Grande Síntese*, assim se expressa com relação à origem das galáxias: "Assim, muitas nebulosas que vedes aparecer nos espaços sem um precedente visível, nascem por condensação da energia que, depois da imensa dispersão e difusão, devidas à irradiação contínua de seus centros, concentra-se, seguindo correntes que giram sua eterna circulação, em determinados pontos do Universo.

Aqui, obedecendo ao impulso que lhe é imposto pela grande lei do equilíbrio, ela se acantona, acumula-se, volta, retorna sobre si mesma, compensando e equilibrando o ciclo inverso, que se exaurira, da difusão que a havia guiado de coisa em coisa para tudo animar e mover no Universo. De todas as partes do Universo as correntes trazem sempre nova energia; o movimento torna-se sempre mais intenso, o vórtice fecha-se em si mesmo, o turbilhão fica sendo um verdadeiro núcleo de

O perispírito e suas modelações 23

atração dinâmica. Quando ele não pode sustentar no seu âmbito todo o ímpeto da energia acumulada, aparece um momento de máxima saturação dinâmica, um momento crítico em que a velocidade fica sendo massa, estabiliza-se nos infinitos sistemas planetários íntimos, de que nascerá o núcleo, depois o átomo, a molécula, o cristal, o mineral, os amontoados solares, planetários e siderais. Da tempestade imensa nasceu a matéria. Deus criou."

Partamos, pois para um estudo sobre o perispírito em suas conquistas sobre a Terra que é o nosso objetivo primeiro. O certo é que inicialmente a Terra era uma bola de fogo, cujos elementos químicos e físicos, sendo trabalhados na morosidade dos séculos, só mais tarde, por ocasião do resfriamento é que iriam aparecer.

Há cinco bilhões de anos atrás, iniciava-se a formação da Terra. Em estado incandescente, as substâncias mais pesadas desceram ao seu núcleo, enquanto as mais leves boiavam, ocasião em que escapavam para a atmosfera gases como o hidrogênio, metano, amônia e carbono, acompanhados de vapor de água, formando a atmosfera primitiva.

Com o resfriamento da superfície surgiu uma camada de crosta, cujos pontos mais vulneráveis, forçados por uma pressão interna, deram origem aos vulcões. O vapor de água eliminado por tal cenário ígneo acumulou-se na atmosfera pouco a pouco, forçando o aparecimento das chuvas, dando origem aos primeiros oceanos.

CAPÍTULO 4

EVOLUÇÃO DA MATÉRIA

Na grande oficina surge, então a diferenciação da matéria ponderável, dando origem ao Hidrogênio. As vastidões atmosféricas são amplo repositório de energias elétricas e de vapores que trabalham as substâncias torturadas no orbe terrestre. O frio dos espaços atua, porém, sobre esse laboratório de energias incandescentes e a condensação dos metais verifica-se com a leve formação da crosta solidificada.

A Caminho da Luz – Emmanuel
(Cap. I – pág. 20)

EVOLUÇÃO DA MATÉRIA

Para melhor entendimento do assunto, faremos pequena análise do atual estágio de conhecimento da ciência acadêmica, sobre a estruturação da matéria, seguindo-se então a sua caminhada evolutiva a partir dos elementos mais simples, gerando através do tempo, elementos mais velhos e mais densos.

Na Grécia antiga, berço da cultura, Demócrito e Leucipo haviam chegado à conclusão de que dividindo continuamente a matéria chegaríamos a uma partícula ínfima, a qual Demócrito batizou de átomo, palavra que quer dizer indivisível. Contudo, o estudo dos gregos, apesar de racional e lógico, tinha como base a filosofia e não a ciência. Daí, aquilo que eles chamaram de indivisível, o século XX provou ser plenamente explorado, dividido, transformado.

O átomo é formado fundamentalmente por um núcleo pequeno e pesado, dotado de carga positiva, e gravitando ao seu redor, em regiões chamadas orbitais, sem trajetórias claramente definidas, caracterizadas como ondas ou campos, os elétrons. As partículas do núcleo são os prótons, com cargas positivas e os nêutrons, sem cargas elétricas. Como a distância entre o núcleo e os elétrons é muito grande, havendo um predomínio de espaços vazios, e como toda matéria existente é constituída de átomos, dizemos ser a matéria descontínua, ou seja, com predominância do vazio. A sua aparência de solidez é causada pela extrema velocidade dos elétrons que parecem estar em todos os pontos da eletrosfera ao mesmo tempo, não podendo ser localizado em determinado ponto específico, mas com possibilidades de serem encontrados a certo instante em uma zona ou orbital.

Mas a ciência avança sempre em suas descobertas e hoje está comprovado que as partículas fundamentais da matéria são os *quarks*, que formam os prótons e os nêutrons, núcleo do átomo. Para cada *quark* (existem seis) temos um lépton.

Tais partículas só podem ser detectadas em aceleradores, verdadeiros túneis do tempo quando se trata de averiguar o passado do universo. Essas partículas só existiram livremente nas primeiras frações de segundos após o *big bang*, devido à enorme quantidade de energia disponível. Atualmente só existem dois tipos de *quarks*, o *up* e o *down*, e dois tipos de léptons, o elétron e o neutrino. Esses quarks e léptons só conseguiram sobreviver por estarem acomodados à temperatura atual do universo, sendo que os demais membros dessa família se transformaram em partículas mais estáveis.

A matéria tem no momento atual a seguinte configuração: cada próton possui dois *quarks ups* e um *down,* e cada nêutron apenas um *quark up* e dois *downs.*

"Mas, a princípio, dois minutos após o *big bang,* a temperatura já caíra para um bilhão de graus, facultando a que prótons e nêutrons se juntassem por forças atrativas formando assim núcleos de Deutério (Hidrogênio pesado) que possui um próton e um nêutron. Tais núcleos teriam então se combinado com mais prótons e nêutrons formando núcleos de Hélio, Lítio e Berílio" (*Breve História do Tempo* — Hawking).

Através de possantes telescópios constata-se atualmente nos grandes aglomerados celestes, a presença do Hidrogênio na proporção de 68%, seguindo de Hélio 30% e de outros elementos 2%.

O Hidrogênio parece ser a matéria mais abundante do Universo, espécie de ponto de partida para o surgimento de outros elementos.

CAPÍTULO 5
RADIOATIVIDADE

Animado pelos êxitos dos raios de Roentgen, Henri Becquerel, com o auxílio de amigos espirituais, porque até então o gênio científico da Terra desconhecia o extenso cabedal radioativo do Urânio, escolhe esse elemento para a pesquisa de novas fontes de raios X e surpreende as radiações diferentes que encaminham o casal Curie à descoberta do Rádio. A ciência percebeu afinal, que a radioatividade era como que a fala dos átomos, asseverando que eles nasciam e morriam ou apareciam e desapareciam no reservatório da natureza.

Mecanismos da Mediunidade – André Luiz
(cap. II – pág. 31)

RADIOATIVIDADE

Quando um elemento químico ultrapassa o limite do equilíbrio entre o número de prótons e o de nêutrons, de maneira que seu núcleo venha a ficar instável, tende a liberar energia a fim de voltar a ser estável. Isso ocorre mediante a liberação de partículas e ondas.

Rutherford, o desbravador do átomo, verificou através de experiências, que existem fundamentalmente dois tipos distintos de emissões dessas partículas, e as batizou de alfa e beta.

Características das partículas alfa:
• Liberam dois prótons e dois nêutrons;
• Possuem carga elétrica igual a dois (positiva);
• Possuem massa igual a quatro;
• Velocidade variando entre 3.000 a 30.000km/s;
• Penetração de dois a oito centímetros no ar;
• Capturando dois elétrons do meio, transforma-se em átomos de Hélio.

Quando um núcleo emite uma partícula alfa, o seu número atômico diminui de duas unidades e o seu número de massa de quatro unidades. Isso equivale a dizer que já não é mais o mesmo elemento químico, e sim, outro elemento mais abaixo, de vez que na tabela periódica os elementos se ordenam segundo o critério ascendente dos números atômicos.

Características das partículas beta:
- Liberam um elétron e um neutrino do núcleo;
- Os elétrons liberados têm origem a partir de nêutrons;
- Possuem carga negativa;
- Velocidade variando entre 70.000 a 300.000km/s;
- Penetração até um milímetro no chumbo.

Quando o núcleo emite uma partícula beta, seu número atômico aumenta de uma unidade e o seu número de massa não se altera. Nesse caso, existe a formação de outro elemento mais acima na escala evolutiva e também na sequência da tabela periódica, de vez que o elemento elevou o seu número atômico de uma unidade.

Características das radiações gama:
Não são partículas, mas ondas eletromagnéticas que ultrapassam os raios X em velocidade. Não possuem massa nem carga elétrica e percorrem o espaço com a mesma velocidade da luz, podendo atravessar o chumbo cerca de cinco centímetros. As radiações gama sempre acompanham as emissões alfa e beta.

As partículas alfa e beta trazem importantes informações sobre a evolução da matéria bem como da sua desagregação ou volta ao estado de energia, para se integrar ao repositório energético universal.

Chamamos de série radioativa aos vários átomos que por liberação de partículas estão relacionados entre si através de sucessivas desintegrações. Apresentamos graficamente as três séries mais importantes da Natureza.

O perispírito e suas modelações 29

Figura extraída do livro
"Química" de Ricardo Feltre
(Vol. II - cap. 6)

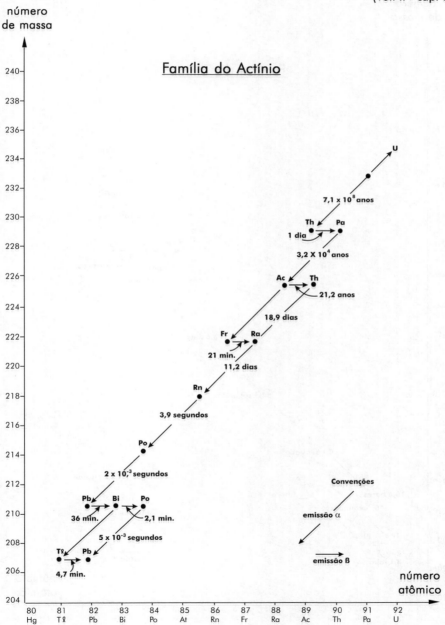

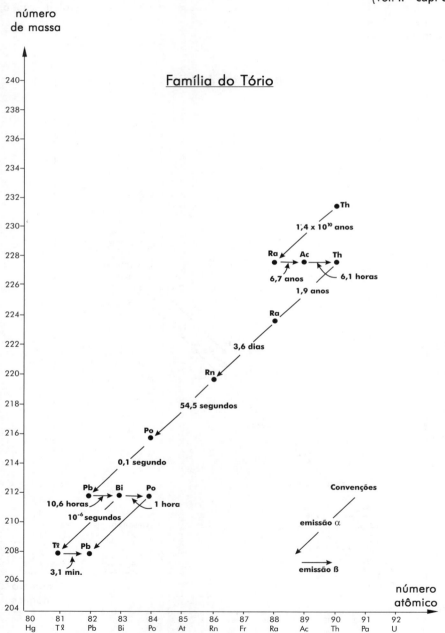

O perispírito e suas modelações

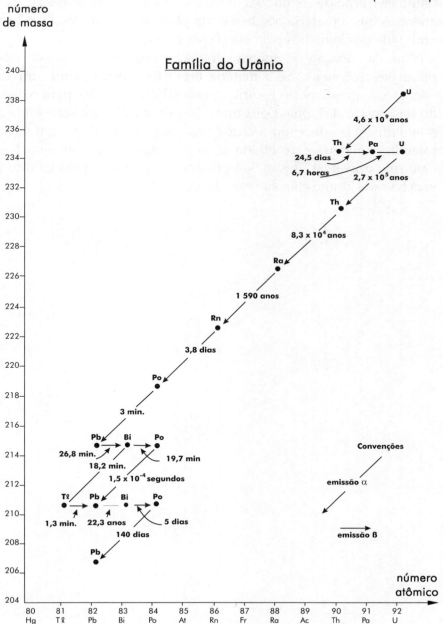

É dessa maneira que o Actínio, o Tório e o Urânio dão origem a outros elementos químicos a diferentes espaços de tempo, que variam de simples fração de segundo a milhares de anos. Nota-se nessas três sequências que a matéria obedece a um plano evolutivo, facultando a pluralidade de elementos pela doação de energia.

Aliás, a doação é marca divina, traço inconfundível nas construções universais. Se a matéria bruta teria que evoluir através da doação, o que dizer do Espírito, ponto alto da criação, para o qual tudo foi construído? Quis Deus que a Sua obra estivesse submetida a leis evolutivas obedecendo a ciclos nos quais a energia se condensa formando a matéria e se liberta após o estágio de prisioneira. É o dinamismo universal. Assim Sua presença se perpetua pelo infinito e preenche cada átomo com sua sabedoria.

CAPÍTULO 6

ANIMALIZAÇÃO DA MATÉRIA

– Qual a causa da animalização da matéria?
– Sua união com o princípio vital.

O Livro dos Espíritos – Allan Kardec
(pergunta 62)

ANIMALIZAÇÃO DA MATÉRIA

Os elementos químicos que formam os corpos brutos e os seres vivos são os mesmos. No entanto, nos seres orgânicos, esses elementos adquirem propriedades específicas, que lhes são conferidas pela maneira como se combinam e se organizam para gerar a vida.

Os corpos orgânicos são dotados de fluido vital, o qual se desenvolve em virtude de sua organização íntima, possibilitando a exteriorização deste, latente na matéria, enquanto tais condições de ordenação molecular não se estabelecem em definições precisas. É por esta razão, que o homem, mesmo sabendo a composição química dos seres vivos, não consegue através da união dos seus elementos formadores, construir o mais simples deles em laboratório.

Seria necessário unir tais elementos ao fluido vital a fim de animá-los e fornecer-lhes vitalidade, personalidade, pois este fluido ainda sofre variações em essência e quantidade segundo as espécies a que animaliza. Observa-se, portanto, seres de uma mesma espécie com maior saturação fluídica, enquanto outros se mostram mais apáticos, em virtude de a deficiente cota fluídica em movimento pelos órgãos não permitir uma aceleração típica do dinamismo gerador da vida saudável.

O fluido vital impregna todas as células do organismo, no que provoca os estímulos mantenedores de suas atividades, sendo que tal dinamismo orgânico responde pela atividade do fluido, em interdependência semelhante à de um móvel onde o combustível seja o fluido. Sem combustível, o móvel é inútil, e sem as peças vitais do motor em ordem, de nada vale o combustível.

Durante a vida, o funcionamento orgânico faculta o desprendimento do fluido vital, que vem a ser reduzido frente ao desgaste a que se submete o corpo (em função do tempo) em atividade. No entanto, a quantidade de fluido vital pode ser renovada em parte, pela absorção de elementos que o contenham tais como: alimentos orgânicos e minerais, ar, ação da prece como fonte receptiva, e transmissão de um indivíduo para outro, quando estes se identificam fluidicamente, tal como ocorre nos tipos sangüíneos.

Ocorre que sempre chega o momento em que os órgãos, pelo esgotamento imposto pelo uso, não conseguem manter a palpitação da vida. É então que pela incapacidade de reter o fluido vital, a morte é inevitável.

Em alguns casos, quando o fluido vital se torna reduzido pela deficiência orgânica, para que seja prolongada a vida na matéria, o complexo Espírito-perispírito é levado a laboratórios do invisível, onde lhe é aplicada técnica de sobrevida. Esta consiste em transfusão de fluido vital, alongando a vida na matéria em determinado número de anos, necessários à complementação de importantes tarefas.

Mas esse fato é antes excepcional que comum. Essa operação pode ser repetida, mas chega o ponto em que os órgãos exauridos em seu tempo útil não mais assimilam o combustível que os movimentam. É a hora de transferência de domicílio para o Espírito.

CAPÍTULO 7

O Princípio Inteligente

*— A alma pareceria assim ter sido o princípio inteligente
dos seres inferiores da criação?
— Não dissemos que tudo se encadeia na natureza e tende a unidade? É nesses
seres, que estais longe de conhecer totalmente, que o princípio inteligente se elabora,
se individualiza pouco a pouco e ensaia para a vida, como dissemos. É, de alguma
sorte, um trabalho preparatório, como a germinação, em seguida ao qual o princípio
inteligente sofre uma transformação e se torna Espírito.*

**O Livro dos Espíritos – Allan Kardec
(pergunta 607)**

O PRINCÍPIO INTELIGENTE

No plano da criação divina, podemos admitir o fluido universal como elemento formador da matéria condensada e semicondensada, tal como os mundos, os corpos dos seres vivos, a parte perispiritual dos seres, o duplo etérico, o fluido vital, dentre outros. Mas cada um desses elementos oriundos do fluido universal, caracterizado como material ou semimaterial, sofre as modificações inerentes à matéria, que vão desde as transformações físicas e químicas até a desagregação com consequente retorno à fonte que lhe deu origem.

O Espírito, dotado de instinto, inteligência, pensamento, abstração, sentimentos, emoções, não poderia possuir as características materiais, sob pena de voltar ao todo universal sem a manutenção de sua individualidade, o que seria inglório para ele e medíocre como plano traçado por quem detém a sabedoria suprema. Tal pensamento leva-nos a crer que o princípio inteligente deve ter sido criado distintamente do princípio material, como se ambos fossem de essências diferentes, que deveriam unir-se para aperfeiçoamento conjunto.

Se Deus fez em primeiro lugar o princípio espiritual que veio a gerar o Espírito, ou o fluido cósmico modelador dos mundos, isso não sabemos. O fato é que o princípio inteligente deveria juntar-se ao princípio material para que não houvesse mundos materiais e seres espirituais como realidades distintas e separadas. Mundos materiais para quê, então?

Criados os mundos e existindo os princípios inteligentes, estes passam a habitar a matéria, iniciando um longo trabalho de elaboração de sua vestimenta perispiritual, podendo assim manifestar-se em plano mais denso através desse intermediário, o perispírito

Quis Deus que a aprendizagem do Espírito se fizesse em sucessivas romarias nos orbes materiais, partindo este sob sua tutela para as conquistas da auto-afirmação sobre um universo criado para a sua glória. Matriculado como aprendiz na escola do trabalho árduo e da santificação permanente, caminho que, se preterido aciona um mecanismo de homologação onde o retorno e a recapitulação, são obrigatórios, parte da escuridão da simplória ignorância para a luz da sabedoria. Não há como furtar-se a esse destino: nascer, viver, aprender, renascer, aprender sempre, de vez que não existe retrocesso na lei divina.

O princípio inteligente não pode agir diretamente sobre a matéria, a não ser revestindo-se de outro tipo de matéria semicondensada que possibilite o intercâmbio de informações e sensações de um para o outro.

O início de nosso estudo sobre perispírito começa neste ponto, onde o princípio inteligente aliando-se aos cristais demora-se por séculos, forçando a matéria a obedecer a uma geometria definida, tornando seu esboço perispiritual maleável, gravando no mesmo, formas e linhas precisas.

Quanto aos corpos brutos, tais como os minerais (rochas, Ferro, Zinco, Ouro, dentre outros) abstenho-me de comentários, mesmo porque encontro pouca lógica na união do princípio inteligente na matéria bruta, onde ele ficaria apático sem nenhuma aprendizagem. Na condição de prisioneiro em matéria bruta ele permaneceria adormecido, estático, sem registros, a não ser que esteja desenvolvendo uma afinidade de ordem química.

O perispírito e suas modelações

A dificuldade em se admitir o princípio inteligente adormecido na matéria bruta deve-se as transformações que ela sofre, às vezes, irreversíveis. Alguém poderá sustentar que o princípio inteligente encontra-se inerte na matéria. Mas em que tipos de materiais? O Ferro é trabalhado pelo fogo e serve às necessidades humanas. De outra feita sofre oxidação e é consumido pela ferrugem. A rocha é desgastada pelas intempéries e vira pó. Outro tanto vai para as construções de estradas e residências. O Ouro é transformado em jóias para adornar a vaidade e fomentar a cobiça, ou fica preso em cofres fortes. O Zinco atende as necessidades da construção civil. Poder-se-ia dizer que nesses materiais o princípio inteligente estaria adormecido? E o que ocorreria com ele, caso habitasse esses materiais, quando os mesmos sofressem transformações irreversíveis tais como a queima da madeira? Uma lei não pode ser estabelecida em cima de incertezas. Ou o princípio inteligente encontra-se adormecido nos minerais ou não. Apelando para o senso prático, perguntamos: por que estaria, para nada aprender ou em nada contribuir?

Onde a matéria bruta inicia um princípio de organização formal (não falo de átomos e moléculas) obedecendo a formas geométricas em sua divisão, é que iniciaremos o nosso estudo, colocando aí a união dos dois princípios, material e inteligente, gênese da mais admirável de todas as sagas do universo, a busca da autonomia espiritual.

CAPÍTULO 8

Os Cristais

*Não somos criações milagrosas, destinadas ao adorno de um paraíso de papelão.
Somos filhos de Deus e herdeiros dos séculos, conquistando valores, de experiência
em experiência, de milênio a milênio. Não há favoritismo no templo universal
do Eterno, e todas as forças da criação aperfeiçoam-se no infinito. A crisálida da
consciência, que reside no cristal a rolar na corrente do rio, aí se acha em processo
liberatório; as árvores que por vezes se aprumam centenas de anos a suportar os
golpes do inverno e acalentadas pelas carícias da primavera, estão conquistando
a memória; a fêmea do tigre, lambendo os filhinhos recém-natos, aprende os
rudimentos do amor; o símio, guinchando, organiza a faculdade da palavra.*

No Mundo Maior – André Luiz
(Cap. III – pág. 41)

Os cristais

Dissemos que o fluido universal em sua escalada evolutiva concentra-se dando origem à matéria e esta se uniria ao princípio inteligente, para que, animalizada e organizada em novas formas, partisse das estruturas simples para a complexidade anatômica e fisiológica dos seres vivos. Reportamo-nos assim às manifestações apresentadas pelo complexo, matéria-princípio inteligente, em sua constituição físico-psíquica inicial, a desaguar no patamar evolutivo onde é possível chegar através das repetidas lições a que é submetido.

Isso é possível graças às vivências geradoras de aprendizagem, que se repetem por largos períodos, selecionando os mecanismos mais aperfeiçoados de sobrevivência, ao mesmo tempo que arquiva o conhecimento adquirido para uso posterior.

De início, o princípio inteligente possui o seu arquivo de memória com poucas informações, onde se destaca o objetivo de superar toda e qualquer dificuldade para não sucumbir às adversidades. Essa vontade férrea o fará tudo vencer em busca da sua autonomia.

Antes de adentrarmos o estudo dos cristais convém noticiar aos leitores a descoberta de uma proteína anormal capaz de produzir cópias de si mesma batizada pelo seu descobridor (Stanley Prusiner) de príon. Esta proteína enrolada de modo anormal é responsável pela doença da "vaca louca", que trouxe grandes prejuízos aos criadores de gado. Esta proteína anormal está causando a mesma alteração em moléculas saudáveis, nelas imprimindo a sua característica, como se quisesse fundar uma nova descendência, ou seja, encontrou uma maneira de se reproduzir, fato que indica certa autonomia e determinação. Existirá uma inteligência por trás dessa transformação ou tudo não passa de uma questão puramente material? Seria o princípio inteligente despertando na matéria bruta em sua ânsia de crescimento e aprendizagem? Como tal estudo está em andamento, melhor será esperar pela sua conclusão para só então nos posicionarmos, e sempre falando em hipótese, sobre tão delicada questão científica.

Iniciamos o estudo das conquistas do princípio inteligente pelo domínio das formas geométricas puras. Nos minerais, as moléculas se distribuem desordenadamente dando origem a cristais portadores de grandes variedades de formas. Mas em alguns minerais, as moléculas se agrupam ordenadamente dando gênese a peças de formas idênticas com definições precisas. Examinando-se um grão de cloreto de sódio, que é um cristal, identifica-se de pronto, através de um microscópio, o seu formato cúbico com faces regulares. Partindo-se um grão desse cristal, ele continuará a manter suas características, pois se dividirá segundo planos paralelos às suas faces.

Nota-se nesse procedimento o início de uma força organizadora, como se existisse uma fôrma forçando a matéria a congregar-se segundo uma forma pré-estabelecida. O princípio inteligente atuando sobre os cristais inicia o exercício da criação de formas geométricas rígidas, cuja recapitulação contínua, através do tempo, daria plasticidade ao corpo astral.

Chamaremos o esboço perispirítico nesse estágio de evolução em que ora se elabora, de corpo astral, uma vez que, segundo as obras de Allan Kardec, traduzindo os ensinamentos dos Espíritos, o termo perispírito se aplica somente aos humanos.

A modelação da matéria através dos cristais seria, portanto, a primeira lição de plasticidade para o princípio inteligente. Os cristais tomariam então diferentes formatos: prismas hexagonais (quartzo); romboedro (calcita); bipiramidal (enxofre); cubos (galenita); icosaedro (leucita); ponta de lança (gesso), e inúmeras roupagens ainda, vestindo as mais diversas formas geométricas. Após milênios de exercício para o domínio das formas geométricas, o princípio inteligente viria a aliar-se com a energia vital para vivificar a matéria, iniciando o primeiro ciclo dos seres vivos, os vegetais.

Os cristais

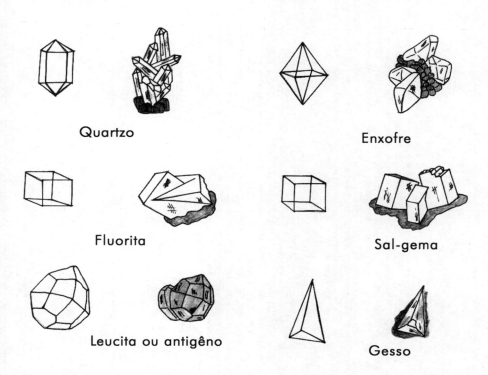

"Os cristais". O despertar do princípio inteligente assumindo o domínio das formas geométricas puras.

CAPÍTULO 9

O Elo

Compreendendo, porém, que o princípio divino aportou na Terra, emanado da esfera espiritual, trazendo em seu mecanismo o arquétipo a que se destina, qual a bolota de carvalho encerrando em si a árvore veneranda que será de futuro, não podemos circunscrever-lhe a experiência ao plano físico, simplesmente considerado, porquanto, através do nascimento e morte da forma, sofre constantes modificações nos dois planos em que se manifesta, razão pela qual variados elos da evolução fogem à pesquisa dos naturalistas, por representarem estágios de consciência fragmentária fora do campo carnal propriamente visto, nas regiões extra-físicas, em que essa mesma consciência incompleta prossegue elaborando o seu veículo sutil, então classificado como protoforma humana, correspondente ao grau evolutivo em que se encontra.

Evolução em Dois Mundos – André Luiz
(Cap. III – pág. 35)

O ELO

Chamamos de elo ao elemento intermediário que liga duas partes de um determinado sistema. Assim, temos certos fluidos como elo entre a energia e a matéria, sendo esses fluidos elementos de transição, ou seja, aquilo que ainda faz parte de um e já pertence ao outro sistema ao mesmo tempo.

O elo é importantíssimo para a construção da árvore genealógica das espécies, pois ele mostra certa passagem de um estágio para outro no caminho evolutivo percorrido pelas mesmas. Essas diferentes passagens ou estágios em estruturas simples, galgando etapas cada vez mais complexas e perfeitas é que tornam evidentes as linhas traçadas pela evolução.

Dizemos complexas, não porque a evolução transforme os

seres em formas complicadas e de difícil entendimento anatômico-fisiológico, mas em relação às primeiras formas apresentadas, que são extremamente simples. O sistema anatômico-fisiológico vai se aperfeiçoando com a participação do princípio inteligente, até atingir estágios de perfeição e harmonia em funcionamento e manifestação.

Em determinados trechos do caminho situam-se os elos, quais pontes a formar contato entre os aclives do terreno. Acontece, que na reconstrução da árvore genealógica dos seres vivos do nosso planeta, ou entre um ser mais evoluído biologicamente e outro que lhe é inferior, muitos pontos-chaves, os chamados elos entre uma espécie e outra, são desconhecidos, impossibilitando dessa maneira a completa reconstituição da história biológica das espécies.

A ausência desses elos faltosos deve-se à evolução que se processa também fora da matéria, podendo nesse estágio, onde o princípio inteligente se encontra revestido somente da fôrma astral, sofrer modificações adaptativas com as quais se materializam por ocasião de sua volta ao plano terreno.

Ocorre também, quando da sua transferência para o plano espiritual, pelo impulso a que todos estamos submetidos para o crescimento, animais e vegetais ali serem aclimatados e modificados, estagiando nesse ambiente, no que são trazidos de volta à Terra com outra roupagem, caracterizando as chamadas mutações adaptativas, tidas como acontecimentos espontâneos, mas contabilizados na lista da evolução das espécies.

Essas adaptações situam-se na área do corpo astral, que ao se aliar novamente à matéria já o faz modificado. Essa modificação é acompanhada pela Genética, que se deixa arranjar em seus cromossomos segundo o plano evolutivo traçado no espaço. Dessa maneira surgem outras espécies aperfeiçoadas, o que não invalida os esforços da seleção natural exercida pela natureza nem das mutações acidentais.

Como os biólogos pensam que todas as modificações e adaptações dos seres vivos ocorrem fisicamente, não encontram os citados estágios onde a evolução se fez por outro plano. Isso ocorre porque, sendo a Biologia a ciência que estuda a vida e os seres vivos, o faz somente através do campo condensado, como se a vida inteiramente ali residisse. Na realidade a vida é transcendente e está mais morta em nosso espaço-tempo que em outros planos mais sublimados do Universo.

No presente momento, ela ainda não merece a sua definição de estudiosa da vida e dos seres vivos, pois a admite apenas em uma de suas faces, a mais restrita. No entanto, será esta nobre ciência que, futuramente, quando os nossos aparelhos de televisão já puderem captar imagens perispirituais e cenários do mundo espiritual, que comprovará as leis do retorno do Espírito à matéria densa. Serão observados e aceitos cientificamente, além do retorno do Espírito, o seu estacionamento temporário em algum ponto da escala evolutiva e as conseqüências geradas pelo rebaixamento do padrão vibratório, motivado por desvios de natureza ética, fator causal das deformações perispirituais e alienações espirituais.

Nesse ponto então, visto determinados aspectos da temática, podemos fazer um estudo da vida mais realístico, pois esta, uma vez criada, já faz parte da eternidade.

CAPÍTULO 10

ALIANÇA DA VIDA COM A MATÉRIA DENSA

*...Evidenciam-se, desde então, as bactérias rudimentares, cujas espécies se perderam nos alicerces profundos da evolução, lavrando os minerais na construção do solo, dividindo-se por **raças** e **grupos** numerosos, plasmando, pela reprodução assexuada, as células primevas, que se responsabilizariam pelas eclosões do reino vegetal em seu início.*

Evolução em Dois Mundos – André Luiz
(cap. III – pág. 32)

ALIANÇA DA VIDA COM A MATÉRIA DENSA

Após o princípio inteligente demorar-se em longos exercícios de fixação das formas geométricas puras, alia-se com a energia vital, nos primeiros passos para o surgimento da vida.

Para o aparecimento da vida no planeta, admite-se a existência na atmosfera primitiva dos seguintes gases: hidrogênio, metano, amônia e vapor de água. Esses gases sofreram a ação de descargas elétricas provenientes das tempestades primitivas, do calor e das radiações ultravioleta, produzindo os primeiros aminoácidos. Da crosta terrestre estes foram arrastados pelas águas para os oceanos, onde se acumularam através do tempo, formando uma espécie de sopa orgânica de constituição semelhante ao protoplasma. Através de reações sucessivas os aminoácidos se transformaram nas substâncias orgânicas responsáveis pela matriz geradora da vida no planeta.

A hipótese mais aceita hoje pela Biologia é que os seres vivos tenham surgido a partir de unicelulares procariontes (seres cujas células não possuem membrana nuclear nem organóides citoplasmáticos membranosos como as mitocôndrias e os clorosplastos) e eucariontes (seres cujas células possuem membrana nuclear e organóides citoplasmáticos membranosos) como mostra a figura abaixo:

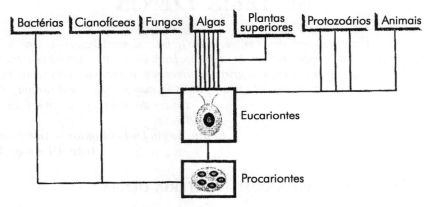

Segundo as hipóteses evolutivas, os protozoários, os fungos e as algas eucariontes evoluíram separadamente a partir de seres eucariontes unicelulares. Os animais provavelmente surgiram de um ser unicelular, eucarionte e heterótrofo, e as plantas superiores a partir de um grupo de algas.

Para o surgimento do primeiro ser vivo, uma bactéria rudimentar, admite-se a presença dos seguintes elementos básicos, futuros componentes de sua célula:

Dos gases da atmosfera primitiva surgiram os aminoácidos que deram origem às proteínas e o DNA. Da sopa orgânica surgiram os polissacarídeos e os lipídios. Aqueles formaram a parede celular das bactérias, e estes, unindo-se às proteínas deram origem às lipoprotínas, formadoras da membrana plasmática. Habitando a bactéria regiões hostis à sua sobrevivência, ela se envolve em uma cápsula espessa, entrando em letargia até que retorne o clima propício à sua vitalidade. Esse é um processo de adormecimento do fluido vital, ativado posteriormente sob o compasso da lei de sobrevivência, o que bem demonstra a presença da inteligência a presidir a instalação da vida sobre a Terra.

Eis, segundo De Robertis & De Robertis, o diagrama da célula bacteriana da Escherichia coli:

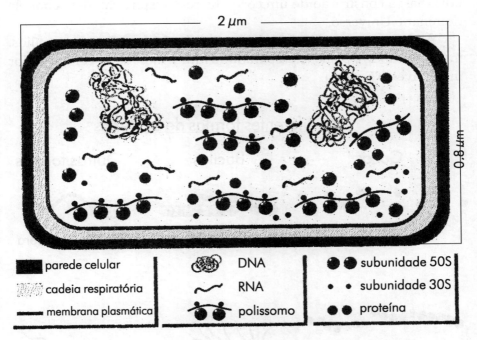

O DNA, que nas bactérias se encontra disperso no citoplasma, viria a inaugurar o fenômeno da duplicação do ser vivo (como mostra a figura abaixo), conquistando importante estágio evolutivo, coroando de êxito o imenso trabalho do princípio inteligente e dos técnicos espirituais.

A cissiparidade em bactérias

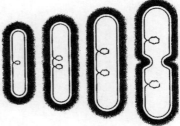

Todo esse material orgânico teria que aliar-se ao fluido vital, para que o princípio inteligente pudesse manifestar sua obstinação através da inteligência embrionária que lhe caracterizava. Partindo da imobilidade nos cristais para os movimentos sinfônicos siderais, esse embrião de Espírito teria que vencer a mais fantástica de todas as odisséias: a construção de um corpo físico-perispiritual, para com ele dominar o Universo.

As bactérias, a princípio imóveis, adquiririam flagelos e cílios, invadindo todo o planeta, preparando a futura morada do conquistador indomável, o homem.

As diferentes formas de bactérias

Cocos

Bacilos

Outras formas

micrococos

bacilo do carbúnculo

vibrião da cólera

estreptococos

estafilococos

bacilo da febre tifóide

espiroqueta da sífilis

CAPÍTULO 11

A CÉLULA PRIMITIVA

Supondo que a alma se tenha individualizado lentamente por um processo de elaboração das formas inferiores da natureza, a fim de atingir gradativamente a humanidade, quem não se sentirá maravilhado de tão grandiosa ascensão? Através de mil modelos inferiores, nos labirintos de uma escalada ininterrupta, através das mais bizarras formas, sob a pressão dos instintos e a sevícia de forças inverossímeis, a cega psique vai tendendo para a luz, para a consciência esclarecida, para a liberdade.

A Evolução Anímica – Gabriel Delanne
(cap. II – Pág. 75)

A CÉLULA PRIMITIVA

Defende a teoria evolucionista que os organismos atuais existentes são os descendentes aperfeiçoados de outras espécies que habitaram o planeta em épocas remotas. Observando-se os fósseis escavados, verifica-se uma variedade de formas com complexidade progressiva, possibilitando uma interação cada vez maior entre o meio e as espécies.

Os biólogos não possuem dúvidas quanto a este detalhe, qual seja, animais e plantas atuais apareceram na Terra por um contínuo processo de evolução orgânica, ainda em andamento. Existem provas em abundância de que o início de tudo se encontra nos animais inferiores, uma vez que elas são patentes na morfologia, na fisiologia, na embriologia comparativa, na paleontologia, na experimentação e em outros campos biológicos.

A vida sobre a Terra manifestou-se por processos gradativos através dos quais se tornou cada vez mais dominadora e aperfeiçoada, saindo das simples reações aos estímulos para a glória da racionalidade.

Os registros fósseis comprovam que a origem da vida em seus primeiros ensaios, ocorreu há cerca de quatro bilhões de anos, quando a Terra era uma imensa oficina molecular, onde as mais ousadas experiências no campo da reprodução, apenas conseguiam imprimir cópias grosseiras de si mesmas.

Essa é a verdadeira beleza do plano de Deus. Criar um princípio inteligente, para que ele conquiste através do tempo, a sabedoria que caracteriza um Espírito Superior. Criando-o já evoluído, não haveria nenhum mérito em suas lutas. Aliás, não haveria luta, progresso, criatividade nem heroísmo. Tudo estaria perfeito, e "morto".

É no lampejo da batalha, onde o bom combate é exercido, que se forja a fibra, testa-se a coragem, constrói-se a resistência, tempera-se a perseverança, colhe-se a vitória. Não falo de destruição ou crueldade, mas de amor à vida, o mesmo que nos faz pulverizar todos os obstáculos que impedem a nossa redenção espiritual.

No dicionário evolutivo viver é sinônimo de lutar. Quem espera descanso no caminho de subida nasceu no universo errado. Neste, todos trabalham, lutam, crescem. Neste, através do amor, utilizado pelos mais sábios, e da dor, curtida pelos equivocados, a evolução se faz 60 minutos a cada hora, arrancando risos e lágrimas na construção da fraternidade. E bem ingênuo é aquele que julga burlar ou subtrair-se a esta lei.

Admitindo-se como primeiro ser vivo uma bactéria rudimentar, teremos aí o início da árvore genealógica que viria a dar frutos os mais diversos, tornando a Terra repleta de novas formas e movimentos. Era necessária a presença dessa célula primitiva inicial, para que novas formas de vida como os vírus, viessem a dinamizar ainda mais a arena da evolução. Sendo parasitas obrigatórios estes seres só se reproduzem no interior de células vivas, razão pela qual elas teriam que lhes anteceder a fim de servirem como matéria-prima para sua multiplicação.

Os procariontes, em sua bifurcação, deram origem, de um lado às bactérias e de outro às cianofíceas. Os eucariontes por sua vez geraram por evolução os fungos, as algas (estas deram origem aos vegetais superiores), os protozoários e os animais. A partir dessas células iniciais, o princípio inteligente, sendo dominador das formas geométricas, já poderia iniciar seu longo curso de aprendizagem nas mais variadas situações e formas.

CAPÍTULO 12

OS DEGRAUS DA VIDA

Evolução no tempo — É assim que dos organismos monocelulares aos organismos complexos, em que a inteligência disciplina as células, colocando-as a seu serviço, o ser viaja no rumo da elevada destinação que lhe foi traçada do plano superior, tecendo com os fios da experiência a túnica da própria exteriorização, segundo o molde mental que traz consigo, dentro das leis de ação, reação e renovação em que mecaniza as próprias aquisições, desde o estímulo nervoso à defensiva imunológica, construindo o centro coronário, no próprio cérebro, através da reflexão automática de sensações e impressões, em milhões e milhões de anos, pelo qual, com o auxílio das potências sublimes que lhe orientam a marcha, configura os demais centros energéticos do mundo íntimo, fixando-os na tessitura da própria alma.

Evolução em Dois Mundos – André Luiz
(cap. III – pág. 35)

OS DEGRAUS DA VIDA

O estudo do vírus forma um capítulo à parte na Natureza. Sendo forma elementar de vida, os vírus são constituídos de proteínas e ácido nucléico, e por não possuírem a capacidade de sintetizar seu próprio alimento, são parasitas obrigatórios. A sua estrutura extremamente simples o obriga a assim proceder, podendo, quando impossibilitado de entrar em contato com uma célula viva, permanecer com sua energia vital latente, exteriorizando-a caso as condições se tornem favoráveis.

Supõe-se que o princípio inteligente, passando pelos cristais e bactérias, onde exercita a plasticidade de suas formas, continue sua lição através do vírus, sendo, portanto, este o passo seguinte da caminhada sem fim da evolução. A vida, em seus estágios iniciais, necessita de orientação e segurança para se firmar vitoriosa. Impossível ao princípio inteligente, uma vez criado, morrer por falta de cuidados. Todavia, para que novos corpos lhe revistam, necessário se faz um acompanhamento por parte de instrutores maiores, encarregados do cumprimento das leis naturais. As formas nesse estágio são mais complexas que os simples cocos bacterianos. Constituídos por ácido nucléico e proteína, os vírus invadem as bactérias duplicando-se em seu interior, iniciando o parasitismo sobre a Terra, relação que persiste ainda hoje, mesmo entre alguns Espíritos. A maneira como um vírus se reproduz, invadindo uma bactéria, introduzindo nela o seu material genético, destruindo o cromossomo bacteriano e assumindo o controle da célula fabricando cópias de si mesmo, é simplesmente maravilhoso como potencial de inteligência. A figura abaixo mostra o ciclo do vírus T_2 na E. coli

Ciclo do bacteriófago T_2 na E. coli

Não há como não se admirar diante de tamanha beleza e precisão, comandadas por um determinismo que demonstra sinais evidentes de uma inteligência por trás de simples elementos orgânicos. Aperfeiçoando as formas e a inteligência, segue o princípio inteligente a modelar-se como verdadeiras esculturas em miniaturas, obras primas que somente um poder sem limites, a incutir-lhe a inspiração divina poderia engendrar.

O adenovírus causa faringites e doenças pulmonares

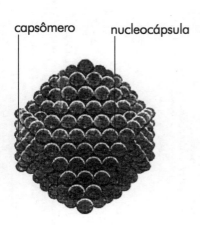

Vírus da gripe

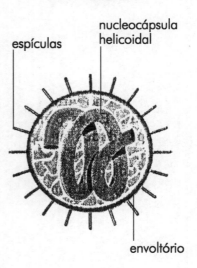

CAPÍTULO 13

AS CIANOFÍCEAS

Passados milhares de anos após o aparecimento das bactérias, o princípio inteligente, obedecendo às diretrizes dos engenheiros siderais, eleva-se de estágio, permanecendo ainda revestido por formas parecidas com as anteriores, tanto em estrutura como em composição química, no que difere na presença da clorofila, estágio precursor da fotossíntese, processo pelo qual o vegetal fabrica o seu alimento.

Habitando as cianofíceas, ele continua o seu exercício na convivência social por meio de colônias e na reprodução assexuada, onde um seu pedaço, geralmente apical, se destaca do filamento que o originou, indo constituir outro filamento semelhante.

Nesse caminho de aperfeiçoamento de sua vestimenta astral, o princípio inteligente participa sempre como elemento organizador e modelador, adequando formas e funções às necessidades do meio onde ora se educa. Esse processo convincente de sentir na pele para melhor gravar, imprimindo na matéria astral através de exercícios plásticos, a maleabilidade necessária a tantas e tão grandiosas conquistas é a metodologia que o direciona.

Aqui, a inteligência em evolução consegue liberar um segmento de seu esboço astral primitivo, caracterizado pelo processo de doação de sua parte material impregnada de fluido vital, para que outro princípio inteligente, que por sua vez vem de exercícios milenares, aproveite a parte doada, nela corporificando-se, tal como ocorrerá nas encarnações ainda em projeto para os séculos futuros.

Comenta *O Livro dos Espíritos* em resposta à pergunta 49: "Os homens uma vez espalhados sobre a Terra, absorveram neles os elementos necessários à sua formação para os transmitir segundo as leis da reprodução. O mesmo se deu com as diferentes espécies de seres vivos".

Reporta-se o Espírito de Verdade à capacidade que as espécies têm de reproduzir cópias suas. A princípio, de maneira simplificada como nas algas, através de um simples broto apical sem a participação de gametas, utilizando apenas simples invaginação. Refere-se também ao código genético nas espécies mais evoluídas, que transmitem através de seus genes os caracteres paternos e maternos através da fecundação, possibilitando a formação de corpos semelhantes na forma e na função aos que lhes originaram. (A carne procede da carne).

Na reprodução assexuada, tal como nas cianofíceas, um ser isoladamente fornece o corpo a outro, que é semelhante ao primeiro, pois que deste se destacou. Esse processo foi conquistado após a formação e a definição do corpo, que assimilando o mecanismo de duplicação de si mesmo, garantiu a afirmação da espécie no cenário do mundo, satisfazendo suas necessidades básicas.

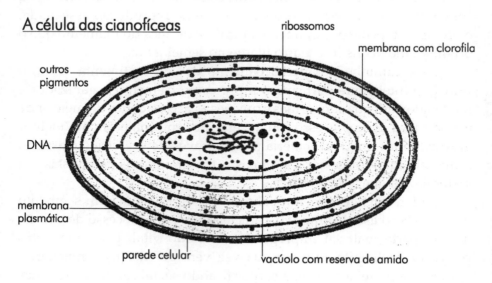

A célula das cianofíceas

CAPÍTULO 14

AS ALGAS

Sempre lembrando que a cada passo dado pelo princípio inteligente na elaboração de novas formas passaram-se milhares de anos, temos este em exercícios constantes e ascendentes nas algas verdes, pardas e vermelhas.

Os oceanos encheram-se delas, possibilitando através da fotossíntese a produção de oxigênio em grandes quantidades, pré--requisito essencial para estágios mais altos junto ao reino animal. Entre as algas tem início a reprodução sexuada, duplicando por este processo, cópias exatas suas.

No reino das algas destacou-se um filo, que por suas características próprias viria a provocar um desvio já planejado na rota da vida, fazendo surgir uma nova espécie que dominaria a Terra. Como resultado de tal desvio surgiram as Euglenophytas, compostas por euglenóides. Estas são organismos de uma única célula, sem parede celular, mas dotados de locomoção através de flagelos. Além de realizar fotossíntese, o que caracteriza o reino vegetal, essas células podiam, ao mesmo, tempo capturar partículas alimentares através de invaginações em seu corpo, o que é uma característica animal.

Um exemplo típico do que falamos é a Euglena, já portadora de uma estrutura denominada mancha ocelar, relacionada com a percepção de estímulos luminosos, permitindo-lhe orientar-se no meio aquoso. Nota-se na Euglena uma tendência para o reino animal, uma manifestação diversa nas maneiras de relacionamento com o meio. Era o princípio inteligente preparando-se para ingressar em um novo ciclo de aprendizagem, conquistando aos poucos particularidades novas como a locomoção e a captura de alimentos, deixando para trás aquela forma já materializada e conquistada, onde nada mais havia a incorporar a si mesmo.

Como a subida é sempre lenta e gradual, são necessários estágios intermediários e preparatórios para uma nova adaptação. Deixava assim o princípio inteligente, após milhões de anos em exercícios diversificados, o reino vegetal, para ingressar na nova era dos animais.

Antes de seguir o ramo da árvore que dará origem aos animais, continuemos na evolução das algas rumo aos vegetais superiores.

As algas verdes, invadindo a Terra, deram origem aos vegetais superiores, passando por sucessivas transformações, sobrepondo-se às adversidades do meio. Isso é notório, levando-se em conta a semelhança existente entre as algas verdes e o reino Metaphyta. Ambos possuem clorofila **a** e **b,** carotenos e xantofilas, são autótrofos fotossintetizantes, suas paredes são formadas por celulose e substâncias pécticas e seu material de reserva é o amido. Daí concluirmos que as diferenças entre algas e metáfitas surgiram por adaptações destas ao novo ambiente terrestre. Por necessidade absoluta de água e não podendo absorvê-la da atmosfera em virtude da sua pouca quantidade, as algas primitivas desenvolveram uma espécie de gancho, onde se fixaram ao solo, ao mesmo tempo em que, através dele, absorviam água. Estava criada a raiz. Desenvolveram também uma espécie de esqueleto à base de celulose, que as tornavam firmes na vertical, e para evitar a perda de água através da evaporação, cobriram-se de cutículas espessas em suas folhas. Essas cutículas eram perfuradas por pequenas aberturas, possibilitando a troca gasosa com o meio.

A vida precisa ser preservada a todo custo e essa é a lição maior da Natureza; por isso ela não mede esforços na criação de meios que lhe forneçam condições de adaptar-se aos ambientes mais agressivos. Essa é em resumo a saga da vida.

Os primeiros vegetais terrestres não eram de grande porte como se apresentam hoje os vegetais superiores. Dissemos anteriormente que a evolução caminha como uma tartaruga e não como um canguru. Os vegetais terrestres iniciam então seus primeiros passos nas briófitas, habitando ambientes úmidos e sombreados. Esse é o caso do musgo, com rizóides no lugar de raiz, filóides ao invés de folhas

O perispírito e suas modelações 61

e caulículo substituindo o caule. Em seguida surgiram as filicíneas, já portando um sistema condutor de seiva (xilema e floema). As filicíneas coloriram a Terra, cobrindo-a como um lençol de vegetação rasteira e semi-rasteira, em seus passos rumo ao vegetal superior. Na sequência, surgiram as gimnospermas e as angiospermas, já apresentando sementes e com porte médio e superior. A Terra com suas florestas e lagos estava pronta, à espera que um dia o homem viesse habitá-los, usufruir daquilo que o amor criara para o seu aconchego.

Perguntará o leitor: por que motivo em simples estudo sobre perispírito é necessário fazer alusão aos minerais, vegetais e animais? Mas o que somos nós senão o produto de tais espécies? Na condição de princípio inteligente não navegamos sob o dinamismo da lei por todo esse oceano de experiências, desde o silêncio do mineral até o barulho ensurdecedor do aturdido homem do século atômico? Não conserva nosso perispírito sinais dessas passagens, recapitulando--as por ocasião do reencarne? Nosso parentesco com os vegetais e animais é maior que supomos. Os minerais estão em nosso corpo e dele dependemos para continuar vivos. Do ferro ao cálcio, do fósforo ao iodo somos dependentes deles. A quem devemos a manutenção da vida neste planeta senão aos vegetais? Eles captam a luz solar, o dióxido de carbono, retiram água do solo e juntamente com a clorofila de suas folhas realizam a fotossíntese, na qual fabricam o seu alimento que é a glicose, eliminando como resíduo o oxigênio para que nós o respiremos.

Somos filhos dos vegetais. Deles retiramos o alimento com o qual obtemos energia para o trabalho; ao respirarmos, exalamos o gás carbônico aproveitado por eles.

Existirá harmonia mais perfeita que a convivência pacífica entre animais e vegetais? Cada um absorve o hálito do outro em lição permanente de doação, apenas quebrada quando o egoísmo humano se interpõe entre eles rompendo a barreira do equilíbrio.

Não nos façamos de entediados diante da aprendizagem ou desencorajados frente às lições da Natureza. Temos um perispírito sim! Mas este é descendente do esboço astral que agora se exercita nos vegetais e animais, forjando nos frios invernos e suaves primaveras, nas furnas das cavernas ou na liberdade das florestas, as lições necessárias à aquisição da razão e da inteligência.

Substituamos a preguiça pelo ânimo, pois se passamos como princípio inteligente pela forma animal a que chamam de preguiça, o tempo não terá sido por demais longo para que essa característica que procuram imprimir a este animal, em detrimento da paciência que o mesmo conquista, se tenha firmado em nós como valor a ser contabilizado por traço evolutivo.

CAPÍTULO 15

OS FUNGOS

É ensinamento de *O Livro dos Espíritos* que sendo os mundos solidários, o Espírito pode encarnar em um deles, desde que se encontre no estágio evolutivo compatível com a sua evolução. Assim, um habitante de um mundo de provas e expiações pode encarnar em outro mundo semelhante, o que geralmente não ocorre, pelas relações de amizade já consolidadas onde viveu suas últimas experiências; concorrem também para essa permanência o conhecimento que tem da cultura a que se acostumou e o sentimento saudosista que o prende a muitas lembranças.

Mas, se não há o que aprender em um mundo, muda o Espírito de orbe, em obediência à lei de evolução, a não ser que queira permanecer por livre opção no campo de experiências já conquistadas.

O mesmo há de se pensar do princípio inteligente, quanto ao seu treinamento e prioridades. Haverá necessidade de exercitar-se em todas as espécies inferiores para construir e aperfeiçoar seus corpos, formar o automatismo, o instinto, as sensações, a razão? Este acervo não poderia ser adquirido habitando apenas determinadas espécies? O progresso manda promover o aprendiz quando ele já absorveu a lição. Assim, determinado princípio inteligente passaria apenas por algumas espécies inferiores, até que estivesse apto a tornar-se Espírito. Iniciando pelos unicelulares não teria que percorrer todas as espécies (unicelulares e pluricelulares) porque determinados estágios lhe seriam inócuos, nada acrescentando ao patrimônio já consolidado.

O princípio inteligente avança por conquistas. Instinto de sobrevivência, adaptação, reprodução, até que esteja pronto para exercitar o livre-arbítrio. O que teria a aprender habitando os fungos, por exemplo?

64   *Luiz Gonzaga Pinheiro*

Especulemos.

Alguns fungos são sapróvoros, ou seja, decompõem a matéria orgânica; outros são parasitas; e ainda há os que são predadores. Podem ser assexuados, se produzem esporos dando origem a novos indivíduos, e sexuados, quando fabricam gametas, de cuja união surge novos fungos. A lição primordial a ser aprendida aqui é a reprodução sexuada. Nesta ocorre a união dos gametas, seguida da duplicação de núcleos, com posterior formação do zigoto.

A função dos fungos na Natureza é decompor a matéria orgânica vegetal e animal. Juntamente com as bactérias eles são responsáveis pela atividade de decomposição da biosfera. Nesse trabalho os fungos devolvem para a atmosfera o gás carbônico e para o solo os compostos nitrogenados, bem como outros materiais reutilizáveis pelas cadeias alimentares.

Admirável plano divino, que sustenta a vida no Planeta através da evolução dos seres vivos, no qual uns concorrem para a permanência e evolução de outros. Como se não bastasse essa auto-sustentação, o princípio inteligente, que de início, auxiliado pelos engenheiros siderais constrói suas primeiras vestimentas para atuar na matéria, exercita-se agora em aperfeiçoá-las, pois tem planos para a modelação de sua roupagem, consolidação de seus instintos, automatismo e emoções embrionárias.

Em um mundo onde as dificuldades de manuseio e fabricação são minimizadas pela tecnologia, mais se firma a ideia de um desenvolvimento auto-sustentável. Seria burocratizar demais se para cada corpo que surgisse, Deus tivesse que fazer um Espírito, um perispírito e um corpo mental novinhos. Eles viriam sem o patrimônio da memória biológica e zero de memória psicológica. Deus estaria constantemente ocupado em fabricar Espíritos, sendo ultrapassado pelos computadores dos humanos que praticamente dirigem a produção de uma fábrica moderna.

O plano de Deus para os mundos é perfeito. Criou o fluido universal, o princípio inteligente e o fluido vital, para que a matéria pudesse ser animalizada. Dos fluidos nascem os mundos; nestes surge a matéria orgânica, que é invadida pelo princípio inteligente. Este espírito embrionário, através de milênios de lutas, construirá sua vestimenta; adquirirá sua memória biológica e seu automatismo pelo exercício continuado na matéria. Nascer, viver, morrer, tornar a nascer, evoluir sempre. Tal é a lei.

Além do mais, como Deus nada faz de inútil, deu uma função aos animais, além das que conhecemos, qual seja, abrigar o princípio inteligente em suas romarias, permitindo que ele possa através de incontáveis idas e voltas aos dois planos, incorporar os rudimentos da inteligência, alicerce das atividades reflexas do inconsciente.

O princípio inteligente apreende o roteiro básico da sobrevivência, pois uma vez criado é imortal. Isso é o que a vida exige dele. Quanto a ter o que aprender em um simples fungo, isso vai desde os exercícios primeiros da função sexual até a lição do reaproveitamento de substâncias, passo essencial na economia da vida.

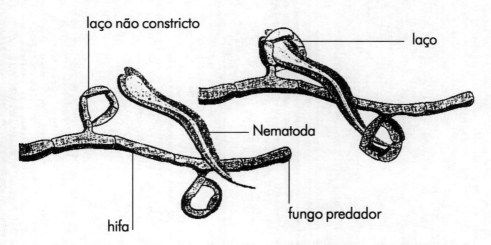

Fungo predador com laço envolvendo um nematódeo

CAPÍTULO 16

AS IMPRESSÕES
NOS VEGETAIS

Nos vegetais, o princípio inteligente apenas sonha, como disse León Denis. A matéria perispiritual ainda não possui a forma precisa, sendo influenciada pela presença da luz e as condições do solo que determinam o vigor da forma condensada bem como o seu pleno desenvolvimento. É estranho pensar em um princípio inteligente habitando um vegetal. Mas, vejamos alguns aspectos que talvez nos possam servir como indicativos dessa presença.

Cada espécie tem a sua altura máxima. Atingida, mesmo sob a influência de adubos e de técnicas variadas para que esta seja ultrapassada, não se consegue fazer com que o crescimento se perpetue. Isso nos fornece uma pista de que existe uma fôrma delimitando a forma, limitando-lhe o crescimento. Experiências científicas com vegetais já provaram que os mesmos possuem certa capacidade de perceber através de impressões físicas, ameaças a sua integridade, bem como um clima de bem-estar mediante ações externas direcionadas à sua segurança.

Corroborando a tese de um princípio inteligente no vegetal, que se faz revestir de um corpo astral embora amorfo e rudimentar, temos as experiências feitas pelo britânico Tony Trewavas, da Universidade de Edimburgo, que divulgadas pela internet e órgãos científicos, demonstram que as plantas possuem memória, inteligência, determinação e paciência. A razão pela qual ignoramos tais virtudes deve-se ao fato de que entre nós, humanos, tais características se revelam através de ações e de palavras. As plantas não possuem mobilidade nem se expressam por palavras, mas agem, na maioria das vezes, demonstrando inteligência em situações de sobrevivência. Como uma das definições de inteligência é *"a capacidade de resolver problemas"*, as plantas resolvem seus problemas de maneira bastante satisfatória.

Vejamos, pois, algumas semelhanças no modo de agir das plantas com o dos animais quando elas precisam tomar decisões que envolvem sua sobrevivência e bem-estar: elas têm sentidos, por isso detectam e reagem à luz, sons, substâncias químicas, vibrações e toque. A resposta a esses estímulos, já que elas não falam nem podem se evadir do local é mudar o padrão de crescimento.

As plantas ajustam o crescimento e desenvolvimento de maneira a maximizar sua adaptação a um ambiente mutável. Em outras palavras, elas possuem uma espécie de presciência que se encaixa perfeitamente na definição de inteligência ainda em processo de evolução para estágios ascendentes. Nesse contexto, as plantas podem antecipar problemas futuros e tomar decisões visando suprimi-los. Os brotos de uma árvore podem sentir a vegetação vizinha, pois as folhas verdes absorvem luz vermelha, embora reflitam o infravermelho. Baseado na variação de luz, as plantas detectam vegetação próxima e, *prevendo* as consequências de tal proximidade, se programam para a concorrência que terão que enfrentar. Dessa maneira, alteram sua forma, o número e o tamanho das folhas, bem como o desenho do caule de modo a garantir um maior espaço frente ao sol.

Determinadas ervas que não realizam fotossíntese, como a cuscuta, por exemplo, tornam-se parasitas enrolando-se em volta da hospedeira, perfurando o caule com seus brotos para dele extrair a seiva elaborada. Todavia, tal erva parece prever quanta energia o hospedeiro produzirá e, em função disso, decide quanto esforço será necessário para explorá-lo. A partir desse levantamento prévio, a planta, de alguma forma, antecipa o quão lucrativo será o hospedeiro, programando o seu desenvolvimento de acordo com a capacidade de extrair alimento. De que adiantaria expandir galhos e aumentar o número de folhas se não há alimento para tanto? A cuscuta se enquadra em todos os modelos matemáticos que expressam bom

O perispírito e suas modelações 69

aproveitamento e racionalidade exigidos para a sobrevivência, efetuado por qualquer animal.

As plantas utilizam mudanças de voltagem nas membranas de suas células para enviar sinais elétricos de um local para outro, da mesma maneira que o sistema nervoso animal. Assim como a dor é uma resposta a uma agressão sofrida pelo animal, enviada por seu sistema nervoso, os sinais emitidos pela voltagem das membranas celulares vegetais indicam que a planta foi ferida. Muitas das substâncias químicas utilizadas para transmitir mensagens no interior e exterior das células vegetais são empregadas para processar informações dentro e entre as células do cérebro animal. Portanto, boa parte das substâncias que fazem funcionar a complexa rede de sinalização geradora de mensagens é semelhante nos dois reinos.

As bases moleculares de aprendizado e de memória também se assemelham. Quando os animais aprendem a se afastar mais rapidamente de uma ameaça que se repete, tal como uma fonte envenenada ou uma cerca elétrica, a velocidade e o tamanho do sinal elétrico com o qual se deparam repetidamente se ampliam em questões de minutos. Um sistema que utiliza íons de cálcio, substâncias químicas por nome de segundo mensageiro e algumas enzimas ampliam a resposta dos canais de íons que transmitem os sinais. Se a ameaça continuar, essa percepção acentuada se torna permanente com uma alteração genética que resulta na produção de mais canais ou mais conexões entre as células.

Quando a planta sente falta de água, ocorre o mesmo mecanismo de sinalização, orientando a formação de mais canais sensíveis para fechar os estômatos e adotar medidas para ajudar a controlar a quantidade de água em suas células. Em longo prazo, a expressão dos genes e a taxa de síntese de proteína muda, as paredes celulares engrossam e as folhas diminuem de tamanho. A planta aprende exatamente como os animais, por tentativas e erros, promovendo mudanças com a finalidade de diminuir seu estresse e aumentar seu bem-estar.

As plantas possuem certa individualidade, pois duas sementes semelhantes não produzem árvores exatamente iguais e suas respostas vão depender do meio em que elas se encontram e das ameaças que sofrerem.

Como se vê, apenas engatinhamos nesse campo imenso que é a vida e muito temos que aprender antes de afirmar ou negar a possibilidade de inteligência nos vegetais. Deixemos ao leitor o julgamento de tão delicado tema enquanto a ciência não nos fornece uma resposta definitiva.

O vegetal não é um ser passivo diante dos fenômenos ao seu redor. Embora não tendo percepções como os animais, ele registra influências atrativas ou repulsivas a determinados agentes do meio. Curva-se para um encontro com a luz, segue de encontro à gravidade, compete por alimento e espaço e apresenta certa sintonia quando junto aos que lhes são semelhantes, o que possibilita a troca fluídica entre eles. Além do mais, eles se amparam mutuamente alterando a produção de frutos, como se verifica nas monoculturas.

O vegetal é, portanto, um ancestral nosso, distante na evolução, mas idêntico na condição de imortalidade.

CAPÍTULO 17

OS PROTOZOÁRIOS

Os protozoários são organismos unicelulares que vivem de maneira livre ou associados a outros seres vivos.

Nota-se que os primeiros seres vivos surgiram na água, por esta oferecer melhores condições de locomoção, temperatura e proteção. Justamente por isso é que o protoplasma de todos os animais apresenta o cloreto de sódio em sua constituição, como herança ancestral. A vida surgiu na água. Essa é uma realidade científica irrecusável, admitida inclusive pela revelação bíblica.

Entre os protozoários, escolhemos como exemplificação de sua simplicidade anatômica e fisiológica, a ameba. Esta se alimenta e se locomove através de prolongamentos de seu próprio citoplasma, envolvendo pequenas partículas, digerindo-as e lançando fora os resíduos alimentares. Possui ainda uma espécie de regulação da quantidade de líquidos em seu interior, efetuada pelo vacúolo contrátil, que é uma estrutura localizada na parte íntima do citoplasma. Nesse microscópico animal notamos já delineadas todas as manifestações básicas de um animal superior, quais sejam: locomoção, alimentação, excreção e reprodução, no que são exercidas e satisfeitas graças às conquistas do princípio inteligente, já registradas.

Não podemos desvincular o princípio inteligente do corpo astral, pois desde a união de ambos não mais se separam.

Com os protozoários a vida alcançou grande desenvolvimento na conquista das funções básicas. O esboço perispiritual das gerações vindouras condicionava-se assim ao exercício das funções fisiológicas simples, espécie de iniciação das futuras funções a serem exercidas por complexos sistemas e órgãos.

Esse microcorpo astral estava apto a seguir vitorioso na conquista de novos contornos e funções, sob o comando da inteligência suprema, que tinha planos de beleza e harmonia para o planeta que um dia seria chamado Terra.

A ameba (Protozoário)

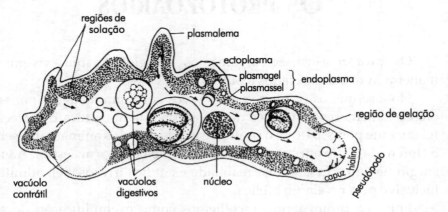

Notamos neste animal unicelular as necessidades básicas já delineadas: locomoção, alimentação, respiração, reprodução e excreção.

CAPÍTULO 18

OS ESPONGIÁRIOS

Impulsionado pela lei de evolução, o princípio inteligente transfere-se para a esponja. Esse organismo apresenta células mais especializadas, podendo desempenhar certas funções organizando-se em tecidos, embora que de natureza primitiva.

A esponja é portadora de um esqueleto rudimentar formado por calcáreo silicoso, possuindo poros em seu corpo, localizados nas laterais, cuja função é a entrada de água para o seu interior. A água é escoada por uma cavidade central situada na sua parte superior, já destituída de partículas alimentares, uma vez que foram capturadas pelos coanócitos (células especializadas em capturar alimento).

A reprodução nas esponjas pode ser sexuada ou assexuada, neste caso por brotamento, e naquele por intermédio de larvas natantes. Neste animal, a presença de uma fôrma pressionando a forma é mais ostensiva, tal qual um campo energético modelador ou organizador, uma vez que se fragmentando o seu corpo, separando-se suas células, elas tendem a se unir novamente através de movimentos amebóides, como se as linhas de força de um ímã as sugassem para, novamente, preencher a fôrma esvaziada. Esse campo organizador ou perispírito da esponja parece ser o responsável pela rearrumação celular, regenerando células danificadas e encaixando outras no antigo espaço ocupado por elas.

Nas espécies mais simples, essa regeneração é possível, pois o corpo astral ainda não é portador da complexidade anatômico-fisiológica das espécies superiores, sendo possível ao princípio inteligente, com o domínio das formas já conquistadas e da plasticidade perispiritual já adquirida, promover as reparações com o que dispõe. Por que tal capacidade de regeneração perdeu-se no caminho evolutivo? Passam-se os séculos testemunhados pela dinâmica da vida.

A esponja (Poríferos)

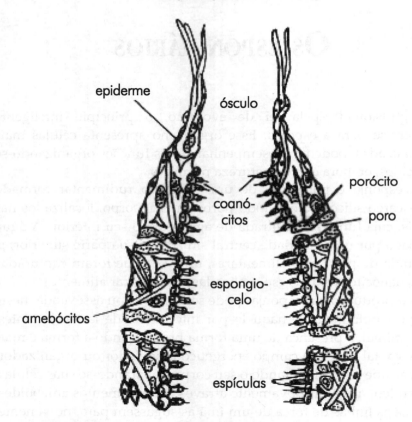

Organização de tecidos de natureza rudimentar e formação de um esqueleto primitivo.

CAPÍTULO 19

O INSTINTO

*— Com qual objetivo Deus deu a todos os seres vivos o
instinto de conservação?
— Porque todos devem concorrer para os objetivos da providência. É
por isso que Deus lhes deu a necessidade de viver. Aliás a vida é necessária ao
aperfeiçoamento dos seres,
e eles o sentem instintivamente sem se aperceberem.*

**O Livro dos Espíritos – Allan Kardec
(pergunta 703)**

O INSTINTO

Por ocasião das sucessivas passagens pela matéria, o ser vai
incorporando ao seu arquivo de aprendizagem as reações elaboradas
contra certas ações do meio. Percebe que é necessário, para se manter
na matéria densa, aprimorar a capacidade de obtenção de alimentos e
assegurar a integridade física, imposições que lhe fustigam a solidificar
o instinto de sobrevivência, que se vê gratificado com a sensação
advinda das necessidades atendidas.

Essas necessidades, quando satisfeitas, proporcionam certo prazer,
ou caso contrário, dor e frustração, determinando assim a busca pelo
bem-estar e a fuga do sofrimento, ambos tidos como sensações nascidas
do relacionamento com o meio. Nessa busca e fuga que lhe orienta
a sobrevivência na matéria, o ser realiza atos instintivos, externados
como ações reflexas, passando posteriormente a constituir o reflexo
condicionado, no qual a ação se efetua à revelia da consciência nas
espécies inferiores, uma vez que, nas mais evoluídas, existe certa dose
de inteligência rudimentar que pode atuar paralelamente ao instinto.

Andando em um bosque, ao pisarmos em um galho ressequido

provocando certo barulho, o pássaro que está próximo empreende nervosa retirada logo que o som lhe alcance a audição. Esse movimento de fuga é involuntário e inconsciente, reflexo e instintivo, tendo por finalidade a conservação do animal.

Para que o pássaro fugisse não houve a articulação do raciocínio, nem mesmo a participação ostensiva da consciência. Apenas o pássaro teve o seu aparelho sensorial excitado, o que provocou em seus músculos ações reflexas orientadas pela ordem imperiosa de deixar o local ameaçado.

Essa ordem é que se constitui no fator básico do instinto. É acionada tal qual uma sirene quando as condições para aquela espécie se mostram perigosas à sua integridade. A ordem pode dispensar a reflexão, pois se encontra pirogravada na consciência, fortalecida desde as primeiras manifestações hostis ao ser, atuando como um alarme acionado, posto a funcionar pelas agressões do meio e não pela reflexão em si. O pássaro não espera para saber se o barulho foi provocado por alguém que lhe traz comida ou se por outro que o quer comer. Recebe uma espécie de choque onde a retração é imediata, imprimindo a fuga de uma situação dolorosa a que o ser já fora submetido em situação semelhante no passado.

Por esse motivo o pássaro foge, como fazem seus antepassados há milhões de anos. No caso específico das aves, dotadas de necessidades e obrigações semelhantes para com a sobrevivência, esperam-se ações e reações análogas para qualquer espécie. Como o instinto vai se aperfeiçoando num crescente, orientando o ser em suas buscas, podemos concluir que ele não se localiza no corpo físico, cujo destino no final da encarnação é o pó.

Mas, alguém poderá dizer: se tomarmos um pássaro da floresta, o alimentarmos e domesticarmos, ele perde a noção de perigo quando alguém se aproxima. Ele "baixa a guarda", por assim dizer. É verdade que os animais se deixam domesticar e até condicionar como provou Pavlov em suas experiências. Mas, essa "confiança" que eles depositam nos humanos, poderá ser anulada quando as condições de sobrevivência que seus "amigos" lhes destinam se encontrarem carregadas de ameaças. Não são poucos os casos de animais que se revoltam contra seus "donos" e mostram a ferocidade costumeira quando não se sentem seguros.

O *perispírito e suas modelações*

Podemos afirmar ainda que o instinto é aperfeiçoado pelo exercício prolongado na matéria densa, tornando-se, no dizer do Espírito de Verdade, uma inteligência não racional, que se amplia pela abertura da consciência no domínio das ideias. Dessa maneira, o instinto pode ser contabilizado à conta de manifestação embrionária do intelecto, que organiza em painel alguns sinais de perigo à sobrevivência e bem-estar da espécie, no que se firma um relacionamento com certa segurança entre o ser e o meio.

Reproduzida por incontáveis descendências, essas ações e reações incorporam-se ao princípio inteligente determinando diretrizes onde a sobrevivência do ser é o objetivo final, salvaguardando os processos de nutrição, conservação e reprodução. Por outro lado, a inteligência começando a aflorar, à medida que as experiências se sucedem, faz surgir e intensificar a convivência social, a chefia, a organização, a comunicação, a fraternidade, a curiosidade, o instinto maternal e outras aquisições que, embora embrionárias, constituirão no futuro ser humano a marca de sua procedência, quando o mesmo poderá aperfeiçoá-las mediante o seu livre-arbítrio, ou embotá-las por julgá--las inúteis, no seu presente estágio evolutivo.

A respeito do instinto, escreve Gabriel Delanne, em seu excelente livro *A Evolução Anímica*: *Como clara se torna a existência e a pertinácia dos instintos no homem! É que, na verdade, eles constituem, de qualquer maneira, os fundamentos da vida intelectual; são os mais prístinos e mais duradouros movimentos perispirituais que as incontáveis encarnações fixaram, incoercivelmente, em nosso invólucro fluídico e, se o verdadeiro progresso consiste no domínio desses instintos brutais, infere-se que a luta seja longa, quão terrível, antes de conquistar esse poderio. Era indispensável passasse o princípio espiritual por essas tramas sucessivas, a fim de fixar no invólucro as leis que inconscientemente regem a vida, e entregar-se, depois, aos trabalhos de aperfeiçoamento intelectual e moral, que o devem elevar a condição superior. A luta pela vida, por mais impiedosa que pareça, é o meio único, natural e lógico para obrigar a alma infantil a manifestar as suas faculdades latentes, assim como o sofrimento é indispensável ao progresso espiritual.*

Concluímos com a palavra do Espírito de Verdade, em resposta à pergunta 73 de *O Livro dos Espíritos*: É pelo instinto que todos os seres proveem suas necessidades.

CAPÍTULO 20

A MEMÓRIA

— Como é que os Espíritos têm conhecimento do passado?
Esse conhecimento lhes é limitado?
— O passado, quando nos ocupamos dele, é presente; precisamente como te recordas
de uma coisa que te impressionou durante o teu exílio. Entretanto, como não temos
mais o véu material que obscurece a tua inteligência, lembramo-nos de coisas que se
apagam para a tua memória, mas os Espíritos não conhecem tudo,
a começar pela sua criação.

O Livro dos Espíritos – Allan Kardec
(pergunta 242)

A MEMÓRIA

Para que uma sensação seja notada e incorporada à consciência, é necessário observarmos determinadas condições, tais como: intensidade, duração, e algumas vezes, a observação. Para que se efetue uma percepção, exige-se do fenômeno que a motiva uma intensidade compatível com a faixa auditiva, visual, gustativa em questão, para que venhamos a notar-lhe a existência. Mas se essa intensidade não for seguida de uma duração para que possamos captar detalhes do ocorrido, ou seja, tomar conhecimento mais aprofundado do evento, este não penetra em nossa consciência, a não ser por um esforço de imaginação ao tentar reconstituí-lo.

Ocorre, no entanto, que o Espírito percebe tudo ao seu redor, detendo-se apenas naquilo que lhe interessa. O alvo do seu interesse é analisado por ele e, caso haja vontade em preservá-lo na memória, é gravado em sua intimidade. O que é gravado permanece no campo da consciência por determinado período, recuando para o inconsciente posteriormente, cedendo lugar a outras observações que o Espírito faz em seu constante relacionamento com o meio.

Poder-se-ia dizer que é no Espírito e não no perispírito que se localiza a sede da memória, conservando-se nele gravados os instintos, as aquisições morais e intelectuais, as conquistas da evolução milenar, constituindo-se em registro vivo das imagens, lembranças, sensações, impressões, acontecimentos passados e presentes, formando-lhe o inconsciente.

A memória é um arquivo que sob o esforço de uma evocação traz à tona os referenciais de tempo e de espaço, relacionados ao evento que se quer recordar, transferindo do inconsciente para o consciente as informações solicitadas no momento. Grava-se na memória toda a vivência do princípio inteligente, até que, atingindo a forma humana, pelo uso do livre-arbítrio, passa a incorporar também o resultado de seus pensamentos e ações, enriquecendo-a sobremaneira com as suas construções.

O Espírito tem, portanto, imensa biblioteca ou complexo computador de incomensurável banco de dados, sendo ele mesmo o programador que, mal elaborando seus projetos, pode provocar curtos-circuitos nos sistemas perispiríticos, por ter entrado em choque com os objetivos da criação. Daí, a condição única que a vida apresenta para a volta ao equilíbrio é uma reprogramação, arcando o Espírito com os danos causados a si mesmo por sua desídia.

Em se tratando dos animais inferiores, o mecanismo da memória vai gerar o instinto com suas ações reflexas, e igualmente os hábitos peculiares à espécie em seu relacionamento com o meio. As células do corpo astral, sendo entidades vivas, capacitam-se desde os primeiros esboços a reagir contra ameaças do meio, formando uma espécie de memória biológica que acompanha o ser, ostensivamente a princípio, e de maneira velada à medida que ele fortalece sua inteligência. Isso lhe permite defender-se das agressões do meio. Repetindo experiências em uma mesma espécie ele será capaz de gravar em sua memória hábitos vinculados a ela. Mesmo quando separado implume dos seus pais, o joão-de-barro fará, quando adulto, o lar, segundo a arquitetura própria de sua espécie. Isso ocorre devido à repetição do mesmo trabalho, via encarnação, gerar nessa espécie uma memória intelectual restrita a essa necessidade específica. Assim, a aranha tece seus fios

O perispírito e suas modelações   81

segundo o padrão a que se acostumou em exercícios anteriores, o pato corre a nadar sem lições na área de natação, o polvo lança de sua sépia a tinta que confunde seus inimigos, sapos pressionam o ventre de suas companheiras para que lancem os óvulos na água, caranguejos farão enorme esforço em carregar conchas vazias para se protegerem, castores fazem diques, bactérias passam para o estado de esporos onde dormem por séculos à espera de condições favoráveis à sua sobrevivência. Isso acontecerá sempre mesmo que esses animais sejam isolados de suas espécies e colocados em terreno neutro. A memória, cujo arquivo ordena o procedimento quando o meio requisita a ação, é que permite a recapitulação das conquistas já efetuadas.

Grava-se na memória biológica (anatômica e fisiológica) em nível perispiritual, toda a saga da matéria, com a conquista de seus condicionamentos, a imprimir movimentos autônomos ao complexo corpo-perispírito. Na memória psicológica imprimem-se a filosofia e a ciência dos eventos, a que o princípio inteligente, e posteriormente, o Espírito têm acesso em cada degrau de sua caminhada.

O Espírito tem, portanto, uma memória psicológica, e o perispírito uma memória biológica, por força da capacidade de registrar em sua substância os pensamentos e as modificações a que estes induzem.

Sendo o perispírito o veículo de manifestação do Espírito, este recebe através daquele as impressões do mundo onde habita. Esse intercâmbio se tornará senão impossível pelo menos dificultoso, caso o Espírito se desloque para outro ambiente, superior ou inferior, ao que habita sem uma necessária troca de vestimenta. Como o perispírito é formado de fluidos do planeta em que o Espírito habita, ele se capacita a receber impressões desse mundo ao qual está adaptado, ficando sem condições de exercitar os seus sentidos de maneira adequada em outro mundo de diferente estágio evolutivo que o seu, por incompatibilidade fluídica entre o seu perispírito e o ambiente.

Assim, um Espírito Superior em nosso meio, sem uma adaptação perispiritual aos nossos fluidos, não pode receber os estímulos e impressões que a nossa matéria causa a nós mesmos. As sensações de frio, calor, o som, os aromas e gostos não se manifestariam para a análise do Espírito, por seu instrumento de intercâmbio com a matéria circundante não registrar o compasso energético do ambiente em que ora se encontra. O mesmo ocorreria se nós, momentaneamente, nos transferíssemos para um plano superior, sem essa adaptação fluídica. Não veríamos ou registraríamos quase nada.

Toda a tecnologia avançada, sensações inúmeras, corriqueiras para quem lá habita, passariam despercebidas para nós, por falta de olhos para ver e ouvidos para registrar. A memória biológica (do perispírito) de um plano mais avançado, sendo outra com mais conquistas, não nos permitiria adaptação a esse novo dinamismo, bem como a nossa memória psicológica (do Espírito) acusaria apenas aquilo em que encontrasse alguma analogia com o seu conteúdo armazenado.

Caso algum habitante terreno, cuja condição moral apresente ainda traços de orgulho e de egoísmo, tentasse aproximação de um desses mundos felizes, sentiria, à medida que dele se aproximasse, tal cansaço que seria impelido a retornar movido por absoluta incompatibilidade física, mental e moral com o meio. O fenômeno, sob a ótica física, apresenta certa semelhança com a tentativa de um alpinista escalar uma alta montanha, tornando-se gradativamente dificultosa a sua tarefa, até que, exaurido em suas forças, desista da empreitada diante da impossibilidade do feito. Apreende-se deste fato que, quanto mais os habitantes de um mundo são moralizados, tanto mais proteção natural têm contra as investidas de ordem inferior, se é que elas os podem ameaçar.

Sem afinidade fluídica entre o planeta e o seu habitante não há interação; sem ela o perispírito não tem condições de transmitir do Espírito e para o Espírito as sensações e impressões advindas do relacionamento com o meio. Sem o ajuste fluídico entre o perispírito e o meio, toda intermediação entre o Espírito e o ambiente se torna praticamente impossível.

CAPÍTULO 21

OS CELENTERADOS

O passo seguinte do palmilhar para aperfeiçoar seria a peregrinação do princípio inteligente pelas formas dos celenterados. Nesses animais já existe uma organização superior à dos poríferos, pois apresentam tecidos compostos por células diferenciadas, constituindo órgãos com funções distintas. Os mecanismos de defesa são desenvolvidos ostensivamente. Estes são interpretados, às vezes, como tendência agressiva, quando na verdade, apenas visam à sobrevivência da espécie.

Aqui o princípio inteligente modela em seu corpo astral células especializadas que se materializam no corpo, organizadas pelas leis biológicas, armazenando um líquido tóxico a ser expelido em caso de ameaça à sua segurança, mas também com a função de auxiliar na captura de alimentos.

Nota-se nesses animais, uma cavidade digestiva funcionando ao mesmo tempo como entrada e saída de alimentos e resíduos, futuro embrião dos sistemas digestivo e excretor. Nesse estágio, o *habitat* animal ainda se restringia à água, com os celenterados apresentando dois tipos básicos: *pólipos*, tendendo a uma estrutura cilíndrica, e *medusa*, lembrando um guarda-chuva aberto.

O exercício sexual continuava sendo praticado com gametas, partindo do macho, em deslocamento pelo meio aquático, indo juntar-se a outros na fêmea, caracterizando uma reprodução sexuada. Dessa união de gametas surge uma larva que evolui para futuros celenterados.

O exercício na forma desses animais trouxe inúmeras vantagens no campo da adaptação de estruturas perispirituais e físicas. A alimentação aprimorou-se; a locomoção, embora que passiva sob o comando das ondas do mar, foi iniciada; a troca de gametas generalizou-se; os mecanismos de defesa e captura de alimentos se instalaram em definitivo como agentes do instinto de conservação.

A medusa (celenterados)

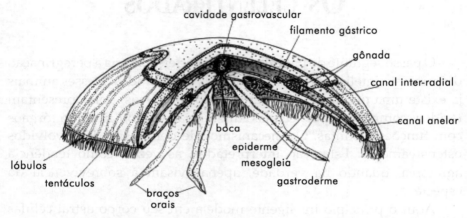

Tecidos com formas diferenciadas constituindo órgãos com função definida.

CAPÍTULO 22

OS PLATELMINTOS

Os platelmintos são animais achatados, apresentando faces, ventral e dorsal. Foram os primeiros organismos a apresentar essa característica de destacado papel na mobilidade e adaptação ao ambiente, de vez que ela lhes permitiu sair em busca de alimentos, ao contrário das esponjas que são fixas.

Entre os platelmintos surge o desenvolvimento de um ovo dando origem a um embrião com folhetos germinativos. É ainda nos platelmintos que surgem os sistemas sensorial, muscular, nervoso, excretor e reprodutor, em maior grau de aperfeiçoamento. Podemos exemplificar esse filo com um animal bastante conhecido pelos biólogos, em virtude do seu alto poder de regeneração:

A PLANÁRIA

Esse animal possui o sistema digestório composto pela boca, faringe e intestino. A distribuição dos alimentos por todo o corpo é realizada graças à ramificação do seu intestino, sendo os restos alimentares eliminados por um sistema especializado em excretar água e resíduos. Seu sistema reprodutor consta de ovários e testículos, uma vez que esses animais são monóicos. Nota-se perfeitamente na planária um cordão nervoso espalhado por todo o corpo, ligado a dois gânglios cerebrais. Embora isso não represente um cérebro em sua plenitude, podemos entendê-lo como um cérebro em potencial, visto aí se concentrar grande quantidade de células nervosas, caracterizando um processo de cefalização.

Graças a isso, a planária percebe as correntes de água, os estímulos químicos e mecânicos e as variações de intensidade luminosa. Tal cefalização, iniciada nesta espécie, atinge o grau máximo no homem, onde o cérebro possui a capacidade de coordenar as atividades orgânicas.

Nesse período de aprendizagem a aventura do princípio inteligente dá um grande avanço, pois hoje está cientificamente provado que a planária tem a capacidade de aprender e memorizar experiências, passadas através de condicionamentos. O início da cefalização é sem dúvida um passo decisivo na evolução, pois o princípio inteligente manifestará a sua inteligência de maneira mais ágil, proporcional à perfeição do cérebro e ao grau de experiências vividas.

Em se tratando de efeitos inteligentes, o cérebro está para o Espírito como as asas estão para o vôo, pois mesmo que o Espírito tenha adquirido bastante experiência, sem um cérebro aperfeiçoado para suas manifestações na matéria condensada, ele não poderá atuar ou fazer-se entender; da mesma forma cortando-se as asas de um pássaro ele não voará, embora sua vontade seja esta. O cérebro funciona como tradutor e executor das mensagens do Espírito. Se esse tradutor for mudo, nenhuma mensagem será executada pelo corpo, a não ser aquelas que ele já adquiriu por automatismo, tais como alimentação, respiração, excreção, dentre outras. Daí a grande importância desse início de moldagem de um cérebro que possibilitará ao princípio inteligente, comunicações cada vez mais aperfeiçoadas com o meio externo e com as demais espécies.

O princípio inteligente, antes associado à matéria por forte instinto de conservação, inaugura a era da inteligência exteriorizada, embora em parcelas mínimas, a avolumar-se gradativamente, à proporção que ele disponha de cérebros mais aperfeiçoados. Isso ocorre porque a inteligência não é um atributo do cérebro, mas do Espírito. É generalizado o conhecimento de que entre os humanos seus cérebros se assemelham (a não ser em casos patológicos), mas a inteligência não. Se a inteligência estivesse situada em alguma porção do cérebro, ou fosse manifestação do conjunto cerebral, os alunos de uma mesma classe, que se empenhassem com a mesma vontade de aprender teriam a mesma capacidade de resolver problemas sobre aquela disciplina.

Acontece que existem as aptidões, as intuições, a mediocridade,

O perispírito e suas modelações

a genialidade e outras variantes que interferem na aprendizagem de cada indivíduo. A carga de experiências e de valores que cada um traz ao encarnar, fruto de suas vivências passadas, traduz-se em adaptação ou inabilidade, diante de novas lições ou recapitulações de outras não aprendidas.

Se admitirmos que a inteligência tem gênese nos arranjos de neurônios, deveríamos eximir de culpas os homicidas, os desonestos, os caluniadores e reescrever a História da Humanidade, desta vez igualando Jesus a Átila e Francisco de Assis a Hitler, pois suas manifestações teriam sido apenas produto de suas intimidades cerebrais, que se desenvolveram à revelia destes, ou seja, exteriorizaram-se por um capricho da Natureza, que utilizou o acaso para imprimir o caráter hostil dos belicosos e angélicos dos pacíficos.

Conseguindo certa mobilidade e com o instinto já solidificado, faltava entre tantos outros desafios, a urgência de conquistar a terra firme. Era necessário desbravar o mundo, possuí-lo, dominá-lo. Apressaram-se os técnicos espirituais em modificações adaptativas no corpo astral dos seres das diferentes espécies, para que o oxigênio usado na respiração não mais fosse o dissolvido na água, mas o do azul atmosférico.

Prepara-se o princípio inteligente para mais essa proeza. Modelar é a palavra de ordem. Mas, como para modelar é necessário ter em mente o molde a ser materializado, e não havendo ainda o princípio inteligente passado pelo estágio planejado pelos técnicos siderais, este não poderia auxiliar com a sua força mental, forçando na matéria plástica a fôrma almejada. Todavia não se acomoda. Detendo em si o instinto, a ânsia de crescimento, a inteligência embrionária e a destinação luminosa, colabora no êxito da modelagem com uma espécie de certeza íntima de quem parte da obscuridade limitante para a luminescência triunfante.

De regresso à Terra, já de corpo astral modificado, intensifica-se o exercício de afirmação das novas estruturas, em perseguição ao objetivo de plasmar um instrumento que permita ampliar a manifestação da inteligência sobre o planeta. Todavia, era apenas o início da grande batalha. Muitas dores ainda despontariam no horizonte evolutivo do orbe; não a dor cármica, mas a dor impulso, ordem, dinamismo, evolução. A dor como mestra da modelagem perispiritual. A dor que desatina sem doer, como lembrou Camões.

A planária (platelminto)

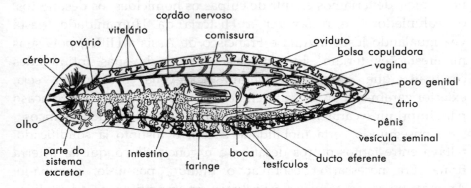

Alto poder de regeneração e aparecimento de um cordão nervoso ligado a dois nódulos cerebrais.

CAPÍTULO 23

OS NEMATELMINTOS

A partir do conjunto cérebro-sistema nervoso, a inteligência manifesta-se mais intensamente, dando mostras da estreita relação existente entre o princípio inteligente e o seu tradutor na matéria densa. Nos nematelmintos o corpo aprimora-se um pouco mais, apresentando um tubo digestivo completo com boca e ânus, permitindo que o alimento seja trabalhado, aproveitado e excretado em seus resíduos por uma parte específica do corpo.

Esses animais habitavam, e habitam ainda hoje, a água e a terra, permitindo que suas formas abriguem princípios inteligentes em seus inícios de caminhada. Possuindo musculatura longitudinal e um anel nervoso que circunda a faringe, estendendo suas ramificações para frente e para trás, conquistaram toda a Terra em invasão de consequências previsíveis e vitória esperada.

Aportou enfim o princípio inteligente em terra firme, após milhões de anos e incontáveis manobras sob a égide da didática recapitulativa.

A fim de que nosso estudo não se torne monótono, citaremos somente modificações que foram adicionadas às espécies e que são sinais demonstrativos da evolução.

OS EQUINODERMAS

Nesses animais o princípio inteligente esforça-se na elaboração de estruturas esqueléticas. Na estrela-do-mar, nota-se a presença de cinco dentes calcários, sendo estes fortes e afiados, servindo para triturar os alimentos. Esse estágio parece ser o treinamento da condensação de estruturas resistentes que serviriam no futuro para proteção e sustentação.

Os moluscos

Nos moluscos surgem os nefrídios, embriões dos futuros rins, e a presença da respiração pulmonar. No sistema circulatório observa-se um coração dorsal que impulsiona o sangue para todo o corpo.

Os anelídeos

Apresenta-se entre eles um novo tipo de respiração, através da pele. Nota-se também a existência de um sistema circulatório fechado. Um exemplo típico de anelídeos é a minhoca, cuja função é arar o solo permitindo o ingresso de oxigênio para as raízes das plantas.

Os artrópodes

Em seu caminho, já com milhões de anos em constante treinamento, vamos encontrar o princípio inteligente locomovendo-se sobre patas articuladas, formadas por juntas ou articulações móveis. As novas formas que agora se movimentam são as aranhas, os crustáceos, os insetos e os escorpiões. O corpo desses animais já apresenta certa rigidez, devido a um exoesqueleto de quitina. Os apêndices são utilizados na locomoção, captura de alimentos, trituração, limpeza do corpo, recepção de estímulos e demais funções relacionadas com a atividade do meio.

O sistema circulatório do lagostim, que é um crustáceo, já transporta alimentos, oxigênio e gás carbônico por todo o corpo. É formado por um coração, de onde partem vasos que encaminham o sangue para todos os órgãos. Pouco a pouco os órgãos e sistemas são delineados, em obediência ao crescente aperfeiçoamento. Isso demonstra a atuação de uma inteligência que supervisiona a criação em todos os seus estágios, encaminhando-a para a conquista maior do livre-arbítrio.

Os cordados

Nos cordados existe o preparo para a modelagem de uma coluna vertebral e, finalmente, ensaios para o ingresso entre os vertebrados.

O perispírito e suas modelações 91

Nestes, o tecido altamente delicado do cérebro e da coluna é protegido por estruturas ósseas, ao mesmo tempo em que o corpo adquire sustentação, permitindo-se maior resistência e posterior posição ereta.

Os primeiros vertebrados foram os peixes, cuja respiração se faz através de brânquias, retirando o oxigênio que se encontra dissolvido na água. Seguiram-lhes os passos na evolução, os anfíbios, os répteis, as aves e os mamíferos.

Os tecidos de um vertebrado adulto surgem a partir da ectoderme, mesoderme e endoderme. Da ectoderme originam-se a pele, o sistema nervoso e a hipófise. Da mesoderme se diferenciam o esqueleto, os músculos, o aparelho urogenital, as membranas que revestem internamente os vasos sangüíneos e o coração, assim como a segunda camada da pele. Da endoderme estruturam-se o aparelho respiratório e digestivo.

Há mais de um milhão de anos atrás, quando os primatas habitavam a Terra como último produto da evolução, eis que uma raça de antropóides se diferencia das demais adquirindo forma humanóide e mudanças de hábitos.

Queremos aqui ressaltar que o homem não surgiu do macaco, na interpretação que muitos atribuem a esse fato. O que houve na realidade é que certa raça de antropóides que apresentava características mais favoráveis a uma humanização, foi auxiliada por entidades espirituais de conhecimentos muito superiores, que introduziram na fôrma perispiritual e no código genético, significativas modificações, induzindo-a por ocasião do seu retorno à matéria, a uma transformação física.

A prova de que tanto o homem como o macaco partiram de um ponto comum é o parentesco ainda existente em seus tipos sanguíneos, pois sabemos que o sangue dos macacos antropóides assemelha-se ao do homem quanto aos grupos.

A partir dessas mudanças nos antropóides, tivemos os primeiros homens ainda bestializados, em virtude do arquivo de conhecimentos ainda muito restrito, o código genético não estar aperfeiçoado e a matéria densa mostrar-se ainda muito imperfeita para grandes programações.

O índice cefálico do homem primitivo oscilava entre 450 e 650 centímetros cúbicos, o que pouco o diferenciava dos outros antropóides. Contudo, o tempo assistiu ao longo peregrinar dos Australopithecus até o homem de Cro-Magnon, apresentando o homem atual uma capacidade craniana variando entre 1220 a 1500 centímetros cúbicos e muitas conquistas científicas já bem sólidas.

O aumento do índice cefálico foi estimulado pela liberação das mãos, e se tornou possível graças à diminuição dos dentes e maxilares, com regressão proporcional da musculatura e dos ossos de apoio.

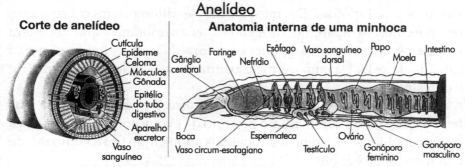

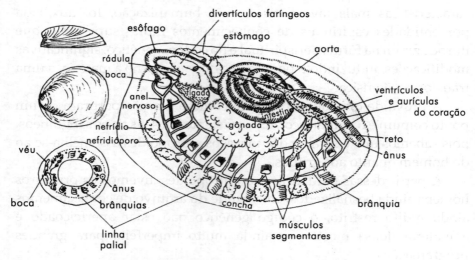

A estrela-do-mar (equinodermos)

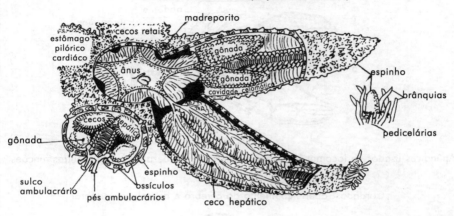

A áscaris (nematelmintos)

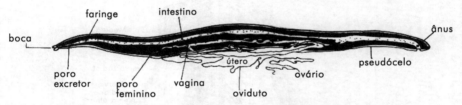

Tubo digestivo completo com maior organização no sistema digestivo

Artrópodos

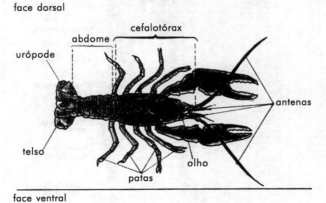

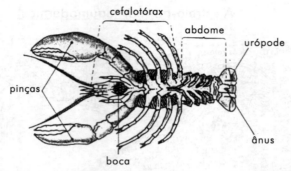

Apêndices usados na locomoção, captura, trituração, limpeza do corpo e outras funções.

Cordados: aperfeiçoamento do cérebro e da coluna vertebral

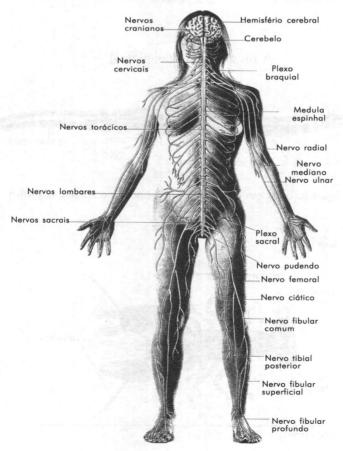

CAPÍTULO 24

Algumas provas
da evolução

São inúmeras as provas que indicam ser o homem o resultado da evolução de seres inferiores, ou seja, primários na ordem de ascendência biológica. No campo da anatomia comparada podemos observar a homologia existente entre a constituição esquelética das asas do morcego, das aves, dos répteis voadores extintos e dos membros anteriores dos mamíferos. Essa seqüência evolutiva fundamenta-se no seguinte argumento: estruturas homólogas pertencentes a diferentes espécies indicam uma origem filogenética comum.

São igualmente abundantes as estruturas pertencentes ao homem atual, tidas como resquícios de seus ancestrais de outras espécies. O cóccix humano é um vestígio da cauda dos animais que o antecederam. O apêndice, no intestino grosso do homem, é um órgão atrofiado, herança dos animais herbívoros. Para todos os músculos do corpo humano, existem correspondentes nos gorilas antropóides.

Existem ainda várias outras provas anatômicas que poderão ser encontradas em qualquer compêndio de Biologia, caso o leitor esteja interessado no assunto. Em 1866, Haeckel divulgou sua famosa lei biogenética, que traz o seguinte conteúdo: "Um indivíduo, no seu desenvolvimento, tende a recapitular os estágios por que passaram os seus ancestrais". Observações feitas provaram que quanto maior a semelhança entre os animais adultos de diferentes espécies, mais demorada é a sua gestação.

O embrião humano apresenta bolsas branquiais no primeiro mês de formação, apesar de ser pulmonar a sua condição respiratória. Já na sexta semana de formação, o embrião apresenta uma longa cauda, que vai encurtando, à medida que o desenvolvimento se acentua, restando no final da formação o cóccix como vestígio. Estas são outras provas insofismáveis, confirmando que a espécie humana descende de animais em que esses órgãos eram ativos, conservando o embrião parte dos processos embrionários que impuseram brânquias aos peixes e cauda aos mamíferos.

Se ainda existia alguma dúvida quanto ao homem ser o produto da evolução das espécies ela foi definitivamente soterrada pelo *Projeto Genoma Humano*, desenvolvido pelos cientistas que conseguiram montar por completo o quadro de informações do código genético humano. Dentre centenas de outras informações destacam-se três, particularmente interessantes para o nosso estudo: cerca de duzentos dos nossos genes são herdados dos primeiros seres vivos existentes na Terra, há centenas de milhões de anos, os unicelulares, sendo pelo menos um deles responsável pela produção de proteínas ligadas às emoções; cerca de mil genes desativados ao longo da evolução, considerados hoje pelos cientistas como "DNA lixo", na verdade serviram para proporcionar aos antepassados do homem de cerca de dez milhões de anos atrás, o olfato apurado tal qual o dos roedores atuais. Em outras palavras, tais genes ligados ao olfato, foram desativados quando os antepassados mais recentes do homem já tinham inteligência suficiente para conseguir alimentos e proteção sem o auxílio apurado desse sentido; pelo menos 750 milhões de pares-bases do DNA humano não passam de vastos desertos com pouquíssimos ou nenhum gene presente. O que significam tais desertos? Seriam estágios já superados ou a conquistar? Para tais perguntas somente a evolução trará respostas.

Outro tipo de prova da evolução situada no campo psíquico é a regressão de memória. Nesse tipo de experiência, revelam-se, pelo próprio Espírito, múltiplas passagens vividas no período uterino e pré-uterino (antes da última encarnação) mostrando aspectos já incorporados ao seu conteúdo intelecto-moral, os quais por força da redução vibratória perispiritual ficaram temporariamente adormecidos. Contudo, esse tipo de prova não dá margem a que se reconstrua o longo caminho percorrido pelo princípio inteligente, desde suas passagens pelo reino vegetal ou animal, o que ele mesmo não tem consciência.

O perispírito e suas modelações   97

Ademais, para o Espírito o que interessa são as experiências profundas, aquelas que lhe enriqueceu o senso moral, a ciência, a fé, o amor, ou por outro lado, onde a dor funcionou como elemento gerador da ética, solidificando um caráter moldado no luminoso roteiro aconselhado por Jesus. Dessa maneira, o mais provável é que a regressão de memória, que revela os segredos íntimos do ser, faça vir à tona apenas tópicos correlacionados com esses aspectos a que nos referimos, ficando nos arquivos do tempo as experiências vividas pelo princípio inteligente nos primórdios de sua aprendizagem, já como aliado à forma condensada humana.

Na maioria das vezes, o Espírito procura lembrar daquilo que o tocou, que o sensibilizou, o enriqueceu ou o fez sofrer, da mesma maneira que um velho já não se lembra de algumas de suas peraltices infantis, mas gravou os momentos marcantes de sua vida.

A regressão de memória não atinge níveis profundos de revelações no espaço-tempo, possibilitando apenas a revelação de fatos, sem reconstituir a história integral. É, portanto, uma prova parcial da evolução, mais precisamente um indicativo de que o Espírito retorna muitas vezes à matéria densa em diferentes períodos de tempo.

A evolução anímica continuará seu lento trabalho de aperfeiçoamento, de maneira que o homem do futuro poderá apresentar um cérebro mais perfeito, dando margem a mais ampla atuação do Espírito no campo condensado. Por não ter utilidade ou por não ser funcional, desaparecerão o cóccix e o apêndice, e quando por ocasião de sua conquista vencer o canibalismo, iniciando um regime alimentar vegetariano, certamente serão substituídos seus dentes caninos.

Nesse futuro, muito futuro, o ser espiritual estará mais purificado e suas ideias principais gravitarão em torno da instalação definitiva do reinado da fraternidade sobre a Terra. A ciência vigente estará unida à religião e o pronome de tratamento usado será apenas, irmão.

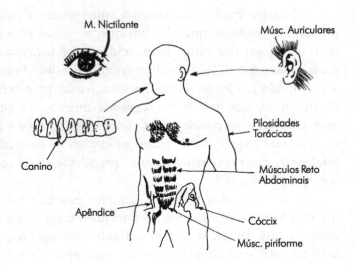

Estruturas pertencentes ao homem e que são resquícios da sua herança ancestral de outras espécies.

Comparação entre embriões de diferentes espécies.

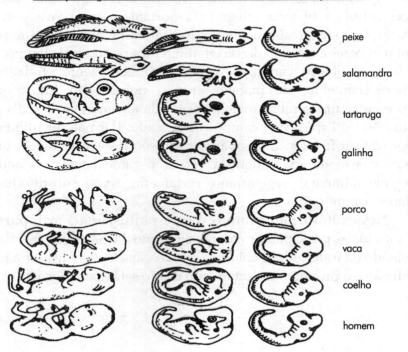

O perispírito e suas modelações 99

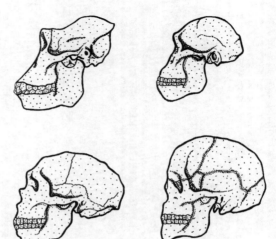

A evolução do crânio possibilitou o aumento do índice cefálico no homem.

CAPÍTULO 25

A HUMANIZAÇÃO

Aos que desejarem religiosamente conhecer e se mostrarem humildes perante Deus, direi, rogando-lhes, todavia, que nenhum sistema prematuro baseiem nas minhas palavras, o seguinte: o Espírito não chega a receber a iluminação divina, que lhe dá, simultaneamente com o livre-arbítrio e a consciência, a noção dos seus altos destinos, sem haver passado pela série divinamente fatal dos seres inferiores, entre os quais se elabora lentamente a obra de sua individualização. Unicamente a datar do dia em que o Senhor lhe imprime na fronte o seu tipo augusto, o Espírito toma lugar no seio das humanidades.

A Gênese – Allan Kardec
(cap. VI – item 19)

O LIVRE-ARBÍTRIO

— O homem tem o livre-arbítrio dos seus atos?
— Visto que ele tem a liberdade de pensar, tem a de agir. Sem livre-arbítrio o homem seria uma máquina.

O Livro dos Espíritos – Allan Kardec
(pergunta 843)

Com a humanização do princípio inteligente, agora chamado Espírito, este passa a agir conforme o seu livre-arbítrio, ou seja, escolherá seus caminhos e se responsabilizará por seus sucessos e fracassos, o que determinará em seu perispírito uma harmonização anatômico-fisiológica no primeiro caso ou uma deformação no segundo.

Conquistada a forma hominal, cabe ao Espírito preservá-la em constante progresso, pois ele será o modelador do seu corpo através dos comandos mentais. Possuindo a faculdade de análise e discernimento, pode decidir pelo que foi planejado, alojando as consequências de sua decisão na intimidade perispirítica, a qual reagirá favoravelmente pelos frutos da ação executada quando esta for concorde com o bem, ou de maneira oposta, quando contrariar os princípios de justiça e de amor.

Jamais poderemos dizer que a opção pelo mal se dá por efeito de pressões biológicas e ou psíquicas herdadas; muito menos como resultado exclusivo da interação com o meio; tão pouco por coação dos fatores sociais, políticos, econômicos, morais ou amorais vigentes. Podemos dizer que o Espírito geralmente traz tendências, e que colocado em meio agressivo, submetido às pressões e tentações comuns aos mundos inferiores, é senhor para ceder ou impor resistência a esses fatores, resultando daí que ele jamais será produto exclusivo do meio, uma vez que pesa, mede e decide por si próprio o que deverá ser feito.

Mesmo nas primeiras encarnações, quando ainda não solidificou a noção de justiça ou de injustiça, o livre-arbítrio é guiado pela intuição das leis divinas, gravadas na consciência de cada ser. Isto é suficiente para responsabilizá-lo, ainda que em grau compatível com seus conhecimentos e aquisições, pelos seus atos, no que se infere que a responsabilidade tem dimensões inerentes ao progresso do Espírito.

É pelo uso do livre-arbítrio que o perispírito humano atingirá mais rapidamente sua natureza diáfana ou opaca, fixando nele seu roteiro de dores ou alegrias futuras, num determinismo por ele imposto. Sabe--se que livre-arbítrio e determinismo coabitam com a alma, forjando o destino sempre mutante, a depender das decisões do Espírito.

Deus impôs ao homem um destino pré-fixado que consiste na perfei-ção. No entanto, o deixou livre na escolha dos caminhos para o aperfei-çoamento. Nisso se forma a infinita variedade de rumos, vielas, travessas, destinos, naufrágios e escaladas alternativas para atingir esse objetivo.

Aqueles que, conhecendo o mapa do caminho mais curto aden-tram em atalhos pedregosos sem o seguro abrigo da fé ativa, perden-do-se nos pantanais umbralinos, o fazem por livre vontade, no que devem arcar com as consequências da escolha.

O Espírito é, portanto, senhor do seu destino; criador de suas dificuldades; construtor dos seus infortúnios e bem-aventuranças; mode-lador do seu perispírito, usando a argamassa que o livre-arbítrio permite. O mérito ou o demérito de ser bom ou mau artesão, dos quais resulta a delicadeza dos contornos da sua obra ou a mediocridade conjuntural apresentada, mostrando ulcerado ou fistuloso, aquilo que deveria zelar, aperfeiçoar e fazer luzir, é de sua inteira responsabilidade.

CAPÍTULO 26

O CÉREBRO PERISPIRITUAL

O cérebro humano é um produto da evolução das espécies. Elaborado desde milhões de anos, vem sendo aperfeiçoado conforme as necessidades do Espírito, no que tange a buscar alimentos, selecionar, sentir, procriar, memorizar e desenvolver a inteligência.

Saiu do simples impulso instintivo para a irritabilidade, passou pela sensação, adentrou-se no instinto e atingiu a razão. Nessa sua peregrinação evolutiva, o princípio inteligente vem armazenando informações, de maneira que, ao atingir a fase humana, seu cérebro perispirítico já continha vasto registro de impressões e sensações relativas à luta pela vida e pela sobrevivência, que poderiam ser racionalizadas e ordenadas formando lições.

Com o homem nasceu a ciência e com o seu pensar surgiu a filosofia. A evolução cerebral se fez basicamente do interior para o exterior, uma vez que o seu núcleo central, mais conhecido como tronco cerebral, é que conduz as funções básicas da vida, desde os batimentos cardíacos até a harmonia respiratória.

Nesse estágio, o que era mais importante e necessário para o princípio inteligente era manter a vida frente às hostilidades do meio, adaptando-a e aperfeiçoando uma máquina material que lhe possibilitasse manifestação, cada vez mais intensa no cenário terrestre.

Esse setor cerebral desenvolveu-se basicamente até a era dos répteis, há centenas de milhões de anos, quando esses animais dominavam o globo. Segundo alguns autores, é pela cobertura do tronco cerebral que se exteriorizam a agressão e a defesa, os rituais, o princípio da territorialidade e da hierarquia social, noções básicas dirigidas pelos impulsos instintivos e adaptativos das espécies inferiores. Circulando o tronco cerebral, está o sistema límbico do cérebro dos mamíferos, desenvolvido há dezenas de milhões de anos, nos mamíferos primitivos anteriores aos primatas. Esse setor cerebral responde pelos nossos humores e emoções, bem como nossos interesses.

Continuava o princípio inteligente em suas repetições, enfrentando os fatores ambientais, ora terrestres, moldando órgãos materiais para utilizá-los na aprendizagem, ora despindo-se deles e atuando em plano sutil, para regressar ao cenário anterior, incorporando lições de sobrevivência. Envolvendo essas duas partes do cérebro encontra-se o córtex cerebral, que vem se desenvolvendo há milhões de anos, desde os primatas, ancestrais dos trogloditas. O hemisfério direito do córtex responde pelo reconhecimento dos padrões, intuição, sensibilidade e poder analítico. O esquerdo dirige o pensamento racional, analítico e crítico.

Ambos os hemisférios se comunicam por feixes de neurônios em troca informativa, de onde resulta a harmonia do binômio, criatividade-análise, gerando atitudes responsáveis e lógicas. A grande maioria dos conhecimentos do Espírito é trabalhada através do córtex. No tronco cerebral e no seu envoltório manifestam-se as funções mais utilizadas pelos ancestrais, como: agressão, medo, sexo, defesa, proteção à prole, obediência ao líder, dentre outras. Pelo córtex, o Espírito exterioriza as conquistas superiores, tais como a linguagem, a leitura, a abstração, a estética e a inteligência.

Como todo conhecimento é de origem espiritual, o Espírito vai deixando para a retaguarda os ensinamentos superados e sem muita significação para o estágio que já atingiu. Do histórico de lutas e conquistas anteriores, muita coisa se perde na noite dos tempos, restando para o futuro toda memória biológica, algumas impressões e instintos, que demasiadamente exercitados, gravaram-se fortemente na intimidade perispiritual. Em resumo, consideramos o cérebro como um bloco único, embora que para efeito didático possamos dividi-lo em três compartimentos. O *tronco* cerebral, utilizado como cérebro primitivo, e hoje funcionando como tradutor do arquivo das lições adquiridas na conquista dos impulsos instintivos, o *sistema límbico* do cérebro dos mamíferos, elaborado enquanto as sensações e o instinto se aperfeiçoavam, e o *córtex cerebral* onde a razão selou pelo pensamento, a soberania hominal, como ápice do reino dos viventes, desde que alguns animais possuem sentimentos, mas o homem possui o pensamento.

Nos dias atuais o cérebro é visto e analisado em tríplice aspecto. Subconsciente, consciente e superconsciente. No subconsciente está o arquivo dos trabalhos realizados, onde o hábito, forçando uma rotina milenária, forjou o automatismo. No consciente encontra-se a sede das atuais conquistas, simbolizando o nosso esforço e perseverança nos labores regenerativos. No superconsciente estão as aspirações superiores, os ideais santificantes, que atingidos, mais aperfeiçoarão o sistema cerebral, uma vez que a sua potência é proporcional ao progresso efetuado no sentido dos anseios angélicos. Como na mensagem anterior, as partes ou sedes sofrem interferências ou intercâmbio entre elas, trazendo o homem em si, o passado, o presente e o futuro. Depende de sua ação abreviar o futuro ou retardar o passado pela ação do presente.

Herdamos assim, através da evolução cerebral, uma série de condicionamentos, bem como o instinto, que segue ao lado do intelecto agindo de maneira independente, como função marcante, sentinela avançada na conservação da vida.

Lembramos que toda essa evolução cerebral realizou-se na área perispiritual, refletindo-se nas espécies materializadas, em cópias equivalentes e grosseiras, que deveriam ajustar-se às ordens e necessidades do Espírito reencarnante.

Por sua vez o cérebro físico segue os passos evolutivos do cérebro perispiritual, traduzindo imperfeitamente as conquistas deste.

Pouco conhecido, de potencial acanhadamente utilizado, o cérebro, instrumento maior a permitir a manifestação do Espírito no universo, continuará desafiando o homem comum por muitos séculos, mostrando-se pouco a pouco, à medida que o intelecto e a moral amadureçam.

E quando isso acontecer, talvez a melhor definição para ele seja luz.

CAPÍTULO 27

PENSAMENTO:

AGENTE MODELADOR

Os Espíritos atuam sobre os fluidos espirituais, não manipulando-os como os homens manipulam os gases, mas empregando o pensamento e a vontade. Para os Espíritos, o pensamento e a vontade são o que é a mão para o homem. Pelo pensamento, eles imprimem àqueles fluidos tal ou qual direção, os aglomeram, combinam ou dispersam, organizam com eles conjuntos que apresentam uma aparência, uma forma, uma coloração determinadas; mudam-lhes as propriedades, como um químico muda a dos gases, ou de outros corpos, combinando-os segundo certas leis.

A Gênese – Allan Kardec
(cap. XIV – item 14)

PENSAMENTO: AGENTE MODELADOR

Comandando o cérebro está a mente, manancial dos nossos pensamentos. Quando a mente lança um pensamento no ar, materializa uma onda de natureza sutilíssima, cujo comprimento e vitalidade dependem da potência mental e da constância no pensar. Essa onda pode ser captada por outra estação mental, quando lhe sintonize, mantendo-se ambas em comunhão, absorvendo e fazendo-se absorver, em troca de ideias geradoras de sombras ou luminosidade, conforme seja o teor da mensagem intercambiada.

O pensamento possui a propriedade de modelar formas e imagens, sendo estas efêmeras ou duradouras, a depender das energias que as alimentem. Vibrando nos acordes do amor, ilumina o perispírito, dando-lhe leveza, fazendo com que tais energias dele se volatizem, sem deixar qualquer nódoa ou mancha prejudicial. No sentido oposto, detendo-se no ódio, as energias hostis que o alimentam, deixam resíduos indesejáveis, fuligem cáustica no tecido perispiritual, cuja drenagem geralmente se faz através do corpo físico, em formas patogênicas diversas.

O corpo físico, funcionando qual aspirador ou mata-borrão para os fluidos densos acumulados no perispírito, atrai para si as mazelas resultantes do descontrole do Espírito. Grande é a responsabilidade com o nosso pensar. O pensamento, sempre antecedendo a ação, tem no seu controle uma regra áurea para as boas construções. Quando selecionados e sintonizados com o bem, agem como bisturis removendo os hematomas perispirituais, em cirurgias plásticas modeladoras.

Jamais afastaremos os hábitos seculares antifraternos sem a renovação dos pensamentos. Quando pensamos de maneira altruísta abrigando a paz, a doação, a fraternidade, nosso ser fica impregnado de energias revigorantes que facultam com sua persistência a expulsão das ideias e imagens que não sintonizam com o novo estágio de evolução. Ao mesmo tempo, fechamos a porta para ideias pessimistas, que não conseguem se impor à calma e à confiança embasadas no bom ânimo da fé raciocinada.

O desejo de renovação, no entanto, não pode nem deve ser neurotizante, impondo uma fuga dos cenários do mundo, nem uma fiscalização castrativa e geradora de desejos de autopunição. É o velho conselho de estar no mundo sem ser do mundo e estar com eles sem ser um deles.

Quanto mais renovado o ser, mais entendimento demonstra ter para com as fraquezas alheias, sem, contudo, pactuar com elas. Selecionar pensamentos, se policiar, não é tentar soterrar a todo custo a inferioridade que habita em nós e que aflora muitas vezes ao dia. É entender com naturalidade e com maturidade que a possuímos e envidar esforços para diminuí-la a cada dia, visto ser a evolução fruto de milênios. É não se render ao comodismo; é o querer dinâmico; o conhecer a si para mudar a si; fazer luz, modelando o perispírito em formas translúcidas e menos vulneráveis às investidas da dor.

Comecemos cultivando o otimismo, a meditação, o estudo sério e compenetrado, o trabalho edificante e a prece, e teremos afastadas as ideias deprimentes oriundas da acomodação, das lamentações, da

O perispírito e suas modelações 109

ignorância e da maledicência. Caso não seja acolhido tal procedimento e a invigilância venha a hospedar-se em nossa casa mental como soberana, ditando os velhos códigos do orgulho, egoísmo, ciúme e similares, a mente continuará viciada, incapacitada de impor a si a disciplina preventiva dos traumas, fobias e seqüelas dos quais são férteis o pensar sem controle. O portador de tais estigmas modelará seu perispírito com as formas adensadas e obscuras alimentadas pela energia que dele emana, visto ser este corpo maleável ao pensamento, de quem sofre grandes transformações sob o comando mental que, desgovernado, passa a lesar suas células, deformando-as.

CAPÍTULO 28

IDEOPLASTIA

Já existem provas reais de que o pensamento constrói e destrói, mesmo em nosso meio material. Não somente o pensamento desenvolvido e consciente dos homens, mas igualmente os instintos agressivos e direcionados dos animais podem forçar desarmonias físicas em seus semelhantes.

Pesquisadores ingleses, com a finalidade de comprovar ou não o efeito do mau-olhado, fizeram a seguinte experiência: colocaram dóceis ratinhos da cidade, bem próximos de ratos selvagens, muito embora, fora do alcance físico. Obstaculizados materialmente de agredir os ratinhos estranhos, os ratos selvagens realizaram atitudes de intimidação, enviando olhares agressivos e ameaçadores. Embora sem sofrer um simples arranhão, sem possibilidade de qualquer contato físico, os ratinhos urbanos acabaram por cair mortos. Submetidos a autópsias, os ratinhos assassinados com simples olhares, mostravam glândulas supra-renais dilatadas, sinal evidente de violenta pressão nervosa emocional.

O mau-olhado dos ratos selvagens contra os ratos da cidade provou que é possível a agressão através do simples olhar, quando este canaliza o ódio ou qualquer outro sentimento menos digno. E se em animais pequenos pode causar a morte, em organismos mais evoluídos, tais como os humanos, pode causar uma série de contratempos que os estudiosos dos fluidos souberam identificar.

Muitas vezes já ouvi falar de pessoas que matam plantas com o olhar e fazem adoecer crianças e até animais com seu fluido nocivo. O estudo dos fluidos, a maneira como eles são direcionados pela força mental, suas relações com o perispírito e a influência moral comandando todo esse cenário, não deixam dúvidas quanto à possibilidade de ocorrência de tais fatos. Não é o simples olhar aliado à mecânica do pensar que impulsiona o fluido em uma direção qualquer?

O ser humano é em essência aquilo que reside em seu coração. E sendo os olhos as janelas da alma, eles lançam do que lá existe, direcionando pela força do pensamento, sobre o que projetam. Sabemos que o fluido pode ser dirigido pelo pensamento ou como que aspirado por vontade firme. No caso a que nos reportamos, mau--olhado, uma criança, animal ou vegetal não poderiam desejar absorver tais fluidos; resta-nos concluir que consciente ou inconscientemente, o fluido foi dirigido do emissor por sua vontade ou à sua revelia.

Mencionamos tais casos para que o leitor possa entender a importância do pensamento na modelagem do meio ambiente, como na própria estrutura anatômica e fisiológica do perispírito. Como o que é essencialmente bom nada tem de mau, quando pensamos no bem com intensidade, materializamos no meio externo (ambiente) e interno (perispírito) os efeitos do nosso pensamento, que se fazem visíveis para aqueles que os sintonizam.

Os bons pensamentos são portadores de luminosidade emanada do perispírito que a difundiu, sendo que esta interfere no ambiente em que foi gerada. Através da materialização do pensamento, dessas formas benéficas ou hostis modeladas, assunto incluso no capítulo da ideoplastia, é que os Espíritos, observando os raios das cores formadas, a harmonia das formas e a lucidez do quadro gerado, determinam o grau de evolução ou de inferioridade daquele que modificou o ambiente com suas próprias criações. O estado evolutivo do Espírito é também detectado mediante observação do seu perispírito, que apresentando características físicas tais como, cores, vestimenta, luminosidade ou obscuridade, materialidade maior ou menor, funciona qual cartão de identidade do seu padrão moral-intelectual.

No livro *A vida além do véu* do Rev. G. Vale Owen, no capítulo II, o autor pede a sua mãe um exemplo ilustrativo sobre o poder do pensamento, no que é atendido com a seguinte descrição: *Uma falange de amigos e eu, que estávamos sendo instruídos neste assunto, encontramo-nos, e para conhecer o grau do nosso progresso, resolvemos fazer uma experiência*

O perispírito e suas modelações

para esse fim. Procuramos uma clareira no centro de um belo bosque e, como prova, resolvemos todos desejar uma certa e determinada coisa para ver se conseguiríamos. Escolhemos a reprodução de um fenômeno em terreno descampado, cujo efeito fosse tão sólido e permanente que nos permitisse examiná-lo depois. Seria a estátua de um grande animal, mais ou menos como um elefante, porém, um pouco diferente; um animal que possuímos aqui, mas que deixou de habitar a sua Terra. Todos nos sentamos em volta do terreno aberto e concentramos a nossa vontade no objeto que deveria ser reproduzido. Bem depressa ele apareceu e ficou ali diante de nós. Admiramo-nos muito da rapidez do resultado. Mas, debaixo do nosso ponto de vista, havia dois defeitos. Era grande demais, pois havíamos deixado de combinar as nossas vontades na proporção adequada. Parecia muito mais com um animal vivo do que com uma estátua, porque muitos tinham pensado em um animal vivo, assim como·na sua cor, e desse modo o resultado foi uma mistura de carne e pedra. Muitos pontos, também, estavam desproporcionados; a cabeça era grande demais e o corpo muito pequeno, e assim por diante, mostrando que maior força fora concentrada em algumas partes mais do que em outras. É assim que chegamos a conhecer as nossas imperfeições e a maneira de corrigi--las em nossos estudos.

Ensaiamos, examinamos o resultado, e tornamos a experimentar. Assim fizemos agora. Desprendendo a nossa atenção da estátua obtida e conversando, ela pouco a pouco se desfez. Estávamos então preparados para nova experiência. Resolvemos não escolher o mesmo modelo, por isso, dessa vez escolhemos uma árvore com frutos, algum tanto parecida com uma laranjeira. Fomos mais felizes. O principal defeito era estarem alguns frutos maduros e outros verdes. As folhas não estavam convenientemente coloridas nem os galhos em proporção. Sucessivamente experimentamos um objeto após outro, melhorando um pouco, de cada vez. Imagine a alegria que reinava com tais estudos e as gargalhadas provocadas pelos nossos enganos.

Podemos dizer que a modelagem, a criação do ambiente espiritual com tudo quanto nele existe, é produto da criação mental dos Espíritos, que o fazem proporcionalmente ao seu estado mental--moral-intelectual. O Espírito pode mentalizar uma flor e materializá--la no ambiente. Mas, pode ser que esta seja apenas uma forma, sem a estrutura molecular e celular típica de uma flor. Apresente perfume, colorido e outros detalhes, mas, examinada por um técnico, este poderá constatar a ausência de elementos celulares funcionais, a inexistência dos gametas reprodutores e, mesmo existindo tais estruturas, a disposição genética, a informação que deveria constar em cada gene, não se apresente. Pode ocorrer também que a flor, sendo hermafrodita, ou seja, possuindo ambas as células reprodutoras, masculina e feminina, estas não tenham uma via de acesso para o encontro de ambas, dificultando a reprodução da espécie.

Caso o construtor ou plasmador não tenha conhecimentos de Botânica, incorrerá em numerosas falhas, tais como: vasos condutores inadequados, fechamento do estigma, ausência do núcleo geratriz do pólen, e seriam tantos os desacertos, que o técnico diria não tratar-se de uma flor o objeto em análise.

O pensamento modela as formas com perfeição, beleza e utilidade, sempre obedecendo ao estado evolutivo de cada indivíduo. É por esse motivo que, para as grandes construções, grupos de Espíritos treinados para esse ofício, com a dignidade e a sapiência que a evolução lhes outorgou, se reúnem em somatório harmônico de pensamentos, no que materializam escolas, reformatórios, hospitais, colônias como parte da divindade que Deus lhes permitiu atingir, por constante e crescente esforço próprio.

Igualmente, as entidades inferiores e brutalizadas, criam seus ambientes, plasmando neles o produto doentio de suas mentes, mesmo ignorando, como ocorre frequentemente, serem os arquitetos do inferno onde habitam. A mente conturbada por agentes nocivos imprime no ambiente toda a deformação de que é portadora, no fenômeno da exteriorização daquilo que lhe é íntimo. O pensamento traumatizado do suicida, que tem gravado em si o ato final e trágico do suicídio, é reproduzido no ambiente em cores vivas, qual fita cinematográfica parada, tornando-se ele, criador do quadro e suicida, um espectador desesperado do seu próprio infortúnio.

Reunidos tais Espíritos pela lei da correspondência vibratória, criam seus infernos, onde todos participam do sofrimento de todos, pois as cenas gravadas no espaço, dos diversos tipos de suicídios, mais os assustam e atemorizam. O mesmo acontece aos criminosos, aos avarentos, aos portadores de viciações várias. Yvonne Pereira nos relata em seu livro, *Devassando o Invisível*, que visitara em desdobramento,

O perispírito e suas modelações

cerca de dez entidades em pequeno e miserável compartimento, em promiscuidade chocante. Essas entidades enfermas, conscientes de suas culpas, cercavam-se de visões por elas criadas no ambiente, que consistiam em lutas corporais, assaltos, seduções de menores, roubos, assassinatos, obsessões e suicídios.

O solo do compartimento apresentava-se encharcado de sangue e humores fétidos. Mesmo a porta permanecendo aberta, não conseguiam fugir, por terem que passar pelo terreno adiante, onde viam erguer-se da lama sanguinolenta, mãos humanas súplices, cabeças desgrenhadas, olhos aterrorizados, cadáveres estirados, braços, pernas, enfim, uma visão macabra que nenhum filme de horror, por mais assustador, conseguiria exprimir com fidelidade.

Uma velha negra que velava por tais entidades, ao servir-lhes comida, repasto ornado de legumes e hortaliças, era tomada de imensa piedade, quando estes repudiavam os pratos, atirando-os à distância, no que choravam e se lamentavam. Por ação de suas mentes viciadas, abrigando as visões dos quadros deprimentes dos quais foram autores, ao olharem os pratos, imprimiam neles as suas criações mentais de orelhas, línguas, olhos, corações, pés, postas de carne humana, em substituição aos legumes e hortaliças, criações mentais da velha guardiã.

A médium, em conversação com a negra, ouve a seguinte afirmativa: "Todo o ambiente que distingues aqui, minha irmã, excetuando-se a cozinha, é criação mental vibratória destes dez criminosos."

Do exposto podemos concluir que:

1) O pensamento age sobre os fluidos, aglutinando-os, dispersando-os, dando-lhes formas, cores, funções e qualidades;

2) Ao agir sobre o meio, torna-se agente modelador das formas ambientais e do próprio perispírito (bem como de outros, qual ocorre no magnetismo e em particular no hipnotismo) de vez que este possui intensa plasticidade, obedecendo ao comando mental que o dirige;

3) Essa ação modeladora ocorre consciente ou inconscientemente, sendo que a duração daquilo que foi plasmado vai depender da persistência e da intensidade do pensamento;

4) A harmonia, a nitidez, a estética, a perfeição, a complexidade e a destinação do que é moldado, dependem da evolução do Espírito que gerou o pensamento;

5) As mentes desarmonizadas, trazendo remorsos, culpas, traumas, transmitem o teor do pensamento para o ambiente, no que geram regiões infernais, que persistem enquanto alimentadas;

6) Alguns, amputados, conservam após o desencarne as suas amputações, por desconhecerem que poderiam reconstituir mentalmente seus perispíritos, ou por não possuírem condições mentais e/ou morais, para tal operação plástica;

7) O Espírito, a depender de sua evolução, pela ação do pensamento, pode fazer alimentos, vestimentas, habitações, utensílios, medicamentos e tudo quanto desejar, conquanto haja potência para tal em seu pensar e amor em seu coração.

Concluímos ainda que o Espírito é responsável pelo peso específico do seu perispírito. Viciando sua mente em pensamentos enfermiços, este se adensa sob a aderência dos fluidos tóxicos, canalizados ao longo dos anos ou das encarnações para a sua tessitura. Isso o fará demorar-se em regiões compatíveis com o seu estado, de onde só sairá quando, através de renovada atuação voltada para o bem, gradativamente venha a liberar-se do lastro fluídico que acumulou. É então que, desvencilhando-se da habitual inferioridade, vestir-se-á de luz e alçará às vastidões cósmicas, só penetráveis por aqueles cuja senha é a superioridade.

Destes é que Jesus falava quando dizia: "O Espírito sopra onde quer e vai aonde quer."

O perispírito, portanto, não admite maquilagem outra para alindar-se senão a do amor, divino cosmético da beleza eterna.

CAPÍTULO 29

A LEI CÁRMICA

Uni-me à dor de todos os meus irmãos, e, entretanto, sorrio e sinto-me contente porque vejo que a liberdade existe. Sabei, ó vós que sofreis; mostro-vos a verdade; tudo o que somos é o resultado do que fomos no passado. Tudo é fundado sobre os nossos pensamentos. Se as palavras e as ações de um homem obedecem a um pensamento puro, a liberdade o segue como uma sombra. O ódio jamais foi apaziguado pelo ódio, pois não é vencido senão pelo amor. Assim como a chuva passa através de uma casa mal coberta, assim a paixão atravessa um Espírito pouco refletido. Pela reflexão, moderação e domínio de si próprio, o homem transforma--se numa rocha que nenhuma tempestade pode abalar. O homem colhe aquilo que semeou. Eis a doutrina do carma.

Dhammapa – Buda

JUSTIÇA, SAPIÊNCIA E COERÊNCIA DA LEI CÁRMICA

Na manhã do dia 15 de novembro de 1985, ao tomar nas mãos o jornal de minha cidade (Fortaleza), li estarrecido a seguinte mensagem: "O Nevado Del Ruiz, um vulcão que esteve inativo 143 anos na Colômbia, entrou em erupção matando cerca de 25 mil pessoas."

As lavas derreteram a neve e os rios mataram muitos habitantes afogados enquanto dormiam. Resultou de Armero um cemitério sob a lama petrificada.

Em nosso mundo, essas catástrofes, naturais ou não, são tidas como corriqueiras e sem o cunho da excepcionalidade, justamente por não impressionar a mais ninguém, devido à frequência com que ocorrem. Mas num evento como esse, podemos fazer inúmeras reflexões, que certamente deixarão nas mentes mais céticas, senão a certeza, pelo menos a possibilidade da existência de uma lei que regula tais ocorrências.

Perguntemo-nos: por que na cidade de Armero, se existem vulcões em inúmeras outras cidades? Por que morreram 25 mil e outros tantos conseguiram sobreviver? Por que as crianças, tidas como inocentes, e os velhos indefesos? Por que as pessoas boas e honestas, que dormiam após exaustivo dia de trabalho honrado em favor da sobrevivência da família, enquanto outras que se divertiam nada sofreram? Por que à noite, neutralizando os esforços para a fuga? Poderíamos fazer ainda variadas perguntas que certamente forçariam respostas nos leigos, cientistas e religiosos, embora nem sempre adequadas à realidade espiritual, nem tidas como verdadeiras e sensatas, depois de conferidas até a exaustão frente à lógica da justiça divina.

Adentremo-nos sem preconceitos e sem idéias pré-concebidas no pensamento claro e singelo de Jesus, ao afirmar a existência de uma lei que concedia a cada semeador conforme o seu plantio. Que aquele que ferisse a ferro um seu irmão, igualmente seria ferido como consequência do seu ato anterior. Que seria ceitil por ceitil, evidenciando claramente a correspondência entre a ação e a reação posterior.

Jesus afirmou que a cada um seria dado conforme suas obras, ou seja, penas ou recompensas, não cabendo aqui nenhuma outra interpretação, que seria malograda e ingênua. Trata-se, portanto, de uma lei física, natural, justiceira e equânime, estabelecendo que nenhuma ação, boa ou má consegue subtrair-se de reação equivalente, atingindo aquele que a gerou. Resulta de tal lei que não é o acaso que rege os destinos humanos. Que felicidade ou desventura são produtos elaborados por aqueles que as conduzem.

Como explicar a diversidade dos destinos humanos sem essa lei? Como interpretar a lepra, a paralisia, a miséria, a lágrima, a dor, convivendo, às vezes, sob o mesmo teto com a saúde, a agilidade, a aventura, o sorriso, a fartura? Que filosofia poderia engendrar uma explicação sem comprometer seriamente o conceito de justiça divina?

O princípio acima referido chama-se lei de causa e efeito; lei que não pune, reajusta; não é parcial, mas justa; não anula o livre-arbítrio, embora estabeleça certa dose de determinismo em nossas vidas. Tal lei tem por função promover o progresso do Espírito, que, caso não fosse impulsionado pela dor que ele mesmo traz a si, quando a impõe a seus

O perispírito e suas modelações

irmãos, demorar-se-ia demasiadamente na situação de marginalizado das venturas divinas, que preceituam como ordem, o avanço para a perfeição.

Inútil culpar a Deus pela cruz que carregamos. Nós mesmos a construímos com o tamanho que ela tem, a madeira com a qual é feita, bem como os contrapesos de chumbo de que é ornada. Se existe um culpado é o carregador. Por que escolheu uma cruz tão grande e chumbada? A cruz tem a dimensão das dores causadas; o chumbo faz parte da invigilância mental.

Posso afirmar que Jesus também nos aconselhou carregá-la e segui-lo, ainda dentro da linha de pensamento segundo a qual a lei não pode ser derrogada. Mesmo seguindo-o, modificando nosso pensar e proceder, teríamos que levá-la conosco, como apêndice indesejável, mas útil ao Espírito. Ocorre, contudo, que se dela não podemos abdicar, com Jesus ela se torna mais leve, porque a conformação, a fé, o conhecimento e a coragem transformam a massaranduba dos erros no isopor do otimismo e da perseverança no bem.

Todos os Espíritos estão submetidos à lei de causa e efeito, cuja regência é exercida conforme o grau de conhecimento e responsabilidade de cada um ao praticar uma ação qualquer. Como a cada ação corresponde uma reação, atuando no bem ou no mal, o Espírito não consegue evadir-se da lei, que abrange qualquer fenômeno material ou moral.

Se cada Espírito está a cada dia em modificação do seu carma, temos que o homem constrói a cada hora o seu futuro, assim como a família, o país, o continente e a humanidade. Tudo é transformação. O mundo de há um minuto não é o mesmo de agora.

Os rigores do clima, a maldade humana, as pressões sociais, o terrorismo, a proletarização, o desamor, chaga viva da sociedade onde vigem o egoísmo e o orgulho, são moedas correntes nos dias atuais. Mas, esse sofrimento é proporcional ao débito contabilizado a cada um. Ao lado dos que optam pelo erro, encontram-se aqueles que já se modificam, abandonando velhos vícios, sendo que todos suportam os flagelos naturais ou não, na proporção de suas faltas.

Em meio ao desespero e à dor, levanta-se a solidariedade e toma a feição de amor; e onde há amor todo sofrimento perde o significado punitivo para adquirir caráter de aprendizado. Igualmente, o progresso material ao apressar as transformações morais fortalece a criticidade, orientando o livre-arbítrio para os caminhos da justiça. É verdade que a dor trabalha sem descanso em um mundo de provas e expiações, tal qual o amor. Cansados de gemidos e lamentações, os homens buscam a poesia e a esperança. Deus observa sua obra que não pode ter um fim tão miserável qual a fome, a degradação e a tragédia. Em sua pedagogia, permite a dor, como curso de preparação para a vivência do amor. É assim que funciona o Universo; a rudeza da dor e o afago do amor.

Para melhor entender o funcionamento da lei de causa e efeito, necessário se faz relembrar uma outra lei natural ou mesmo biológica, a reencarnação.

CAPÍTULO 30

A REENCARNAÇÃO

Da mesma maneira que o homem, deixando de lado suas roupas velhas, veste outras novas, também o Espírito, depois de abandonar os corpos gastos, se reveste de outros corpos novos.

Bhagavad Gitâ – canto II – estrofe 22

A REENCARNAÇÃO

Reencarnar significa retornar à carne. A esse processo todo Espírito está submetido por anseio próprio de crescimento e destinação do plano de Deus para as criaturas. A reencarnação tem como base a justiça divina, que alia a caridade com a disciplina retificadora, oferecendo novas oportunidades de reparação da lei naquilo em que ela foi violada.

Reafirmamos, contudo, que a reencarnação, sendo uma lei natural, o conhecimento de sua existência perde-se no tempo. Encontramos a reencarnação generalizada entre os iniciados das escolas antigas, em numerosas obras literárias e no pensamento humilde do homem comum, embora às vezes confundindo a sua aplicação e descaracterizando a sua essência. Tal ocorreu na introdução da metempsicose, doutrina que supõe que o Espírito humano reencarna em um corpo de animal como medida punitiva pelo mal que houvera praticado.

Ao atingir a humanização, o princípio inteligente passa a chamar-se Espírito, e a partir de então jamais reencarnará em corpos de animais inferiores. Os iniciados não divulgavam a sua ciência sagrada para a população, que não a entenderia, dela se aproveitaria, ou mesmo a deturparia, fragmentando-a em várias religiões, tal como ocorreu com a interpretação bíblica. Isso está bastante claro nos *Hinos Órficos* quando aconselham: *"Escuta as verdades que convém ocultar à multidão, e que fazem a força dos santuários."*

No Egito, a reencarnação era estudada e aceita como lei igualitária, justa e generalizada. Nas escolas iniciáticas, o neófito aprendia a se conhecer, e, como lição primeira, ouvia do sacerdote que presidia a sua iniciação ensinamentos acerca do perispírito e da reencarnação. Dizia o mestre: "Oh! alma cega! Arma-te com o facho dos mistérios e, na noite terrestre descobrirás teu dúplice luminoso, tua alma celeste. Segue esse gênio divino e que ele seja teu guia, porque tem a chave das tuas existências passadas e futuras."

Entre os gregos, Pitágoras, Sócrates, Platão e outros filósofos foram grandes defensores da reencarnação, sendo que Sócrates não foi um iniciado, porque gostava de ensinar à população livremente, conversando com ela e dela nada escondendo, razão pela qual foi condenado sob a alegação de perverter a juventude. Na Grécia, os que começavam a iniciação ouviam do hierofante: "Vinde gozar, vós que tendes sofrido; vinde repousar, vós que tendes lutado. Pelos sofrimentos passados, pelo esforço que vos conduz, vencereis, e, depois do longo circuito das existências tenebrosas, saireis enfim do círculo doloroso das gerações. Amai, porque tudo ama; amai, porém, à luz e não às trevas. Durante vossa viagem tende sempre em mira esse alvo. Quando as almas voltam ao espaço, trazem com hediondas manchas todas as faltas da sua vida estampadas no corpo etéreo. E, para apagá-las, cumpre que expiem e voltem à Terra."

Afirmam os Vedas: "Há uma parte imortal no homem que é aquela, ó Ágni, que cumpre aquecer com teus raios, inflamar com teu fogo. De onde vem a alma? Umas vêm para nós e daqui partem, outras partem e tornam a voltar".

Segundo o Budismo, está na cobiça a causa do mal, da dor e do renascimento.

A reencarnação era, portanto, como ainda é, adotada por muitos povos, como nos demonstram com clareza as obras com as quais estes nos brindaram.

O perispírito e suas modelações

Como legado desse período lúcido e progressista dos egípcios para o futuro, temos a *Tábua de Esmeralda* e *O Livro dos Mortos. Os Mistérios de Elêusis, Timeu* e *Phedon* são obras gregas que exaltam essa doutrina. Entre os judeus, os iniciados também tomavam conhecimento das vidas sucessivas através de obras como *A Cabala* e o *Talmud*. Outros povos ainda adotavam a reencarnação como parte de seus ensinos e de sua aprendizagem. Os druidas na Gália; os indianos, através do Budismo, Krishnaísmo e Bramanismo; os persas pelo Mazdeísmo e o Zoroastrismo; os cristãos primitivos até o Concílio de Constantinopla II, em 553 d.C.

Lembramos ainda as figuras de Giordano Bruno, Dante Alighieri, Blaise Pascal, Orígenes, São Jerônimo, Cardeal Nicolau de Cusa e Jesus (Mateus XVII e João III).

Se mais não citamos é por ser outra a finalidade da nossa pesquisa.

Atualmente, a alma e a reencarnação não estão mais restritas ao campo religioso e dogmático. Adentraram as universidades, as pesquisas de laboratório, o cerne das filosofias modernas, a razão da ciência.

A reencarnação, na atualidade, constitui-se na única teoria capaz de explicar coerentemente, a razão da dor, a diversidade dos destinos, a evolução espiritual e toda e qualquer situação de aparente injustiça. É concorde com todos os ensinamentos científicos sem em nada contradizê-los, ao mesmo tempo em que fornece a chave de inúmeros enigmas de ordem psíquica, apoiando-se em demonstrações positivas e irrefutáveis.

Explica tal lei o evolucionismo, que faculta o transformismo nas espécies, caracterizando a evolução anímica pela ascendência do princípio inteligente. Com ela, desaparecem as dúvidas quanto à convivência em um mesmo lar (ou não) do talento, do gênio, do idiota, do feio, do sadio, das aptidões, das intuições, da beleza, e outros desníveis existentes entre pessoas submetidas (ou não) a um mesmo clima, educação, alimentação e tratamento.

A Biologia clássica tem se mostrado impotente para explicar de maneira lógica e sem subterfúgios todos esses "incidentes". Admita-se que cada Espírito ao encarnar traz consigo uma bagagem moral-

-intelectual e um carma determinando-lhe provas e expiações e tudo se esclarece meridianamente.

Aqueles que dizem ser o gênio ou o idiota produto dos genes que o formaram, distanciam-se muito da realidade. Os genes contribuem na formação material do corpo, oferecendo ao Espírito uma máquina perfeita para que ele se manifeste em sua genialidade se a possuir, ou, caso contrário, em sua mediocridade. Pode, igualmente, impor ao gênio a limitação de ficar manietado, por deficiência do corpo que a lei cármica lhe conferiu.

Os genes obedecem às condições físicas que o perispírito traz, refletindo na formação do corpo a programação que lhe é imposta por uma lei maior que a própria genética. O Espírito, através da sua evolução moral-intelectual, é que determina o grau de perfeição do templo que irá habitar. Concluímos através deste raciocínio que o idiota pode ser um Espírito culto, aprisionado por não usar com ética seus conhecimentos, e o saudável, na interpretação mundana, ser um Espírito simples que não aprendeu os mais elementares rudimentos do amor.

Lembramos a quem defende a teoria da hereditariedade psíquica, que basta apenas um fato destoante para pôr à lona toda uma teoria mal elaborada. Sócrates, o maior sábio da Grécia, era filho de um simples varredor de uma casa que vendia estátuas. Péricles gerou dois monstros, Xantipos e Pároclos. Machado de Assis era filho de uma lavadeira sem maiores conhecimentos. José do Patrocínio foi filho de uma escrava. Onde a hereditariedade psíquica em tais casos? Que dizer então de Michelangelo, aos 8 anos considerado completo na arte da pintura? De Pascal, aos 13 anos, famoso matemático e geômetra? De Mozart, aos 7 anos compondo óperas? De Goethe, aos 10 anos falando vários idiomas, e de Pepito de Ariola, que aos 4 anos tocava árias com maestria, sendo estudado exaustivamente por Richet?

Lembramos aqui a tolice de Hitler, tentando melhorar a raça simplesmente manipulando leis biológicas, e Robert Graham, ao criar um banco de espermas, onde espermatozóides retirados de gênios da ciência, prêmios Nobel, são armazenados e conservados, visando gerar crianças superdotadas. Pobres Espíritos! Às vezes, cultos, mas insensatos e ingênuos para a verdadeira ciência.

O caráter, o talento ou dons que o Espírito apresenta, constitui o somatório da sua própria evolução, no que se infere que as ideias inatas, as inclinações, as ponderações e outros procedimentos podem, em alguns casos, manifestar-se muito cedo, mesmo antes do completo desenvolvimento cerebral físico, visto que o cérebro perispiritual se encontra formado e atuante em seus arquivos.

Não nos reportaremos aqui aos casos das crianças e adultos que lembram naturalmente, e com detalhes minuciosos, as reencarnações passadas, por esse assunto encontrar-se ostensivamente divulgado e comprovado, habitando a galeria dos eventos banais nos dias de hoje, onde a regressão de memória fez dobrar os joelhos das doutrinas não reencarnacionistas.

No entanto, convém lembrar os motivos pelos quais, quando encarnados, não lembramos de nossas vidas anteriores, fato que, em última análise, constitui prova da bondade divina, que nos poupa as amarguras de expor, em evidência, nossos erros e crimes de outrora. Se lembrássemos tais desmandos, o remorso nos torturaria ou até poderia paralisar nosso esforço de reparação. Igualmente, na presença de um desafeto, teríamos dificuldades em perdoá-lo, ou reiniciaríamos a contenda, agora com perspectiva de "vitória" em nossa vingança, quando o outro, o inimigo, no presente momento nos é subalterno. Resta lembrar ainda que, na presente encarnação, poderemos estar assumindo uma situação inferior ou superior à passada. No segundo caso, abriríamos caminho para que o orgulho se instalasse em nós como verme devorador. Ainda outros diriam: quanto orgulho! Ontem pedia favores, esmolas, vendia biscates. Meu pai emprestou muito dinheiro a ele, que nunca pagou. No outro caso, em situação inferior, igualmente fariam referência ao infortunado com sarcástico humor: Quem diria! Ontem nadando em ouro e hoje comendo até besouro. Coisas da maldade humana. E não é tudo. Reencarnamos, às vezes, em ambientes cujas companhias não nos são afins. Imagine saber-se estranho em terra estranha, distanciado dos seres queridos, na dúvida atroz de não saber se os mesmos estão ou não felizes, ou que, por força da lei cármica, a mulher amada, ou o filho adorado teve que nascer no lar do inimigo.

Tantas são as desvantagens em saber os eventos passados na

encarnação presente, que o mundo seria um pandemônio, caso isso fosse de possível ocorrência. Troca de filhos, reincidências em vícios antigos, volta à rotina anterior, dívidas monetárias cobradas da última encarnação, heranças requisitadas de séculos passados, o rico planejando nascer como filho do seu filho para reaver o patrimônio, e tão profundos e variados seriam os abusos que Deus, em sua sapiência, a tudo evita através do esquecimento.

Voltemos agora às perguntas iniciais. Por que na cidade de Armero? Enquanto dormiam? Por que crianças e velhos? Creio que já sabem a resposta. Eles mesmos pediram aquela expiação, como reparação do mal que fizeram a outrem e, portanto, a si próprios. Foi o cumprimento da lei cármica, distribuindo conforme o semeado. Os que conseguiram safar-se estavam quites com a contabilidade divina, pelo menos no que se relaciona ao episódio. O que sofreu apenas pequenos danos é que se comprometeu menos no passado.

Jesus foi de uma clareza inquestionável, quando condicionou nossos infortúnios ao erro ou pecado por nós cometido. Ao promover as suas curas, após a aferição perispiritual do doente, efetuada para verificar se o seu carma podia ou não ser liberado, em outras palavras, se o sofrimento já limpara aquele perispírito das manchas provenientes dos erros praticados, Jesus enfatizava: "Vai e não peques mais". Evidência clara de que a causa primária da doença era o afastamento das leis morais.

CAPÍTULO 31

O PERISPÍRITO:

GENERALIDADES

Antes das pesquisas de Kardec, o corpo perispiritual era conhecido e estudado há milênios pelos iniciados nas ciências secretas, pesquisadores, magos e médiuns. Eis como o conheciam alguns povos ou estudiosos.

Egípcios: Khá.
Pitágoras: Corpo sutil da alma.
Aristóteles: Corpo sutil e etéreo.
Platônicos: Okhêma.
Neoplatônicos: Aura.
Tertuliano: Corpo vital da alma.
Proclo: Veículo da alma.
Budismo: Kama-rupa.
Cabala: Rouach.
Vedanta: Manu, mãyã, kosha.
Hipócrates: Eu astral.
Caldeus: Coroa de fogo.
Paulo de Tarso: Corpo espiritual.
Cristãos primitivos: Corpo glorioso.
Paracelso: Corpo astral.
Católicos: Alma.
Teósofos: Corpo causal.
Leibniz: Corpo fluídico.
Zöllner: Corpo fantasma.

Rosa-crucianos: Corpo vital.

Ocultistas: Ego transcendental.

Pesquisadores modernos: Corpo psíquico, corpo bioplasmático.

Tantas são as denominações, que as deixaremos à margem, por nossos objetivos serem outros.

CAPÍTULO 32

O PERISPÍRITO:

ASPECTOS GERAIS

Para ser mais exato, é preciso dizer que é o próprio Espírito que modela o seu envoltório e o apropria às suas novas necessidades; aperfeiçoa-o e lhe desenvolve e completa o organismo, à medida que experimenta a necessidade de manifestar novas faculdades; numa palavra, talha-o de acordo com a sua inteligência. Deus lhe fornece os materiais; cabe-lhe a ele empregá-los.

A Gênese – Allan Kardec
(Cap. XI – item 11)

O PERISPÍRITO: ASPECTOS GERAIS

O perispírito não foi descoberto por Allan Kardec em suas exaustivas pesquisas nas paisagens do além-túmulo. O brilhante pesquisador apenas deu-lhe novo nome, e omitiu maiores detalhes sobre sua anatomia e fisiologia, limitando-se a defini-lo como corpo constituído de substância vaporosa, retirado do fluido universal, capaz de resistir aos rigores da morte física.

Era necessário que o Espiritismo evitasse maiores polêmicas; que não tivesse o fogo cerrado dos materialistas e céticos, centralizado em algum ponto de fértil controvérsia, desviando assim as discussões gerais para ângulos laterais, importantes, sem dúvidas, mas inoportunos para a época.

Houvesse Kardec descrito o perispírito como portador de células, órgãos, sistemas, à semelhança do corpo físico, capaz de sofrer a ação do petardo suicida ou dos maus pensamentos gerando resíduos em suas fibras, o Espiritismo teria tido maiores adversários.

Os biólogos, fisiologistas e anatomistas trariam mil hipóteses e versões sobre a impossibilidade da tese de um organismo imponderável, aliado ao corpo denso. Os pseudo-religiosos tentariam levar ao ridículo a tese espiritista dizendo ser o pesquisador um possesso ou louco manipulado pelos demônios, que estranhamente só se apoderam daqueles que não pensam como eles. Os adversários ferrenhos, os pensadores cristalizados em suas ideias e sistemas viciados, os inimigos gratuitos, os portadores da fobia ao novo, os preguiçosos mentais não dotados de fibra e coragem de reconstruir novo arcabouço filosófico, os acomodados cujos corações e consciências não aprovavam o despotismo religioso da época, mas de ouvidos e mãos subservientes, se juntariam em coro uníssono fazendo da crítica mordaz e não fundamentada, poderosa arma contra a doutrina nascente.

Difícil seria assumir posição de neutralidade. Impossível ao aprendiz espírita argumentar contra o academicismo materialista reinante ou ao religioso fanatizado. Seria alvo de zombaria. Os cadáveres seriam triturados na busca dessa cópia do físico por algum louco que perguntaria: onde o outro corpo? Ave Kardec! Tua sabedoria não foi somente a das palavras mas a do silêncio. Louve-se, portanto, a atitude desse mestre, ao citar o perispírito de maneira generalizante e sintética, abafando a metralha, ou desviando-a para pontos onde os fortes escudos da razão e da lógica ofereciam suficiente resistência para tais projéteis. A verdade deveria surgir em doses, na proporção que o organismo pudesse absorvê-la.

Elaborado em milhões de anos, nos laboratórios da Natureza, o perispírito herdou o automatismo permanente que o mantém atuante, transmitindo ao Espírito as impressões dos sentidos e comunicando ao corpo as vontades daquele. Graças a este automatismo perispiritual, o homem não precisa programar-se ou pensar para respirar, dormir, promover os fenômenos digestivos, excretar, fazer circular o sangue e os hormônios e um "sem-número" de funções que lhe passam despercebidas.

O corpo perispiritual é portador de todas as matrizes dos órgãos carnais, bem como participante nas funções que o corpo físico elabora. Estudar o corpo humano é estudar o perispírito e vice-versa, lógico

O perispírito e suas modelações

que não desvinculando tal estudo da atuação mental, como fator de harmonização ou desagregação molecular dos mesmos.

O corpo físico obedece ao automatismo perispirítico até mesmo quando o perispírito se afasta. Aquele, formado célula a célula em invasão perispiritual, entranha-se neste, unindo-se molécula a molécula, resultando de tal intimidade completo intercâmbio, adaptação e aprendizagem perfeita, pois o físico recebe como herança perispirítica os automatismos que lhe são peculiares.

Por isso, nos desdobramentos, onde o complexo Espírito--perispírito se afasta do corpo, ficando a ele ligado por um laço fluídico, suas funções permanecem, sem prejuízo da economia celular. O mesmo ocorre no coma, onde às vezes, por milhares de dias, Espírito e perispírito podem estar distantes, mas não desligados completamente, com o físico animado à espera da volta de ambos.

O perispírito é também indicador do estágio evolutivo do Espírito. Tanto pela sua observação direta fora do corpo, luminosa ou opaca, quanto pelas formas harmoniosas ou grotescas que imprime ao corpo físico.

Sem o perispírito seria impossível manter os traços fisionômicos por ocasião da renovação celular, ou mesmo a forma humana, que é delimitada por parâmetros peculiares à espécie.

Afirmamos ainda que neste corpo se encontra a gênese patológica das mais variadas enfermidades, que são drenadas para o físico, graças ao favorecimento de uma sintonia com os microorganismos patogênicos, gerada por seu adensamento. Alimentado pelo fluido vital, o corpo permanece com suas funções celulares, mesmo com a saída do Espírito, qual motor que fica ligado sem o operador estar presente. O combustível faz a máquina movimentar-se. Uma locomotiva em movimento não para bruscamente. Às vezes, mesmo sem a presença do Espírito, já liberto de suas amarras carnais, o corpo ainda apresenta sinais de vida, fruto do seu automatismo e de sobras fluídicas, mas a morte já cumpriu sua missão.

Quando o perispírito é submetido a uma ação mental evoluída, alimenta-se de refinado magnetismo, o que não ocorre quando a ação mental que o orienta é deseducada. Nesse caso, ele passa a canalizar para si energias de baixo teor vibratório, tornando o seu magnetismo adensado, aumentando-lhe o peso específico. Quando isso ocorre, ele se torna mais "grosseiro", à semelhança do corpo somático, sendo atraído para as regiões compatíveis ao seu estado, passando estas a lhe servirem de moradia.

Quanto à alimentação, apesar de o perispírito ser portador do sistema digestivo completo, bem como do sangue que corre nas veias e artérias, impulsionado pelo coração distribuindo substâncias vitais, ela não se faz de maneira análoga para todos os Espíritos.

Os recém-desencarnados que possuem o hábito da alimentação pesada, tais como vísceras, caldos gordurosos, pastosos e derivados, sofrem intensa necessidade de tais alimentos, e os recebem; só que fluídicos, satisfazendo assim seus apetites, aliviando o sofrimento imposto pela fome, que não se vê saciada com alimentação mais sutil. Apesar de não mais existir o corpo físico, exige o alimento igualmente físico, portando proteínas, glicídios e sais minerais, cuja função é fornecer as calorias necessárias à massa do corpo suprindo suas exigências plásticas e energéticas, essa dieta alimentar impõe-se por uma necessidade psicológica relacionada ao volume, peso e sabor, correspondente ao regime outrora praticado.

Outro tipo de alimentação mais refinada, usada por aqueles que procuram libertar-se dos hábitos terrenos, é formada por sucos etéricos de frutas, caldo de essências reconfortantes e água misturada a elementos magnéticos. Esses alimentos são utilizados nos postos de socorro e servem aos Espíritos que descem aos charcos de dor em missões de resgate, devido às condições do meio não possibilitar a inalação de princípios vitais da atmosfera através da respiração. No entanto, o tipo de alimentação do perispírito que conseguiu adaptar--se ao meio astral é o da osmose magnética; esse método consiste na absorção e eliminação do magnetismo ambiental. Pelos poros, utilizando produtos da Natureza, o perispírito se abastece, podendo excretar os resíduos formados, pela exsudação epidérmica ou pelas vias excretoras normais, sem o excesso de sólidos e líquidos dos excrementos comuns aos encarnados. Substituindo a quantidade pela qualidade, e sendo os elementos absorvidos altamente imponderáveis, estes são assimilados quase que integralmente, deixando escassos resíduos a serem eliminados.

CAPÍTULO 33

O SISTEMA NERVOSO

Alguns espíritas consideram o sistema nervoso físico como uma parte mais materializada do perispírito. Algo assim como um prolongamento ou anexo, responsável pela emissão e recepção de mensagens que chegam e partem do perispírito. Ora, se o sistema nervoso físico integrasse o perispírito, toda parte relativa ao desempenho e controle das atividades do organismo que a ele se submete entraria em desordem com o afastamento perispiritual.

Sendo o físico uma estrutura semelhante ao perispírito, esta semelhança se faz de maneira correspondente à especialização e à "eterização" das partes reproduzidas. No perispírito, o sistema nervoso também é mais etéreo e sutil que os demais sistemas, firmando-se a obrigatoriedade dessa quintessência na especialização cerebral e nervosa, sistema de condutos por onde o Espírito atua diretamente na exteriorização de mensagens e percepções de estímulos ambientais.

Quando o Espírito se encontra encarnado, esses estímulos chegam ao seu perispírito pelos cinco canais que constituem a base da sua vida de relação, quais sejam: visão, audição, paladar, olfato e tato. Desencarnado, todo e qualquer estímulo o atinge via perispírito, de maneira generalizada. Podemos dizer que ele ouve, vê e sente por todo o perispírito, sendo este fato de fácil comprovação nas reuniões mediúnicas, quando o Espírito comunicante leva as mãos aos ouvidos para não escutar o doutrinador e a voz o alcança em sua intimidade perispiritual. Igualmente, o médium, que se perturba com uma visão chocante e cerra os olhos para escapar-lhe à influência, continua malgrado seu esforço a visualizá-la com a nitidez imposta pela sua sintonia, pois observa o cenário com sua visão perispiritual que é generalizada.

As sensações passam assim do sistema nervoso físico, de ação localizada e circunscrita aos cinco sentidos, para o sistema nervoso perispiritual de ação genérica em toda a sua extensão.

Tomemos um exemplo. No Espírito encarnado, o canal receptivo do sentido da audição é o aparelho auditivo. Quando uma vibração provoca um movimento ondulatório no ar, e as ondas atingem a frequência capaz de estimular o nervo acústico, este direciona tal estímulo ao cérebro, na área do córtex responsável pela audição, que a transforma em percepção auditiva. No perispírito a faculdade da audição é inerente à sua natureza, sendo toda a sua extensão capaz de receber as vibrações sonoras, independente de um canal específico, tal como ocorre nos encarnados.

Se nestes só existe percepção do som com irritação ou estímulo do nervo acústico, na área do perispírito podemos dizer que todo ele é estimulável pelo som, inclusive aqueles situados aquém ou além da faixa audível para nós encarnados, qual seja 16 a 25 mil ciclos (vibrações completas) por segundo.

Se o Espírito não tivesse perispírito, nenhuma sensação oriunda do mundo material, boa ou má, chegaria até ele, pois lhe faltaria o canal por onde essas sensações fluíssem, atingindo-o, ocasião em que as perceberia. É por esta razão, como detalharemos mais adiante, que existe a necessidade de reagregação da matéria perispiritual, quando esta fica parcialmente danificada pelas agressões que o Espírito comete contra si próprio. Sem este veículo de manifestação íntegro, o Espírito não teria como comunicar-se livremente. Caso explodisse seu cérebro perispirítico por vontade própria (o que pode ocorrer com um tiro dado em seu ouvido físico motivado pelo desejo profundo de morrer), por exemplo, ficaria na condição de um mudo, aqui no plano dos encarnados, em que o Espírito possui raciocínio e inteligência, mas não dispõe do meio natural de comunicar-se.

Visto este ponto, passemos às funções do sistema nervoso físico. Esse sistema é um conjunto de células especializadas e encarregadas do controle das atividades de todo o organismo, tais como:

— Dirige as contrações musculares;

— Controla as secreções de determinadas glândulas;
— Comanda as atividades do estômago, pulmões, coração e intestinos;
— Possibilita a percepção dos sentidos.

Os fenômenos relacionados com a memória, os sentimentos e a inteligência são restritos ao Espírito, uma vez que, desencarnado, ele os conserva de maneira integral. Durante a encarnação o sistema nervoso físico apenas funciona como canal de exteriorização de tais fenômenos, visto que não é a sede ou matriz geradora dos mesmos.

O tecido nervoso possui células estreladas, os neurônios, que se comunicam através de ramificações chamadas dendritos. O espaço entre dois neurônios recebe o nome de sinapse nervosa. Como as setas demonstram na figura abaixo, os estímulos nervosos correm dos dendritos para o corpo celular, invertendo-se no axônio, de onde partem do corpo da célula para as suas extremidades. A passagem dos estímulos nervosos de uma célula para outra ocorre nas terminações do axônio de uma, com extremidades dendríticas da outra, exatamente na sinapse nervosa.

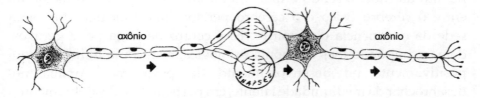

Células nervosas ou neurônios

Percorrendo o sistema nervoso, os estímulos chegam ao cérebro, que os identifica, enviando ordens correspondentes às mensagens neles contidas. Dessa maneira é que podemos ver imagens, perceber odores, ouvir sons, falar sobre experiências e praticar a locomoção, relacionando-nos assim com o meio em que vivemos.

Contribui para isso, o sistema nervoso central e o periférico. O sistema nervoso simpático e o parassimpático são responsáveis pela vida vegetativa, representada pelo conjunto de funções que ocorrem no organismo, sem que tenhamos consciência ou participação delas, através de nossa vontade. É o coração que pulsa, a troca gasosa nos pulmões, o peristaltismo no estômago e intestinos, a filtragem do sangue nos rins.

Ao entrelaçamento de muitas ramificações de nervos e gânglios chamamos de plexo. Em nosso corpo físico os principais plexos localizam-se nas seguintes regiões:

Alto da cabeça: plexo coronário;

Fronte: plexo frontal;

Garganta: plexo laríngeo;

Região do coração: plexo cardíaco;

Estômago: plexo gástrico ou solar;

Região do baço: plexo esplênico;

Base da espinha: plexo sacral.

Correspondente a cada plexo no físico, encontramos centros de força ou chacras, tanto no duplo etérico quanto no perispírito, com a diferença que os centros de força do duplo etérico possuem a mesma duração ou existência do próprio duplo, enquanto os centros de força perispirituais permanecem com ele em evolução através dos milênios. Vejamos algumas funções de tais chacras:

Chacra coronário: corresponde ao plexo coronário, situando-se no alto da cabeça, sendo o mais importante, por ser o intermediário entre o cérebro físico e o cérebro perispiritual, funcionando como sede da consciência do Espírito. Esse centro de força pode gerir os demais, impondo-lhes harmonia fisiológica, bem como influenciando positivamente no desenvolvimento do psiquismo. Auxilia no desabrochar da mediunidade latente, em particular no desdobramento, onde seu bom desempenho faculta excursões pelo mundo espiritual em excelente nível de consciência.

Chacra frontal: corresponde ao plexo frontal e situa-se entre os olhos, relacionando-se com a faculdade da vidência. Exercícios para ativar esse chacra podem levar a um aumento na faixa visual, facultando ao Espírito a percepção de imagens do microcosmo, cenas gravadas no éter, ocorrências captadas psicometricamente, acontecimentos à distância e outros eventos relacionados com esta faculdade. No campo morfológico e fisiológico, o chacra frontal atua sobre o sistema nervoso e endócrino, zelando por suas atividades.

Chacra laríngeo: corresponde ao plexo laríngeo e localiza-se na garganta. Atua junto ao aparelho fonador e respiratório. É este chacra

O perispírito e suas modelações 137

que, agindo sobre as glândulas, tireóide e paratireóide, modifica o tom vocal por ocasião da puberdade, dando-lhe personalidade e estabilização. Através da mediunidade psicofônica, os Espíritos comunicantes, dele se utilizam, podendo o médium até mesmo reproduzir a voz, o sotaque e o idioma, de quem fala, caracterizando o fenômeno chamado de xenoglossia. Vale salientar que esse órgão é muito ativo e brilhante nos inspirados cantores, poetas, oradores religiosos e naqueles que utilizam a palavra para aliviar o sofrimento de seus irmãos.

Chacra cardíaco: corresponde ao plexo cardíaco e localiza-se na região do mediastino, gerenciando o desempenho do sistema circulatório, o qual toma à guarda. Relaciona-se também ao controle e disciplina das emoções e sentimentos, favorecendo o desenvolvimento da intuição, tanto em relação aos sentimentos alheios quanto aos eventos futuros.

Chacra esplênico: corresponde ao plexo mesentérico, localizando--se junto ao baço. Age como captador e distribuidor de energias vitais para todo o corpo, auxiliando no mecanismo de renovação das hemácias e nos fenômenos afeitos à circulação. Este centro de força é muito importante para os passistas, pois ao desenvolvê-lo podem absorver maior cota de energias, melhorando seus desempenhos junto aos enfermos. Ao distribuir ordenadamente as energias vitais entre o corpo, o duplo etérico e o perispírito, este chacra promove uma harmonização energética, na qual, todo o conjunto fica vitalizado, na medida correspondente às necessidades das partes.

Chacra gástrico: localiza-se na altura do umbigo e corresponde ao plexo solar no corpo físico. Sua função é auxiliar na assimilação das substâncias vitais derivadas da alimentação humana. Quando o regime alimentar dispensa o uso de carnes, alcoólicos, gorduras, temperos picantes, esse centro de força tem o seu desenvolvimento facilitado, por trabalhar com energias refinadas, o que se reflete inclusive no aumento de sensibilidade relativa à identificação das energias hostis ou amenas que caracterizam o meio.

Chacra básico: corresponde ao plexo sacral e localiza-se na base da espinha. Capta energias solares e terrestres, que são distribuídas e transformadas em outros tipos de energias ligadas ao intelecto.

Reativando os demais centros de força, o chacra básico pode favorecer, quando bem orientado, o equilíbrio físico e psíquico do ser.

Todos os chacras possuem atribuições e cores específicas, variando em matizes, conforme o grau evolutivo do Espírito. O aprofundamento desse tema demandaria largas considerações, que somente uma obra específica poderia conter. Daí a superficialidade com que o abordamos.

CAPÍTULO 34

O DUPLO ETÉRICO

Entre o corpo físico e o perispírito, funcionando como intermediário para a ação perispirítica sobre o físico e deste para aquele, encontra-se o duplo etérico. Esse conjunto submete-se à ação do Espírito, que a ele se integra e sobre o qual age, permutando energias e comunicando-se com o mundo onde vive.

O duplo etérico forma-se com a encarnação do Espírito e não possui existência própria como o perispírito, desintegrando-se após a morte física. É uma espécie de corpo vaporoso, qual cartucho fluídico, que guarda certa semelhança com o corpo físico e a ele se ajusta, ultrapassando-lhe as dimensões em cerca de um centímetro, com o peso aproximado de 60 gramas. Tal corpo fornece informações valiosas quanto ao estado de saúde física e evolução espiritual, quando observado sob os aspectos das emanações energéticas e colorido peculiar que traz. Por ter função de absorver energias vitais do ambiente distribuindo-as equitativamente, é considerado como o cerne da eletricidade biológica humana, envolvendo órgãos e sistemas em eflúvios próprios, permitindo, inclusive, o diagnóstico precoce de males que futuramente venham a acometer o indivíduo. Nos suicidas, o duplo etérico, ainda pleno de energias vitais, permanece ligado ao perispírito e ao cadáver, fazendo com que o Espírito sinta uma espécie de repercussão daquilo que está a ocorrer na matéria, ou seja, a decomposição provocada pelos vermes.

Ao afastar-se do corpo carnal, o duplo etérico provoca neste certa redução nas funções vitais, com conseqüente queda na temperatura, qual se o combustível lhe diminuísse.

No livro *Nos Domínios da Mediunidade* de André Luiz, capítulo 11, o autor vê admirado o desdobramento de Castro, que, ao deixar o corpo, o faz acompanhado do duplo etérico. Nesta ocasião, ele se apresenta maior na configuração exterior, e com cores, azulada e alaranjada, à direita e à esquerda, respectivamente. Na ocasião, Clementino, através de passes, o faz retornar ao físico para uma nova saída, sem o duplo, explicando a André o ocorrido. "A princípio, seu perispírito estava revestido com os eflúvios vitais que asseguram o equilíbrio entre a alma e o corpo de carne, conhecidos aqueles, em seu conjunto, como sendo o duplo etérico formado por emanações neuropsíquicas que pertencem ao campo fisiológico e que, por isso mesmo, não conseguem maior afastamento da organização terrestre, destinando-se à desintegração, tanto quanto ocorre ao instrumento carnal, por ocasião da morte renovadora."

Sabe-se hoje que o magnetismo, o passe, a hipnose, a anestesia, os acidentes e o transe mediúnico podem afastar parcialmente o duplo etérico, quando este, apesar da ação retentora da matéria, pode seguir o perispírito, com o qual se assemelha pela natureza etérica.

No desdobramento, visando uma diminuição na sua densidade com consequente aumento na velocidade e na mobilidade, o perispírito devolve ao físico, largas cotas de energia com as quais se encontra impregnado quando a ele justaposto, tal qual um balão que para alcançar maior altitude, livra-se do lastro que o torna lento.

Se, pois, consideramos o perispírito como intermediário entre o Espírito e o físico, o duplo etérico se enquadra nesse contexto como intermediário entre o perispírito e o físico, funcionando esse conjunto como amortecedor ou redutor da energia sutilíssima que é o Espírito. Para atuar na matéria, o Espírito ordena ao perispírito, que mobiliza o duplo etérico, que transmite ao físico as ordens do seu senhor.

A energia sutilíssima do Espírito é rebaixada em vibração pelo perispírito, repetindo-se a operação no duplo etérico, para atingir o corpo material com a densidade com que ele pode sintonizar e obedecer. Insistimos, ainda uma vez, que a harmonia, o desempenho, a saúde, a beleza e o grau de relativa perfeição desse conjunto, corpo físico-duplo etérico-perispírito, dependem exclusivamente do estado moral-intelectual em que se encontra o Espírito, sendo inteiramente impossível a toda medicina espiritual ou terrestre aperfeiçoá-lo sem tais ornamentos, pois a lei de Deus é claríssima quando especifica que, para ter saúde, é necessário evitar a doença, e esta nada mais é que toda e qualquer imperfeição da alma.

CAPÍTULO 35

A CIÊNCIA DOS ESPÍRITOS

Para escrever sobre o perispírito fui levado inúmeras vezes a efetuar observações, as mais variadas, sobre a anatomia e fisiologia desse corpo, bem como a sua degradação e modelagem. Visitei com amigos espirituais os laboratórios, centros de pesquisas, universidades e hospitais do plano espiritual, procurando entender suas lições, no que me tornava tão inquieto e perguntador quanto meus próprios alunos de Matemática.

Digo, do que observei, que a Medicina e a tecnologia terrestres apenas vacilam em seus passos iniciais a caminho do Espírito, de vez que mais se apegam ao orgulho do que sabem (muito pouco) do que à humildade do que não sabem. Insensatez seria ignorar os nobres esforços de dezenas de pesquisadores não dogmáticos, que, afastando o desânimo e o cansaço, adentram na pesquisa física, relacionando-a ou fundamentando-a aos princípios da alma. Graças a esses desbravadores, abriu-se uma fissura no velho e viciado sistema que só admite o que é visível e palpável como realidade digna de investigação.

Tais missionários tomam como compromisso a verdade que liberta, desertando da viciada retaguarda científica e assumindo a desbravadora vanguarda paracientífica, provocando as revoluções que haverão de demolir de vez e para sempre o alicerce da velha ciência cética e dogmática.

Kardec foi o grande iniciador. Na rua dos Mártires, em França, sob a inspiração do Espírito de Verdade, o gênio e a coragem desse cientista abalaram o mundo acadêmico da época, ao matar a morte. Ao mesmo tempo, desnudou os chamados mistérios, revelando a outra dimensão do planeta com a sua população oculta, mas de vitalidade e dinamismo plenos, em constante intercâmbio com os chamados vivos. Como se não bastasse, fundou a Sociedade Parisiense de Estudos Espíritas, dando-lhe um caráter científico e não religioso. Com meridiana lucidez, parte para a criação e fundação da *Revista Espírita*, que deveria atuar na divulgação das pesquisas da Sociedade Parisiense, já estruturada. Para confrontá-lo e derrotá-lo, ergueram-se cientistas renomados como Crookes, Schrenk-Notzing e Richet, que impossibilitados de o fazerem, frente à evidência dos fatos, optaram pelo elogio de quem se admira e admira.

Richet, prêmio Nobel de Fisiologia e fundador da Metapsíquica, declara em seu *Tratado de Metapsíquica* que Kardec foi quem mais contribuiu para o aparecimento das novas ciências, jamais fazendo uma afirmação que não houvesse sido provada em suas pesquisas. Crookes, após estudar exaustivamente a mediunidade por quatro anos, afirmou ser o homem imortal, e a morte uma porta de acesso para a vida. Alguns anos depois, convidado a receber uma das mais altas homenagens da Coroa Britânica, o título nobiliárquico de *Sir*, foi-lhe sugerido que abandonasse as teorias de ordem espiritista, para afirmar que a sua conclusão fora o resultado de uma alucinação psicológica. Cala-se por um instante o cientista, e, ao retomar a palavra, surpreende seus falsos amigos com o seguinte discurso: "Cada dia que passa, à medida que o tempo se dobra sobre os anos, na razão direta em que se vão e são adquiridas novas experiências, maior certeza tenho a respeito da indestrutibilidade do Espírito, da realidade da vida após a morte e da grande fenomenologia espiritista que nos coloca em contato com essa realidade, a vida espiritual".

Quando os cientistas contemporâneos de Kardec acusaram-no de fuga à metodologia científica aconselhada por Bacon e Descartes, e tal informação chegou mais tarde a Russel Wallace, este declara: "Toda a psicologia não passa de um Espiritismo rudimentar".

Debates! Debates!

A ciência dos Espíritos há muito deixou de ser uma possibilidade para tornar-se realidade irreversível. Em um dos últimos congressos realizados em Moscou, provocado pelas controvérsias sobre a descoberta do corpo bioplasmático do homem, Kardec foi considerado

O perispírito e suas modelações 143

como um sábio racionalista francês do século XIX que antecipou numerosas conquistas da tecnologia moderna. Em todo o mundo floresce a ciência dos Espíritos, que é a mesma dos homens, apenas despida do orgulho, do falso saber, de dogmas e preconceitos.

Encontram-se hoje, às dezenas, hospitais psiquiátricos espíritas; realizam-se milhares de operações espirituais (chamadas paranormais) todos os anos; centenas de obras literárias e científicas nos foram apresentadas pelos Espíritos através da mediunidade, ponte viva entre os dois mundos; os tribunais já admitem mensagens psicografadas como prova ou versão da testemunha ou da vítima, ausente do mundo dos "vivos"; os grandes mestres da pintura retornam e como outrora apresentam suas criações e estilos, por mãos cedidas como empréstimo através do amplexo mediúnico; compositores clássicos e modernos dizendo ao mundo: Vejam! Nós não morremos! Não ficamos santos ou demônios. Somos apenas Espíritos, reaparecemos através da sua música, desfazendo o fantasma do desconhecido, desmistificando o túmulo. O lápis de Chico Xavier confirmou para mães, esposos, filhos, a imortalidade da vida e a possibilidade do reencontro. Chamem como quiserem. Parapsicologia, Psicotrônica, para nós espíritas, isso é ciência espírita. O resto é psicotolice.

Atualmente os Espíritos se comunicam através de gravadores, como já provaram cientificamente os cientistas: Prof. H. Bender (Universidade Freiburg), David Ellis (Trinity Colledge Cambridge), Prof. Alex Schneider (físico), Rev. D. Valente (teólogo – Sociedade S. Paulo), Arcebispo H. E. Cardinale (Núncio Apostólico, C. E. E.) e outros.

Cita-nos Yvonne Pereira em seu livro *Devassando o Invisível*, cap. VIII, que em 1915 em sessão mediúnica domiciliar, na cidade de São João Del Rei, o médium Silvestre Lobato, ao receber o Espírito Bezerra de Menezes, anunciou o advento do rádio e da televisão, asseverando que, através da televisão, em tempos futuros, seria possível captar panoramas e detalhes da vida espiritual. Muito bem! Nos anos setenta, George Meek, auxiliado por um Espírito desencarnado que fora técnico em eletrônica, cria um aparelho a que dá o nome de SPIRICOM. Em janeiro de 1986, Hans Otto Konig, através da TV de Luxemburgo, sob os olhares atônitos de três milhões e meio de pessoas, faz apresentações com sucesso, deixando muitos telespectadores sem sono naquelas noites.

O programa mais emocionante foi o que possibilitou um diálogo de uma mulher que se achava no auditório, com o seu filho desencarnado. Em junho de 1986, na Itália, no Centro Milanese de Metafonia, Virgínia Ursi trava diálogo com seu filho já desencarnado, Humberto, através do mesmo aparelho. Esse evento visto por meio milhão de pessoas provocou lágrimas, emoções e demorados aplausos para a feliz experiência. No final da apresentação uma voz anunciou: "Nós, aqui, somos e não somos mortos. Nós vos vemos. Breve nos mostraremos pela televisão."

Coincidência? Burla? Mistificação? Que o leitor responda à sua consciência em diálogo íntimo, pois não queremos forçar adesões, nem muito menos impor pontos de vistas que por si mesmos se impõem.

Dizemos mais. Afirma o professor Ernst Senkowski e confirma Otto Konig que já estão obtendo imagens de desencarnados através de outro aparelho chamado VIDICOM.

E para mais aturdir o já confuso homem do famoso século tecnológico, agora os Espíritos invadem os computadores. Já se avolumam as interferências nas programações em todo o mundo, no sentido de afirmação de uma ciência espírita entre os encarnados, muito mais avançada em todos os campos, e que traz como objetivo a preparação da Terra para novos e anunciados tempos de paz.

Quanto ao perispírito, seu estudo provocará em todos os campos da Medicina, da Química, da Física, da Sociologia, da Psicologia, da Antropologia e em todas as ciências onde a figura humana seja o alvo, uma revolução sem limites, onde o sobrenatural e o fantasioso perderão o crédito. Então a mistificação, palavra demasiadamente abrangente para explicar os fenômenos espíritas por parte dos seus adversários, não mais terá lugar em seus dicionários, calando-se suas bocas profanas.

CAPÍTULO 36

Sobre a sede da memória e a não perenidade do perispírito

Neste capítulo, o perispírito será tratado (para efeito didático) da maneira como Kardec o descreveu; como se fosse um cartucho fluídico único e compacto, embora saibamos que ele vai se desmaterializando com a evolução do Espírito, perdendo capas grosseiras, qual cebola quando se vai retirando sucessivas camadas.

Admitimos a existência de um corpo mental que precede o perispírito e cujas linhas de força orientam a sua formação e manutenção; todavia, insistimos em dizer que neste capítulo perispírito representa todo o conjunto de revestimentos do Espírito, razão pela qual, perca ele todos esses envoltórios restando apenas um deles, sumamente etéreo, ainda será o perispírito. Visto este detalhe, passemos à opinião de alguns pensadores espíritas, sem a preocupação de aprofundamento ou sequência:

Gabriel Delanne: "A memória não reside no cérebro; está contida no perispírito". — *Reencarnação.*

Emmanuel: "É ainda, pois ao corpo espiritual que se deve a maravilha da memória, chapa fotográfica, onde tudo se grava, sem que os menores coloridos das imagens se confundam entre si". — *Dissertações Mediúnicas.*

Léon Denis: "Dadas às flutuações constantes e a renovação integral do corpo físico, em alguns anos esse fenômeno seria incompreensível sem a intervenção do perispírito, que guarda em si, gravadas na sua substância, todas as regressões de outrora. É ele que fornece à alma a soma total dos seus estados conscientes, mesmo depois da destruição da memória cerebral". — *O Problema do Ser, do Destino e da Dor.*

Léon Denis: "A união da alma com o corpo começa com a concepção e só fica completa na ocasião do nascimento. É o invólucro fluídico que liga o Espírito ao germe; essa união vai se apertando cada vez mais, até tornar-se completa, e isto se dá quando a criança vê o dia. No intervalo da concepção ao nascimento, as faculdades da alma vão pouco a pouco sendo aniquiladas pelo poder, sempre crescente, da força vital recebida dos geradores, que diminui o movimento vibratório do perispírito, até o momento em que o Espírito da criança fica inteiramente inconsciente. Esta diminuição vibratória do movimento fluídico produz a perda da lembrança das vidas anteriores". — *O Grande Enigma.*

André Luiz: "... De outras vezes, raras, aliás, tive notícias de amigos que perderam o veículo perispiritual, conquistando planos mais altos". — *Libertação.*

Comecemos pela afirmativa de Denis, acerca da causa do esquecimento das vidas passadas ser ocasionada pela diminuição vibratória do perispírito. Ora, não temos centenas de crianças que lembram com clareza de suas encarnações passadas? Tendo todas elas passado pela redução perispiritual e recebido densa cota de fluido vital, como explicar o não esquecimento? Em casos tais há que se admitir que o esquecimento não ocorreu completamente. Ao reencarnar, o Espírito conservou suas lembranças, externando-as no estado de vigília, uma vez que o cérebro físico nada grava, servindo apenas como um receptor de imagens a ele passadas pelo cérebro perispiritual nele entranhado.

Por que será que tantos autores insistem em considerar o perispírito e não o Espírito a sede da memória? Quem recorda é o Espírito ou o perispírito?

Acreditando ser o Espírito o princípio inteligente do Universo, há que se admitir que tudo que demonstre sinal de inteligência dele procede. Ocorre que ao pensar, o Espírito deixa transparecer em seu perispírito, qual ocorre com a superfície de um espelho, as imagens, cenas, os mais secretos pensamentos que alimenta. Mas gravaria em definitivo todas essas cenas ou apenas aquelas que são preocupações do momento? Seria o perispírito um arquivo de memória de tudo quanto pensa o Espírito ou funcionaria apenas como um revelador

O *perispírito e suas modelações*

dos pensamentos do agora? Vejamos Kardec, em sua obra *A Gênese*: "Um decapitado se apresenta sem a cabeça. Não quer isso dizer que haja conservado essa aparência; certo que não, porquanto, como Espírito, ele não é coxo, nem maneta, nem zarolho, nem decapitado; o que se dá é que, retrocedendo o seu pensamento à época em que tinha tais defeitos, seu perispírito lhe toma instantaneamente as aparências, que deixam de existir logo que o mesmo pensamento cessa de agir naquele sentido. Se, pois, de uma vez ele foi negro e branco de outra, apresentar-se-á como branco ou negro conforme a encarnação a que se refira a sua evocação e à que se transporte o seu pensamento". "... Criando imagens fluídicas, o pensamento se reflete no envoltório perispirítico, como num espelho; toma nele corpo e aí de certo modo se fotografa."

Em *O Livro dos Espíritos*, em resumo feito por Kardec, no qual ele enfatiza que interrogara milhares de Espíritos pertencentes a todas as categorias da sociedade terrena, cujo título é *Ensaio Teórico Sobre a Sensação nos Espíritos*, ele cita: "Poder-se-ia dizer que é a quintessência da matéria o princípio da vida orgânica, mas não da vida intelectual, pois esta está no Espírito." E mais adiante, no mesmo ensaio, referindo-se ao perispírito: "Ora, como na realidade ele não é mais que um agente de transmissão, pois é no Espírito que está a consciência." Se a consciência, que possibilita a individualidade, sendo esta o conjunto de características que nos diferencia dos demais indivíduos, resumo de tudo quanto aprendemos, encontra-se no Espírito, não pode o perispírito gravar as nossas aventuras; apenas traduzi-las por ordem do Espírito, verdadeiro detentor do conhecimento. O pensamento, com todo o conteúdo de que se reveste, tem gênese no Espírito. A inteligência é um atributo do Espírito. Seria difícil explicar como o espírito, possuidor de inteligência, emissor do pensamento e plasmador da vontade, não viesse a guardar em si o resultado de seus próprios atributos.

A explicação de Kardec aponta no sentido que aludimos, ou seja, o perispírito revela os pensamentos e as intenções a que se vinculam os Espíritos no presente momento. Quando se transportam ao passado pelo pensamento, fazendo-o presente, o perispírito os acompanha, revelando aventuras e infortúnios evocados pelo pensar, que são expostos em imagens cinematográficas de surpreendente clareza e vigor.

Assim pensando, não podemos considerar o perispírito como arquivo de memórias, de vez que elas só seriam reveladas mediante a liberação da sede que as retém, o Espírito. A ideia de um arquivo é a de uma repartição ou móvel destinado a colecionar documentos. Admitindo o perispírito como refletor da memória psicológica e preocupações a que o Espírito se apega, ele jamais seria um arquivo de memórias. Ocorre que os Espíritos, às vezes, se paralisam, alimentando uma mesma ideia (a vingança, por exemplo) durante séculos, no que imprimem seu drama fortemente no perispírito. Todavia, mesmo por séculos, aquela é a preocupação do momento.

Certa vez atendi a um casal de escravos que odiava, com todas as forças, a um frequentador do Centro Espírita onde trabalho. Este sofria de crises epilépticas e ataques de loucura, no que era acorrentado por seus pais. O casal de escravos, enquanto encarnado, fora violentado sexualmente pelo atual perseguido, ocasião em que foi despido e amarrado a um tronco, sofrendo ambos, as mais cruéis humilhações. Após o ato consumar-se, a mulher afogou-se no rio cometendo suicídio e seu companheiro morreu de violenta surra. Ambos perseguiam a mesma pessoa no presente, mas nem sequer se viam um ao outro. A ideia fixa de vingança tirava-lhes a noção de tempo e de espaço, a tal ponto de um deles argumentar frente à informação de que aquele drama se passara há mais de um século: "O que é isso, meu senhor! Eu saí agora há pouco do tronco! Veja, minhas carnes ainda estão marcadas!"

A ideia dominante nos dois era a humilhação pela qual passaram, e queriam vingança a qualquer custo. O drama já se perdera no tempo para todos nós, mas para eles era atual como hoje. Apenas a dor e o sentimento de vingança os envolviam. Natural nesse episódio que as cenas da humilhação ficassem petrificadas em suas mentes, e em cores vivas em seus perispíritos.

Todavia, o que se vê nas reuniões de desobsessão nem sempre se enquadra nesse raciocínio. Quando um Espírito necessita passar por uma regressão de memória, o que ele geralmente rejeita, todo o seu passado vem à tona sugado por força irresistível, desnudando-lhe as

O perispírito e suas modelações   149

entranhas, revelando fatos que ele tudo faz para esquecer. Em tais ocasiões ele pode reviver seus crimes como se os estivesse praticando naquele momento. É uma volta ao local e às ações do passado. Esse tipo de regressão profunda, esse mergulho nos séculos, é bastante comum no cotidiano das reuniões de desobsessão, entendendo-se que o comunicante foi magnetizado, recebeu a ordem hipnótica de regredir e a atendeu voltando ao ponto traumático de sua vida. Mas casos há em que o comunicante apenas vê cenas de sua vida no condensador ectoplásmico (espécie de tela fluídica à semelhança de um espelho). Tais imagens, passadas ou presentes, são projetadas sem a concordância do Espírito, que em livre consciência as evitaria. Podem os técnicos em leitura perispiritual recolher tais imagens que, mesmo camufladas, são apanhadas e expostas?

Não seria o vampiro citado por André Luiz, em sua obra *Nosso Lar*, um caso assim? Lá o autor se compadece de uma mulher sofrida que pede abrigo, ocasião em que alguém de visão espiritual mais apurada detecta 58 pontos negros no perispírito da pedinte, os quais correspondiam a 58 abortos que ela praticara como profissional da medicina. Como a mulher trazia o crucial problema gravado a fogo em sua mente, nada mais natural que "essa preocupação" se refletisse em seu perispírito, podendo ser transportado para uma tela mediante a atuação de um técnico. Quando, pela lei de causa e efeito, essa mulher quitar seus débitos para com a lei, pacificada a sua consciência, de mente voltada para outros objetivos nobres, será que esses pontos negros, resumo de uma história e tempo já superados e esquecidos, se manterão no perispírito como atestado desabonador de outrora?

Trabalho em uma escola com adolescentes e alguns deles cometem atos impensados e até cruéis. Mas, superados os tropeços, recuperados plenamente, deveria eu fazer constar em seus históricos escolares os atos tresloucados, frutos da imaturidade de outrora, que já não correspondem à realidade?

Quando o aluno já aprendeu a lição há necessidade de recapitulação? Poderia o perispírito fulgir como as estrelas guardando em sua intimidade um arquivo morto sem nenhuma utilidade? Como capturar cenas de um passado malogrado se o Espírito, ao se elevar pela prática da justiça e bondade já incorporadas às suas conquistas, não pensa nem age como outrora quando era injusto e mau? Purificação, depuração, não seriam condições de alijamento de todo e qualquer resquício de um passado inglório? Condicionando-se a pensar no bem, acostumado a andar na luz, teria condição o Espírito de mostrar alguma treva em si mesmo?

Na parábola da festa de núpcias, contada por Jesus, o dono da casa pergunta: Amigo, como entraste aqui, não tendo vestido nupcial? É que o perispírito do visitante não lhe servia como passaporte para aquele tipo de banquete. Como agente revelador das condições morais, não ostentava a leveza nem a luminosidade condizentes com um convidado do Senhor. Daí a não aceitação da sua presença, por incompatibilidade vibratória; pela ausência de méritos e de luz. Se o perispírito fosse também a sede ou simplesmente o arquivo da memória psicológica, como explicar o não registro das primeiras encarnações do Espírito? Claro está, portanto, que o perispírito é apenas um refletor, como se pode ler em *O Livro dos Espíritos*: "O perispírito... é o princípio da vida orgânica, porém não o da vida intelectual, que reside no Espírito. Ora, não sendo o perispírito realmente mais do que um simples agente de transmissão, pois que no Espírito é que está a consciência, lógico será deduzir-se que, se pudesse existir um perispírito sem Espírito, aquele nada sentiria, exatamente como um corpo que morreu."

O perispírito é um corpo em tudo dependente do Espírito, que o comanda e modela. Gravam-se nele as lembranças do momento, efetuadas pelo Espírito, que as modifica conforme sua vontade. Sede e arquivo da memória é o Espírito; se assim não fosse, poder-se-ia extrair (caso existisse) de um perispírito sem Espírito toda a história de vida do seu antigo possuidor.

Tudo quanto se quer e pode saber acerca de um Espírito qualquer vem de sua mente; é lá que reside todo o conhecimento, conquistas, memória. Se ele quiser, deixa retratar em seu perispírito sua condição espiritual, caso seja elevado, pois pode se tornar invisível para os que lhe são inferiores. De outra feita, sendo ainda inferiorizado, seu perispírito funciona como cartão de identidade de sua indigência, a mostrar em cores as suas preocupações e futilidades maiores.

De tudo quanto tenho pesquisado, não há como desmentir a hipótese de que a inteligência, o pensamento, a vontade, e o resultado

O perispírito e suas modelações

de tudo isso, a memória, tem sua sede no Espírito. Detendo a inteligência, sendo o construtor, emissor e receptor do pensamento, energia que cria e transforma, repassa para o perispírito seus desejos e emoções, que os fotografa, expressando assim o mundo interior que o caracteriza.

Diz-se ainda que, com a evolução espiritual, o perispírito vai se tornando etéreo até que desapareçam suas camadas mais grosseiras. Analisemos alguns apontamentos extraídos aqui e ali da obra de Kardec, adicionando o "negrito" onde a argumentação nos parecer mais convincente.

— Haverá mundos onde os Espíritos, deixando de revestir corpos materiais, só tenham como envoltório o perispírito?

"Há e mesmo esse envoltório **se torna tão etéreo que para vós é como se não existisse.** Esse é o estado dos Espíritos puros."

"Sabemos que quanto mais eles se purificam, tanto mais etérea se torna a essência do perispírito, donde se segue que a influência material diminui à medida que o Espírito progride, isto é, à medida que o **próprio perispírito se torna menos grosseiro.**"

"Dizendo que os Espíritos são inacessíveis às impressões da matéria que conhecemos, referimo-nos **aos Espíritos muito elevados, cujo envoltório etéreo não encontra analogia neste mundo.**"

"Hão dito que o Espírito é uma chama, uma centelha. Isto se deve entender com relação ao Espírito propriamente dito, como princípio intelectual e moral, a que se não poderia atribuir forma determinada. Mas, **qualquer que seja o grau em que se encontre o Espírito, está sempre revestido de um envoltório, ou perispírito,** cuja natureza se eteriza, à medida que ele se depura e eleva na hierarquia espiritual."

"Essa igualmente a forma de **todos os Espíritos** não encarnados, **que só têm o perispírito;** a com que, em todos os tempos, se representaram os anjos, ou **Espíritos puros.** Devemos concluir de tudo isto que a forma humana é a forma de todos os seres humanos seja qual for o grau de evolução em que se achem."

— Se a forma humana é a mesma, isso prova que o **perispírito não desaparece,** pois o Espírito em si não tem uma forma.

"A natureza íntima do Espírito propriamente dito, isto é, do ser pensante, desconhecemo-la por completo. Apenas pelos seus atos ele se nos revela e seus atos não nos podem impressionar os sentidos, a não ser por um intermediário material. **O Espírito precisa, pois, da matéria, para atuar sobre a matéria."**

De que adiantaria ser um Espírito Superior, sem perispírito, impossibilitado de atuar em um mundo qualquer, desde que com algum grau de materialidade? Nesse caso, o Espírito totalmente desmaterializado só poderia agir em um mundo imaterial, se é que existe algum no Universo. Isso seria elitizar, excluir, marginalizar a retaguarda da convivência com aqueles que podem e querem ajudá-la. Tal raciocínio é incoerente com o poder que o Espírito vai adquirindo com a sua evolução; inclusive vai ao encontro da definição poética de Jesus para com o ser inteligente: "O Espírito vai aonde quer, e tu ouves a voz, mas não sabes de onde vem, nem aonde vai". Isso quer dizer que todos os mundos são acessíveis aos Espíritos superiores, que, para cumprirem suas missões de auxílio aos mais sofredores, necessitam de um veículo de manifestação para se fazerem entender.

Em *O Evangelho segundo o Espiritismo* podemos ler: "Em grau mais elevado, é diáfano e quase fluídico. Vai desmaterializando-se de grau em grau e acaba por se confundir com o Espírito....O próprio perispírito passa por transformações sucessivas, **torna-se cada vez mais etéreo, até a depuração completa, que é a condição dos puros Espíritos."**

No livro *O que é o Espiritismo* lê-se: "Quando a alma está unida ao corpo, durante a vida, ela tem duplo invólucro: um pesado, grosseiro e destrutível — o corpo; o outro fluídico, leve e **indestrutível**, chamado perispírito."

Podemos resumir toda essa problemática com as respostas dadas a Kardec pelos Espíritos, por ocasião das seguintes indagações:

— *Como podemos apreciar a liberdade do Espírito durante o sono?*

— *Pelos sonhos. Crede, enquanto o corpo repousa, o Espírito dispõe de mais faculdades do que em vigília. Tem o conhecimento do passado e, algumas vezes, previsão do futuro....(pergunta 402).*

— *Por que não nos lembramos sempre dos sonhos? (pergunta 403).*

— *No que tu chamas de sono, só há o repouso do corpo, porque o Espírito está sempre em movimento. Aí ele se recobra um pouco de sua liberdade e se corresponde com aqueles que lhe são caros, seja neste mundo, seja em outros.*

O perispírito e suas modelações

Todavia, como o corpo é matéria pesada e grosseira, dificilmente ele conserva as impressões que o Espírito recebeu, porque este não as recebeu pelos órgãos do corpo.

Isso encerra a questão. Não há esquecimento do passado senão enquanto o corpo está em vigília, devido ao bloqueio imposto pela matéria. A condição de encarnado não retira as lembranças passadas; o estado de vigília sim. Neste a memória profunda está bloqueada pela supremacia da memória imediata (a que corresponde ao estado de vigília). Os eventos vividos pelo Espírito na condição de liberdade, geralmente não são repassados ao cérebro físico, razão pela qual ele desconhece pela manhã o que fez durante o sono.

Podemos então, através desse raciocínio, imaginar que, se a redução perispiritual levada a efeito pelos técnicos para que haja o reencarne favorece o esquecimento, logo que o perispírito volta ao seu tamanho natural aquele se desfaz. Desdobrado do corpo durante o sono, o Espírito domina suas vidas passadas. Voltando ao corpo ele não perde esse conhecimento, apenas não consegue mantê-lo "vivo" por causa do predomínio da matéria, que obscurece as lembranças.

Desdobrado, a qualquer instante, o Espírito volta a ter domínio sobre sua memória mais recente. Conclui-se assim que o que impede o Espírito de lembrar suas vidas passadas nos instantes de vigília não é a redução da vibração perispiritual, mas a falta de sincronia por parte dos cérebros físico e perispiritual no que se refere aos eventos observados.

O cérebro físico oferece um bloqueio para as informações não passadas por ele, não permitindo ao Espírito manifestá-las em vigília. Se o Espírito sai do corpo lembra os fatos passados; entrando nele, os esquece. Logo, o Espírito não passa por um esquecimento no real sentido da palavra, uma vez que lembra ao desdobrar-se de sua história de vida. Apenas tem sua memória espiritual bloqueada (banco de dados passados) para não interferir na gravação da memória atual.

Encontra-se o Espírito na condição de encarnado, à semelhança de um mergulhador que sob densa camada de água tem seus movimentos tardos e a visão turvada, sem comunicação com a superfície, ou seja, sem contato com a sua memória pré-encarnatória. Quando sai da água, adquire a condição de liberdade. O corpo denso é apenas um abafador, um amortecedor, um redutor do dinamismo espiritual, limitando-o a um plano de dificuldades a serem superadas e aprendizagens a serem vencidas. Entrar e sair nesse mar todos os dias é, pois, um exercício penoso e necessário para o Espírito, que a cada ida e volta sente a alegria da liberdade e as agruras da prisão.

É por esta razão que consideramos o corpo físico como o veículo de manifestação do Espírito no mundo material e o perispírito, veículo de manifestação do Espírito no mundo espiritual. De que adiantaria ao ser pensante dominar toda a ciência sem ter como repassá-la por falta de um veículo de manifestação?

Para que uma informação chegue ao Espírito, ele a recebe via cérebro perispiritual enquanto desencarnado. Encarnado, em vigília, qualquer mensagem passa pelos cérebros, físico e perispiritual. Se apenas o cérebro perispiritual recebe a mensagem, o Espírito, ao retornar ao corpo denso, utilizando agora um cérebro que não tomou conhecimento do ocorrido, não lembrará do fato. Esse é o bloqueio. Só quando a mensagem passa pelos dois cérebros, carnal e perispirítico, chegando à sede que é o Espírito, ele tem o completo domínio da memória na condição de encarnado em vigília.

Observa-se esse fenômeno nos médiuns chamados inconscientes. Quando o comunicante atua apenas no perispírito não faz a mensagem passar pelo cérebro físico do intermediário. Este, ao sair do transe, geralmente não lembra nada do ocorrido. Se o médium é consciente, a mensagem chega ao seu cérebro físico, formando uma lembrança do que foi tratado.

Resta-nos um questionamento ainda. Quando um Espírito passa de um mundo para outro, ele muda de envoltório, dizem os Espíritos. Em primeiro lugar, precisamos distinguir a substância de que é feito o perispírito, do perispírito em si. Vejamos a pergunta 187 de *O Livro dos Espíritos*: "A substância do perispírito é a mesma em todos os mundos?". Não. Respondem os Espíritos a Kardec: "Ela é mais ou menos etérea. Passando de um mundo para outro, o Espírito se reveste da matéria própria de cada um com mais rapidez que o relâmpago." O Espírito muda a substância de que é composto o perispírito, com a finalidade de adaptar-se àquela nova situação. Sem os fluidos do planeta a que aporta, o seu perispírito não se ajustaria às novas

O perispírito e suas modelações

condições, ficando impossibilitado de receber as impressões daquele mundo, por inadequação da aparelhagem perispiritual.

Ele não troca de perispírito, o que seria absurdo, por implicar um novo começo na elaboração da memória biológica já conquistada. Com a simples troca de fluidos, ele pode adaptar-se a cada mundo, conservando as suas conquistas. Essa adaptação, todos sabemos, não é brusca, mas gradativa, pois quando deixamos um planeta por méritos, nosso perispírito já se encontra praticamente nas condições adequadas a conviver em outro mundo superior ao qual estamos destinados.

Esse procedimento não provoca choques na memória biológica que já é inerente ao perispírito, nem desequilíbrio na memória intelectual do Espírito, que não teme inadaptação científica, filosófica ou moral do novo ambiente. Depois desse exercício mental, podemos enfim perguntar: o Espírito, quando atinge o estado de pureza, permanece com o perispírito ou terá se despojado dele? Voltemos a *O Livro dos Espíritos*, em sua pergunta 188: "Os Espíritos puros habitam mundos especiais ou estão no espaço universal sem estarem mais ligados a um mundo que a outro?" Resposta: "Os Espíritos puros habitam certos mundos, mas não são confinados neles como os homens sobre a Terra; eles podem, melhor que os outros, estarem por toda parte."

Se tais Espíritos podem ir a toda parte, no seu afã de auxiliar seus irmãos menores, necessitam trocar de envoltório quando passam de um mundo para outro, embora o façam com a rapidez do raio, como se fina camada de fluidos próprios do mundo que visita, o revestissem. Se eles não tivessem mais perispíritos não poderiam atuar nos mundos que lhes são inferiores, nem se comunicarem com seus habitantes. Se o fazem é porque se revestem dos fluidos do ambiente que visitam, e se são revestidos é porque a sua antiga fôrma, embora altamente etérea, permanece, podendo receber a substância que lhe possibilita atuar no cenário do mundo escolhido.

Tal raciocínio nos parece lógico. Pelo menos mais coerente com a solidariedade que o maior deve ter para com o menor, no sentido de ajudá-lo. Sem o perispírito, seria o descanso eterno, pois já não haveria como manifestar-se aos pobres imortais da retaguarda. E isso é incompatível com as leis de amor e caridade, cuja representação e defesa devem ser intransigentes e mais fortes entre os Espíritos superiores.

Podemos concluir dizendo que o perispírito é um corpo que sempre acompanha o Espírito. Sem esse envoltório a ele seria impossível se manifestar no plano material ou espiritual. Que a sede da inteligência, do pensamento e da vontade é o Espírito. Que este, ao mudar de mundo, troca apenas de substância perispiritual, ou seja, reveste a sua fôrma com os fluidos do planeta onde se encontra. Que este corpo tem uma memória biológica, cujo acervo de automatismo gera o instinto, espécie de inteligência não racional, mas que também é capaz de registrar em sua intimidade, fatos ocorridos com o Espírito, no que se refere às suas preocupações do momento. Que não devemos, em nenhuma hipótese, deixar que caia a noite sobre nossas cabeças, sem que a nossa cota de trabalho efetuada no limite das forças tenha sido cumprida, para que este corpo se ilumine cada vez mais, quebrando os grilhões que o prendem à matéria densa.

Todavia, o assunto continua em aberto. Nos capítulos que se seguem, o perispírito não será tratado como um bloco ou cartucho único e compacto, mas, como nos foi mostrado pelos técnicos, insistentemente, com um corpo mental indestrutível, cujas linhas de força orientam e presidem a harmonização e a reagregação dos fluidos perispirituais nos casos de acidentes com este corpo.

CAPÍTULO 37

Conclusão

A primeira parte deste trabalho está terminada. Assunto palpitante e de grande interesse para qualquer Espírito, é leitura obrigatória para os espíritas, que há muito reclamam uma obra que aprofunde o tema de maneira clara e sem misticismo.

Sendo o perispírito o veículo que nos permite a existência na carne e a manifestação do Espírito no mundo material, deve ser motivo de constante pesquisa e avaliação, pois constitui a chave de inumeráveis eventos tidos e havidos como milagres.

No campo científico, filosófico e mesmo religioso, este corpo plástico é de profunda relevância no entendimento da evolução do Espírito, bem como da sua atuação no ambiente que habita.

Estudar o perispírito é tentar conhecer a si próprio, lição primordial no Espiritismo e no espiritualismo em geral. Sem esse conhecimento, pré-requisito para o estudioso espírita, a mediunidade, os efeitos físicos, as obsessões, a reencarnação, a lei de causa e efeito não são explicáveis nem entendidos, por constituir esse corpo vaporoso o agente pelo qual tais fenômenos se desdobram. E mais: inseparável do Espírito desde a sua formação, não o deixará jamais em toda sua escalada evolutiva, testemunhando suas conquistas e retratando a sua superioridade.

Portanto, não nos condenemos à ignorância afastando-nos da pesquisa séria em nossa Doutrina. O convite ao estudo é um apelo à nossa redenção espiritual. Se isto é um fato, de que adianta desperdiçar o tempo tentando encontrar o mapa do céu sem que o trabalho, o estudo e a caridade estejam presentes?

A segunda parte deste volume o aguarda com os porquês que você sempre quis indagar e conhecer. Vem sem micoses, sem peso excessivo, sem soníferos, sem alta temperatura para não maltratar as mãos, como parece acontecer aos alérgicos à leitura. Será simplesmente um livro. E um livro não faz mal ou medo a ninguém. Ou faz?

O PERISPÍRITO E SUAS MODELAÇÕES

SEGUNDA PARTE

CAPÍTULO 38

Introdução *

A segunda parte deste livro trata das modificações as quais o perispírito é submetido, seja pelo pensamento viciado ou pelas técnicas apuradas da medicina espiritual. Corpo de grande plasticidade, rende-se ao desejo do Espírito, tomando as mais variadas formas, utilizadas como instrumento de guerra pelos incautos e de pacificação pelos mansos, conforme seja o desejo de quem o manipula.

Neste volume o enfoque maior é para o suicídio. Como transgressão da lei, este ato gera no perispírito, a depender do gênero de agressão usado, as mais variadas deformações anatômicas e fisiológicas, mantidas durante anos pela desorganização psicológica daquele que optou por tão desesperada fuga da existência física.

Desejosos do impossível, a morte, tais irmãos se violentam pensando mergulhar no nada, e se descobrem vivos com dores e problemas maiores que os anteriores, a exigir dos séculos futuros a devida reparação à lei. Se procurarmos a dor mais atroz, a deformação perispiritual mais duradoura, a dificuldade mais severa em pacificar a consciência, subtraindo-lhe os complexos mais profundos, geralmente as encontraremos entre os suicidas. E como a mente é a construtora e mantenedora das linhas de

---

NE:* Nesta segunda parte, aparecem informações obtidas pelo grupo mediúnico ao qual o autor e prof. Luiz Gonzaga está ligado, que poderão suscitar questionamentos, pelas revelações que surpreendem, por serem novidades na literatura espírita.

A Editora respeita o trabalho sério e perseverante de pesquisa do autor, publicando na íntegra suas informações, mas, ressalvando que tais notícias merecem confirmação da parte de outros pesquisadores dos referidos assuntos, como: perispírito torrão após morte por combustão; separação em gavetas distintas de espírito/perispírito/corpo mental; gestação de criança sem espírito; transplante de órgãos no perispírito; modelagem do perispírito por estudantes, entre outros temas inéditos. Diante disso, reafirmamos que a Doutrina Espírita, como declarou textualmente seu Codificador Allan Kardec em O EVANGELHO SEGUNDO O ESPIRITISMO, só aceita como postulado doutrinário aquilo que contar com a concordância das revelações feitas espontaneamente através de um grande número de médiuns, estranhos uns aos outros, e em diversos lugares.

harmonia perispiritual, projeta para o perispírito a sua carga de culpa, a traduzir-se em ulcerações e mazelas várias.

Acompanham os suicidas nesta descrição, os viciados de todos os matizes, pois não há uma só transgressão da lei que não produza um retorno com consequências danosas para o infrator, que inapelavelmente receberá a carga fatídica na proporção da gravidade da sua falta.

A lei funciona soberanamente, sem necessidade do "olho por olho" que alguns partidários da vingança (e não da justiça) costumam reivindicar. Deus fez a lei e permite que aqueles que, em sua ignorância, tentem burlá-la, sejam caridosamente tratados em suas dores e sequelas. Sendo justiça, não as subtrai; sendo amor, abre portas ao arrependimento e janelas à renovação; sendo caridade, mostra caminhos à reparação e convites ao crescimento.

O destino final do perispírito é a luz; a energia pura; o grau máximo de eterização só concebível por aquele que lá se encontra, na condição de Espírito puro. Esse desfecho independe dos tropeços da caminhada, que apenas o retarda. Não há tratamento desigual na chegada, nem mesmo para o mais vil dos criminosos, que após ressarcir seus débitos é atraído pela luz, rendendo-se a ela como fazem as mariposas e os vegetais.

Podemos até dizer que, à semelhança dos vegetais, os Espíritos apresentam fototaxia (deslocamento dos seres vivos para a luz), sendo aqueles de maneira espontânea, e estes, à proporção que se despem de indumentárias inúteis.

Iniciamos agora intenso mergulho nas regiões espirituais em busca do conhecimento libertador. A ciência é infinita, o que nos obriga a, cedo ou tarde, nos tornarmos cientistas da eternidade. Se Deus assiste a quem trabalha, convive com quem estuda; identifica-se com quem transforma o que aprende em notas de beleza e progresso.

Cada Espírito é em si imenso laboratório rodeado por espessas enciclopédias. Com esse material disponível, terá que escrever o livro da sua vida. E para tornar-se um bom escritor não poderá evadir-se dos padrões éticos trazidos ao mundo pelo mestre do mundo, Jesus.

Cada escritor deve estar ciente de que, se as palavras que escreve podem ser suas, a inspiração sublime só pode vir de Deus.

Com base nesta advertência, caminhemos. A chegada não pode ser outra que não a vitória final.

CAPÍTULO 39

Tirando dúvidas

Para começar a segunda parte deste trabalho, senti a necessidade de uma reunião "tira dúvidas" com os amigos espirituais, visto que pontos obscuros ainda existiam, e os casos a que éramos levados a observar, surgiam progressivamente complexos.

A memória era um desses pontos a serem analisados demoradamente. Existiria uma memória no perispírito? Em nível de cérebro físico seria possível algum tipo de gravação? A sede da memória é realmente o Espírito?

Até então trabalhava com o perispírito muito centrado na codificação, apesar de saber que Kardec o condensara como se fosse um bloco único e compacto, o que a prática me dizia não corresponder à realidade.

Como o melhor para começar qualquer tarefa é esclarecer de início seus pormenores, resolvi reunir os médiuns do grupo de aprofundamento doutrinário para um estudo junto aos amigos espirituais. Assunto? O mesmo que queimava nossos neurônios. O perispírito.

Era preciso indagar por tantas variantes que nos mostravam. Questionar sobre a existência ou não de uma teoria conclusiva diante de tanta diversificação. Procurar entender as questões que nos atormentavam. E não tivemos inibição em fazê-lo.

Armados de dúvidas e com perguntas engatilhadas, bombardeamos a equipe que nos orienta por mais de uma hora. Se saímos sem dúvidas? Quem dera! A dúvida é a eterna companheira de quem estuda. Mas ficamos satisfeitos. Sentimos a certeza de que os instrutores fizeram o possível para que pudéssemos entender tão delicada lição. No mais, eles nunca nos deram nada com paternalismo;

sem certificarem-se do esforço redobrado que empreendíamos sempre exercido no limite de nossas forças. Mostram o roteiro; os passos, nossos pés que os executem. Esse é o estreito caminho que temos percorrido. E creiam! Se queremos seriedade, não há outro.

Vejamos alguns questionamentos.

1. Atendendo a desencarnados que foram vítimas de acidentes enquanto encarnados, vejo que alguns trazem traumatismos, amputações, e até desagregação quase total do perispírito; em outros, esse corpo permanece íntegro. Não existe uma regra para se explicar tanta diversidade de casos?

R. Existe, desde que você admita que cada caso tem suas especificidades. Você falou acidentes. Vamos, pois dividi-los em duas maneiras: primeiro, quando ele ocorre "naturalmente", sem a intenção do Espírito em provocá-lo. Nesse caso a probabilidade de não lesar o perispírito existe; desde que seu carma, ou seja, seus débitos se esgotem com aquela parcela de pagamento representado pelo acidente. Todavia, se o Espírito se rebelar contra a sua expiação, abrigando a revolta contra as condições em que se encontra e que foram impostas pela lei que ele feriu, a sua condição de acidentado lesa o perispírito. Se o acidente foi intencional, como ocorre com o suicídio, não há como não lesar, amputar, e até, quando a agressão é forte e o desejo de se matar é profundo, em flagrante desrespeito às leis divinas, avariar severamente o perispírito. Aqui a intenção é tudo.

2. Como pode um perispírito ser severamente desagregado? O que fica revestindo o Espírito então?

R. O seu corpo mental. Vamos, para efeito didático, e apenas para esse fim, pois na prática os corpos do Espírito são interligados, separar o ser humano em: corpo físico+perispírito+corpo mental+Espírito. O corpo físico pode ser destruído; o perispírito severamente avariado. O corpo mental, fronteira entre o Espírito e o perispírito, não. Se houvesse vontade e evolução suficiente, o perispírito lesado poderia ser recomposto pelo Espírito que dele se reveste. O problema é que o ser que pratica o suicídio não tem conhecimento, nem moral suficiente, para acionar o corpo mental, e, utilizando-o como molde, induzi-lo a recompor seu perispírito.

3. Quer dizer que o corpo mental jamais sofre uma ranhura sequer, mesmo diante do desejo mais profundo do Espírito em se matar?

O perispírito e suas modelações 165

R. Eu disse que o corpo mental é indestrutível. Em uma comparação grosseira podemos dizer que ele é a caixa preta do avião. O molde onde se situam todas as conquistas biológicas do ser. Como você classificou a memória como biológica, no que concerne às conquistas das formas e funções, e psicológica, relativas à inteligência, intelecto, moral, podemos dizer que a primeira se situa em nível de corpo mental e a segunda é patrimônio do Espírito.

4. *Em quais circunstâncias o perispírito pode sofrer desagregação parcial, avarias, ferimentos?*

R. Em muitas situações e acidentes onde haja por parte do Espírito a vontade de ferir-se ou de matar-se. No suicídio, quando o desejo de morte é profundo, a depender do gênero de morte escolhido, o perispírito pode sofrer as mais graves lesões. Não conhecemos um caso, contudo, em que ele tenha se desintegrado totalmente. Mesmo nos atentados suicidas, em que alguém amarra a si 10 quilos de TNT, como ocorreu em Israel, o perispírito sofre vultosas desagregações, mas pode ser reconstituído com base no molde indestrutível que é o corpo mental.

5. *Volto aos acidentes: Diante de duas pessoas mortas sob as rodas de um trem, sendo a primeira vitimada por um suicídio e a segunda por um acidente inevitável, como se apresentam seus perispíritos?*

R. Já lhe dissemos que a intenção é tudo. Você não leu nas obras da Codificação que Deus julga mais a intenção que o fato? O suicida se apresentará com o seu perispírito severamente avariado. O acidentado terá o seu perispírito sem prejuízos, desde que no instante do acidente ou posteriormente não tenha sido tomado por sentimentos de culpa, tais como: eu poderia ter evitado; eu fui culpado pelo que aconteceu. Se ele tem a consciência isenta de culpa pelo que lhe sucedeu, seu perispírito não sofre avarias.

6. *Por falar em memória, como vocês têm acesso a determinadas informações que o Espírito procura esconder e não obstante, elas são reveladas ao doutrinador?*

R. Para falar da memória você precisa abrir um leque para explicar toda a sua abrangência. A designação de memória biológica para relacionar as conquistas do Espírito no campo dos instintos e do automatismo é boa. O éter registra os acontecimentos circundantes em sua intimidade, formando uma memória ambiental (quando se fala em ambientes restritos); e uma memória astral (quando registra a saga de todo um planeta).

Em uma reunião mediúnica, qual a que você dirige, os eventos e imagens podem ser extraídos da mente do Espírito. Os Espíritos Superiores possuem recursos para induzir, subjugar uma mente rebelde, para que ela libere todas as informações disponíveis. Os técnicos podem também retirar da memória ambiental todo o drama que ele não se anima a revelar ou proceder a uma regressão de memória. São técnicas variadas das quais o Espírito não consegue subtrair-se sendo rendido em sua intenção de bloquear seus registros.

A memória parece ser uma das características da matéria. A Terra grava em seus fósseis os registros de sua evolução. Não podemos encarar isso como uma memória geológica? O feto, nas primeiras etapas do seu desenvolvimento, mostra em seu corpo, sinais de estágios anatômicos já ultrapassados, uma vez que apresenta bolsas branquiais e uma longa cauda. Não demonstra esse fato a existência de uma memória biológica? As árvores em seus troncos vigorosos registram através de suas fibras, organizadas segundo os anos vividos, a sua própria história. Não seria isso uma memória vegetal? As cicatrizes do corpo não são parte da memória de tantas lutas? Existem ainda outros tipos de memória que desconhecemos e que certamente dominaremos um dia.

Todavia repito: A memória propriamente dita, que pode ser evocada pelo Espírito, que se organiza sequenciada e seletiva, encontra-se registrada nele mesmo. Quando o Espírito faz "evocação" de um fato passado, aciona seu banco de dados, liberando o conhecimento armazenado. Tais lembranças se refletem no perispírito. Seria difícil entender uma memória no perispírito, de vez que ele pode ser severamente desagregado e recomposto. O Espírito representa o intelecto, a vontade, a "força viva" que impulsiona e vibra, a inteligência. Quando ele quer, expressa sua vontade através do pensamento, que se fotografa no perispírito.

Assim, com essa reunião "tira dúvidas", fato comum em nosso grupo de aprofundamento doutrinário, tomamos novo fôlego para tão extensa caminhada. A do saber.

CAPÍTULO 40

OS AMPUTADOS

... O algoz continuava a fitá-lo com assombro, e Paulo, notando a tremura com que ele empunhava a espada, concitou resoluto: — Não tremais!... Cumpri vosso dever até o fim!
Um golpe violento fendeu-lhe a garganta, seccionando quase inteiramente a velha cabeça que se nevara aos sofrimentos do mundo. Paulo de Tarso caiu redondamente, sem articular uma palavra. O corpo alquebrado embolou-se no solo, como um despojo horrendo e inútil.
... Foi aí que ouviu passos de alguém que se aproximava de leve. Ocorreu-lhe subitamente o dia inesquecível em que fora visitado pelo emissário do Cristo, na pensão de Judas.
— Quem sois? — perguntou como fizera outrora, naquele lance inolvidável.
— Irmão Paulo... — começou a dizer o recém-chegado.
Mas, o apóstolo dos gentios, identificando aquela voz bem amada, interrompeu-lhe a palavra bradando com júbilo inexprimível.
— Ananias! Ananias!...
E caiu de joelhos em pranto convulsivo.
— Sim, sou eu — disse a veneranda entidade pousando a mão luminosa na sua fronte. — Um dia Jesus mandou que te restituísse a visão, para que pudesses conhecer o caminho áspero dos seus discípulos, e hoje, Paulo, concedeu-me a dita de abrir-te os olhos para a contemplação da vida eterna. Levanta-te! Já venceste os últimos inimigos, alcançaste a coroa da vida, atingiste novos planos de redenção!

Paulo e Estêvão – Emmanuel
(cap. X)

OS AMPUTADOS

Sempre tive curiosidade em saber porque os amputados sentem dores nos membros que perderam, portanto, inexistentes para eles. O perispírito ficaria igualmente amputado ou se conservaria íntegro, frente aos danos físicos? Caso o perispírito sofra a mesma amputação que o físico, que tratamento lhe seria dispensado para a sua volta à normalidade, uma vez que no físico impossível se torna a regeneração?

Tenho observado muitos amputados no mundo espiritual que levam anos a conviver com suas deformações, e outros que em curtíssimo espaço de tempo se recuperam, mostrando-se saudáveis e operosos.

No livro *O Céu e o Inferno,* capítulo VI, Allan Kardec faz a seguinte indagação a um Espírito que teve o seu corpo físico decapitado em recente encarnação:

— Uma vez que assim é, sob que forma vos veríamos, se tal nos fosse possível? Ver-me-eis sob a minha forma corpórea: a cabeça separada do tronco. É a resposta.

No livro *Paulo e Estêvão,* de autoria de Emmanuel, psicografado por Francisco Cândido Xavier, o autor descreve a morte do apóstolo, quando o seu algoz lhe decepa a cabeça, sendo Paulo quase instantaneamente transportado para lugar verdejante, estando perispiritualmente íntegro, apenas privado da visão.

Antigas vítimas da inquisição ou da escravatura, que se dedicam ainda a perseguir seus carrascos, carregam em seus perispíritos, após séculos, os estigmas das violências sofridas. Cristalização? Bloqueio? Ignorância acerca da plasticidade do perispírito? Desconhecimento da complexa anatomia e fisiologia humanas e da atuação da mente, impedindo a modelação perispiritual? Necessitam esses Espíritos, para normalizarem seus corpos, da atuação de técnicos a recompor seus órgãos afetados por, somente estes, dominarem técnicas desconhecidas até então por nós?

Consultamos os amigos espirituais. Gostaríamos de observar amputados. A resposta veio rápida, com o incentivo costumeiro em casos tais, quando a finalidade do que se faz obedece aos propósitos do bem comum.

Psicofonia: Rose Kropper (técnica em estrutura molecular do perispírito).

... Quando um Espírito apresenta em seu perispírito um dedo decepado é porque a sua mente assim o imagina. Mas nós, Espíritos

O perispírito e suas modelações   169

que estudamos e compreendemos a estrutura molecular do perispírito, sabemos que é suficiente que ele pense, vibre na forma mental do seu dedo, para que ele se recomponha. Ocorre que existe um bloqueio mental, e aquele Espírito é então trazido às reuniões mediúnicas, para que através da psicofonia, ele, com a sua mão justaposta à mão do médium, sinta mover o dedo que não existe. É como se aquele dedo tomasse uma forma utilizando a fôrma do médium. Isso produz um desbloqueio na mente do amputado, no que ele começa a recriar mentalmente o seu dedo, auxiliado logicamente pelos Espíritos amigos, através de técnicas hipnóticas, para que haja uma harmonização perispiritual.

O doutrinador poderá orientar essa reconstrução, induzindo o amputado a mover a mão, o dedo que não existia, convencendo-o de que a operação foi bem sucedida.

— *E no caso de uma perna, um braço, um órgão maior?*

— É muito mais complexo. Vocês observaram os retalhados. (Espíritos que, quando encarnados, atiraram-se sob as rodas de um trem, danificando o perispírito). Nesse caso, há uma profundidade nas lesões, determinadas pelo forte desejo de destruição. Esse desejo de inexistir, de se anular, o choque alucinante da dor, a continuidade do momento clímax do suicídio que não o abandona, enlouquece o Espírito. O que esperar de um louco brutalizado pela dor, cujo pensamento está coagulado em momento de pungente pesar? Os técnicos precisam esperar a crise passar. É necessário drenar a pesada carga de vibrações letais.

A depender dos méritos de cada um, tais irmãos podem ser levados às sessões espíritas, para que os médiuns, em procedendo ao choque anímico, os auxiliem. Todavia, em ocasiões assim, o tempo, as reencarnações dolorosas, o amor de Deus é que são os construtores dos órgãos danificados. Nosso trabalho nesse caso não se reveste de muito proveito. É como fazer castelos de areia perto das ondas do mar. Poderíamos modelar os órgãos, mas as ondas vibratórias do grande mar do sofrimento do suicida os desfariam instantaneamente.

No mais, como nada que se faz em louvor ao bem é inútil, esse período de sofrimento atroz lhe é necessário para desgaste de suas vibrações e fortalecimento do seu instinto de sobrevivência e de sua autoestima. A dor, pirogravando em sua mente esses instantes, formará uma espécie de automatismo que o afastará do suicídio, como nos afasta do fogo. Além disso, não nos é permitido alterar a lei cármica na qual ele se inseriu como culpado, por livre decisão. À proporção que ele se pacifique, ocorrerá o mesmo com suas células trituradas.

— *Será possível a um Espírito de mente harmonizada e conhecedora dos mecanismos fluídicos e perispirituais, recompor enquanto encarnado a perda de um dedo?*

— No presente estágio evolutivo, não. No plano espiritual, devido à plasticidade da matéria isso seria possível. Mas no plano material, embora ocorram cicatrizações promovidas pelo automatismo do duplo etérico, este não está apto a substituir órgãos perdidos. Repito que não podemos desviar o rumo da vida desses Espíritos que se mutilam. Aqui em nosso mundo, como aí, o pensamento é vida, se materializa. Se alguém se fere propositadamente, a lei deve seguir seu curso.

— *Há pouco você me falou que o duplo etérico ajuda na recuperação de células do físico. Como isso ocorre?*

— O duplo etérico, absorvendo a vitalidade do meio físico--espiritual, auxilia o corpo físico em seus impulsos disciplinadores, no sentido de se deixar modelar pelas linhas de força que o perispírito lhe desenha. O corpo físico é dotado de seu próprio sistema regulador, que o impulsiona a alimentar células sadias e a reparar células gastas. Todavia, recebe para isso a ajuda do duplo etérico e do perispírito. O primeiro organiza um sistema defensivo contra as agressões celulares, e o segundo mantém a forma humana frente ao desgaste e a renovação celular. Todo o complexo, corpo físico-duplo etérico-perispírito--corpo mental-Espírito, funciona em perfeita harmonia, em simbiose impecável, razão pela qual nos é difícil falar separadamente de uma parte dele.

No caso de mortes naturais, as células físicas perdem a vitalidade, após desligados definitivamente todos os centros de força que abastecem e unem o perispírito ao corpo denso. Em alguns casos, antes do desligamento dos centros de força, o perispírito ainda absorve pequena porção de vitalidade física, a depender da idade do corpo físico e do tipo de enfermidade do desencarnante. Após o

O perispírito e suas modelações 171

desencarne, a vitalidade das células perispirituais segue o seu curso através da captação de energias da Natureza pela atuação fisiológica do perispírito no meio que agora habita.

No suicídio, além das células físicas, morrem também as células perispirituais afetadas, impossibilitando ao perispírito como um todo, reabastecer-se naturalmente. Nesse caso procede-se a uma doação fluídica semelhante a uma doação sanguínea.

— *E como isso é feito?*

— Nas reuniões mediúnicas, retira-se dos médiuns e dos circunstantes o material necessário para modelagens e abastecimento celular dos enfermos. Aqui entre nós, pesquisadores dominam a técnica da retirada e reposição de vitalidade celular. Todavia, não tenho autorização para transmitir essa informação.

— *Pode ao menos fazer uma comparação?*

— Sim! É como uma transmissão através de capilares sanguíneos, quase não notada pelos médiuns ou pelo enfermo.

— *E no caso do amputado que trouxe o carma da amputação. Essa informação é fruto do seu mapa cármico exclusivamente ou concorrem para tal evento, fatores genéticos?*

— Geralmente esses fatores encontram-se relacionados. O mapa cármico traz a informação de que um braço deverá ser amputado. Então o indivíduo um dia se verá diante de uma máquina que lhe roubará o braço, de um acidente, ou mesmo de simples ferida onde a gangrena torne imperiosa a amputação. O mapa genético pode influir como fator secundário. A combinação de genes nas células reprodutoras, por ocasião do reencarne, poderá estabelecer para o futuro, condições que possibilitem desarmonias, deficiências, ou mesmo que concorram e possibilitem o ato traumático da amputação. Nesse exemplo, a genética do indivíduo age como fator concorrente, e não determinante, pois o que faculta a amputação é o carma.

Temos ainda a considerar dois fatores. Se o indivíduo, ao reencarnar, tomou conhecimento da prova e a aceitou com resignação, ou se, por outro lado, dela tendo conhecimento não a aceitou, abrigando em si o sentimento de revolta e de inconformismo. No primeiro caso, o amputado ao desencarnar, passará por um processo de modelagem rápida, se condicionou-se a se sentir amputado, readquirindo a sua normalidade perispiritual. Se ele traz a consciência de que a sua prova foi superada com êxito, não restarão sequelas em seu perispírito. Isso é possível, devido a aceitação da prova evitar o surgimento de um bloqueio mental que venha a interferir no processo de modelação do membro amputado. Nesse exemplo, pela consciência antecipada da prova e pela aceitação do traumatismo físico sem mágoas, ele se credita diante do plano espiritual a que o seu perispírito seja recomposto logo após o pagamento do seu débito. O outro lado da questão é quando não existe a aceitação da prova, a insubmissão geradora de complexos e revanchismo.

O Espírito nessas condições, ao desencarnar, terá realmente aquele órgão ausente, visto ter sido a ausência um fator de revolta, alimento revigorante da cristalização da própria ausência. Aqui, os técnicos utilizam recursos magnéticos retirados do fluido universal, do fluido ambiental, para a formação de um novo órgão, que se materializará quando a rebeldia do acidentado amenizar.

— *No caso de uma perna amputada, a substituição é feita pela introdução de uma perna mecânica?*

— Não! A perna mecânica é suposta. É uma perna que se forma, tem células, neurônios, ossos, se encaixa e não deixa cicatrizes.

— *E sobre as sensações e impressões que os amputados sentem no órgão ausente?*

— As sensações de calor, frio, dor, são oriundas do condicionamento mental, adquirido antes da amputação, no qual o órgão enviava estímulos ao cérebro, ocasião em que este os registrava e reagia aos seus efeitos. Quando a amputação é recente este fato é notável, tanto por causa das terminações nervosas existentes no local da amputação funcionando como fios expostos a captarem estímulos favorecendo a recapitulação de sensações vividas, quanto pelo fato de a mente não estar acostumada ou condicionada à nova situação de ausência. À proporção que a mente aceita o fato e se prepara para atuar nas novas condições, essa sensação de existência de um membro fluídico no local do membro amputado desaparece.

Sendo o pensamento um agente modelador, o "pensar e aceitar a mutilação" faz regredir qualquer resquício perispiritual que ultrapasse o espaço físico onde houver mutilação, o que poderia funcionar como

O perispírito e suas modelações   173

veículo condutor para o Espírito, de alguma sensação exterior.

No mais, essas sensações são passadas pelo duplo etérico ao perispírito, que as repassa ao Espírito. Como o duplo etérico após a amputação vai se extinguindo gradativamente do local, tal como acontece na morte, que o desliga do corpo para fazê-lo voltar ao reservatório universal, essa impressão do membro vivo e inexistente tende a desaparecer com a sua dissolução. Aí então, sem esse agente condutor intermediário entre o perispírito e o corpo, cessam as sensações de fato, podendo restar lembranças dessas impressões ou sensações, que podem ser tomadas como efeitos reais, em virtude do condicionamento que aos poucos vai sendo substituído pela realidade da ausência.

— *Podem ser retiradas células de um local do perispírito e colocadas em outro como em um enxerto?*

— Esse não é o caso. O que vai gerar a perna é o pensamento dos técnicos, com o material retirado do fluido universal e do ambiente. Não ocorre isso de tirar um pedaço; as células que se formam tomam vida, são criadas, e a perna possui sangue, nervos, vitalidade e é permanente. Finalizando, lembro: o conhecimento anterior da prova e a sua aceitação é que favorecem ao amputado físico a sua plenitude e beleza perispirituais.

A reunião de estudos prolongou-se com o desdobramento de outros médiuns para observação de amputados.

... Encontro-me em um pavilhão onde existem inúmeros Espíritos cujos perispíritos se apresentam deformados. Alguns são hansenianos, cuja doença forçou amputações e aqui se encontram em tratamento. O quadro é muito triste. São pernas, braços, mãos, que estão ausentes nesses Espíritos. Estou em frente a um rapaz que está com a perna direita amputada até o tronco. Os instrutores me pedem para ficar atenta, observando em detalhe a perna amputada, e percebo o corte que a retirou; mas, ao mesmo tempo, diviso uma perna transparente em substituição à ausente. Acontece que o amputado não percebe essa perna. Vejo-a como um plástico sem brilho, à semelhança de uma película de ovo.

174 — Luiz Gonzaga Pinheiro

— *É uma fôrma vazia?*

— Sim! Por causa do bloqueio mental do amputado, ele não ajuda na materialização de sua perna e nem ao menos percebe a outra que é transparente. Os técnicos dizem que a perna invisível para o Espírito faz parte do corpo mental, e que só em reuniões posteriores conheceremos melhor os detalhes desse corpo. Nesse instante, estão fazendo uma avaliação com o rapaz. Afirmam que ele tem a perna, mas ele não acredita. Então o submetem a um teste. Colocam-lhe um aparelho na cabeça e observam a sua reação para com a perna ausente. Quando os técnicos afirmam que ele possui a perna, o aparelho que ele tem na cabeça emite pequenas ondas, adensando um pouco a perna transparente. Contudo, quando o amputado olha, a perna volta a ser a mesma película de antes, portanto, invisível para ele.

O instrutor me leva a observar outro amputado. É um rapaz sem o antebraço. Os técnicos estão fazendo uma espécie de hipnose. Aqui o tratamento já difere do caso anterior. Apenas colocam a mão sobre a cabeça do paciente e ele parece adormecer. Dizem então: Agora seu braço está completo! Sua mão está perfeita! É incrível! Parece mágica! A mão dele está realmente se formando. O instrutor está explicando que a substância plasmadora agora usada foi retirada de nós, das plantas e do ambiente.

Pediram-me para sentar, para que possam retirar do meu perispírito a vitalidade para aquele órgão faltoso. Explicam-me que vou ficar um pouco cansada, mas que eles vão repor o que foi doado. Estou sentindo o meu braço totalmente dormente. Observo que todo o antebraço e a mão do amputado estão se formando. Continuo sentindo dormência em meu braço, tal como se a vitalidade, a sensibilidade, houvesse sido transferida para o braço formado.

— *Se esse Espírito que teve o braço formado acordar do transe hipnótico e pensar que não tem o braço, ele se desfará?*

— Esse é um caso que requer terapia intensiva. Passará por isso até despertar e concluir que tem o braço. Por isso eles estão aqui separados. Todos sabem que fazem esse tratamento; uma espécie de fisioterapia. Mesmo sabendo da possibilidade de existência do braço, suas mentes estão bloqueadas e não conseguem promover a materialização do membro amputado. Passam pelo transe hipnótico,

O perispírito e suas modelações

e quando acordam, olham o membro e ele não está lá.

— *Então por insistência, eles vão ter que admitir que podem recompor seus membros?*

— Sim! Muitos são levados às reuniões mediúnicas, para que, incorporados, possam sentir as pernas em movimento, as mãos, que na realidade são as do médium. Isso ajuda na retirada do bloqueio existente em suas mentes. Agora iremos a outro local, para observação de outros casos.

... O primeiro é de um Espírito que desencarnou devorado por uma fera. Esse caso é diferente daqueles pelos quais passaram os primeiros cristãos. Estes possuíam fé, eram conhecedores da vida futura, amavam a causa e já viviam semilibertos da matéria, ainda encarnados. Por isso, seus perispíritos não apresentavam após seus desencarnes nenhuma mutilação. No caso desse irmão, ele registrou muito profundamente o momento da morte, do estraçalhamento do seu corpo pela fera. Observo a cena mental que se cristalizou em sua mente. É o momento em que a onça o apanha e o retalha, como faz com outro animal qualquer. É um sofrimento muito intenso, pois esse registro está fortemente impresso em sua mente, dificultando a ação dos benfeitores espirituais.

Seu perispírito apresenta profundas marcas de dentes e unhas. O estômago e uma das mãos estão bastante roídos. Ele encontra-se sob uma redoma, para que as vibrações de intenso sofrimento não prejudiquem aos demais. Eu o vejo, como se nesse exato momento ele tivesse sido atacado. Sinto o seu sofrimento. É terrível! Na sua mente só há um grito de pavor. Esse é o motivo do seu isolamento. Não havia nele nenhum preparo para a morte. Foi pego de surpresa, apesar de já estar comprometido com esse gênero de morte. Se não fosse este, seria outro semelhante.

Ele passará por um tratamento muito demorado a fim de recompor as células consumidas. Essa reposição é tentada em trabalho quase microscópico. Os técnicos utilizam os recursos de ligamentos de células, como se realmente estivessem colando o tecido perispiritual. É engraçado como ao toque deles as células parecem recompostas. Mais uma vez enfatizam que o perispírito desse homem só está danificado devido à sua ação mental em desalinho. Por haver cristalizado o instante dramático de sua morte, deseducado que foi em vida, não se encontra preparado para enfrentar tão delicado transe. Este irmão também poderá ser atendido em reuniões mediúnicas, para ter a oportunidade de sentir seu perispírito refeito, livrando-se de tão cruel dilema, à proporção que entenda que pode contribuir para a sua cura. O médium que o atender traduzirá o inenarrável sofrimento de que ele é portador. Gritos de pavor, estertores, enlouquecimento, urros, cenas comovedoras, onde a incorporação facultará uma descarga de energias doentias, no que o médium as absorverá e as eliminará, diminuindo a alta tensão e o estado de loucura do infeliz. Encostado a um corpo saudável, o do medianeiro, o paciente sentirá por instantes, e para isso o doutrinador deverá chamar a sua atenção no sentido de retirá-lo da monoideia, os órgãos em seus devidos lugares, a pele não mais molambenta e carcomida, podendo, ao apalpar-se, sentir a normalidade que perseguia, sem ter forças nem lucidez bastante para alcançá-la.

O instrutor diz que isso não ocorrerá como um passe mágico. Esse pavor o seguirá por muitos anos, até que ele entenda o mecanismo da lei, a plasticidade perispiritual, o poder modelador da mente, tornando-se livre na verdadeira interpretação da afirmativa de Jesus quando disse: "Conhecereis a verdade e ela vos libertará." Traumas assim não são fáceis de curar. É possível que este paciente leve para vidas posteriores o medo de animais, fobias inexplicáveis para seus familiares, no que se refere a andar pelas matas, sustos e sobressaltos ao ouvir gritos e urros desde que não administre bem sua dor de agora.

Desdobramento

Esse caso refere-se a um Espírito que desencarnou naquele acidente de avião aqui na Serra de Aratanha, quando os corpos dos tripulantes foram fragmentados e atirados nas redondezas. O instrutor afirma que alguns passageiros se libertaram do corpo físico sem nenhum contratempo, devido a créditos que possuíam. Outros permaneceram ligados aos restos mortais, horas ou dias, tempo

O perispírito e suas modelações

exigido para se liberarem das energias vitais grosseiras a que estavam acostumados; outros, ainda, procuraram o auto-anestesiamento, dormir sono profundo e demorado, sem vontade de acordar e de enfrentar a realidade sofrida.

Os que não encararam a morte com pavor, por possuírem certa paz de consciência, mesmo de corpos físicos explodidos, breve se restabeleceram. Esse irmão que estou observando, está totalmente alucinado. Ele vê os pedaços do seu corpo pendurados em árvores. Na confusão mental em que se encontra, sente-se fragmentado e ao mesmo tempo vivo. Põe a mão no corpo e sente a falta dos pedaços; procura então pelos órgãos. Ali o fígado; acolá a perna.... Os mentores colocam a mão sobre a sua cabeça e ele adormece. E, então, coisa interessante!... Os pedaços voltam a se unir. Quando ele desperta sobressaltado, as partes reunidas se separam. É como se ele explodisse a cada vez que se lembra do fato.

O tratamento neste caso será mais mental que artesanal, pois é inútil unir os órgãos sem a pacificação da mente. A primeira batalha é convencê-lo de que está "vivo". Ele não vai acreditar, mas isso irá persistir, como uma espécie de lavagem cerebral, até que fique convencido da sua imortalidade. O trabalho será longo e árduo para ele.

Acredito que, com essas observações, podemos concluir que Paulo de Tarso, detentor de muitos méritos, conhecedor do perispírito, a que chamava de corpo espiritual, missionário e Espírito de elevada hierarquia, não levando nenhum pavor do gênero de morte a que foi submetido, tanto pelo poder mental que possuía quanto pelos conhecimentos adquiridos, teve o seu perispírito imune à lâmina que lhe decepou a cabeça. Em verdade não é a lâmina que separa a cabeça do corpo, mas o pensamento fixo no poder da lâmina, no efeito que ela causa ao corpo físico. O apóstolo sabia que o corpo perispiritual sobreviveria à morte. E mais: que a verdade liberta dos grilhões da ignorância; que esta pode manter degolado um perispírito e aquela torná-lo harmonioso mesmo quando lhe decepa o envoltório carnal.

O degolado interpelado por Kardec, condenado a ser decapitado devido a seu desregramento, homem desvinculado do aspecto religioso e moral, sem nenhuma comiseração para com suas vítimas, sendo ainda desconhecedor do corpo perispiritual em sua complexidade, permaneceu decapitado perispiritualmente, embora sentindo-se vivo e conservando a sua individualidade. Por quê? O fato de ter sido decapitado passou a ser o centro de suas atenções deixando retratar em seu perispírito o foco do seu pensamento.

Creio que podemos resumir o capítulo com as palavras de Jesus: "A cada um será dado conforme as suas obras."

CAPÍTULO 41

O PERISPÍRITO FRENTE ÀS MORTES PREMATURAS

Na problemática do aborto imagina-te ansiado pelo ingresso em determinada oficina, de cujo salário e experiência necessitas para efeito de aperfeiçoamento e promoção.
Alcançando-a pelo concurso de mãos amigas, alimentas a melhor esperança.
Em tudo, votos de paz e renovação aguardando o futuro.
Entretanto, ainda nesta hipótese, observas-te em profundo abatimento, incapaz de comandar a
própria situação. Assemelhas-te ao enfermo exausto, sem recursos para te garantires e sem palavra que te exprima, suplicando em silêncio a compaixão e a bondade daqueles aos quais a sabedoria te confiou a necessidade por algum tempo e a quem prometes reconhecimento e veneração.
Mentalizado semelhante painel, reflete no desapontamento e na dor que te tomariam de assalto se te visses inesperadamente debaixo de fria e descaridosa expulsão, a pancadas de instrumentos cortantes ou a jatos de venenosos agentes químicos.
Nessas circunstâncias, que sentimentos te caracterizariam a reação?

Mensagem de Emmanuel – Psicografia de Chico Xavier

O PERISPÍRITO FRENTE ÀS MORTES PREMATURAS

1. A GESTAÇÃO COMO MODELAGEM

Quando o perispírito é danificado severamente, compromete o Espírito em várias encarnações, sempre dolorosas, quando não frustradas, pela impossibilidade da coexistência pacífica com o físico, uma vez que a fôrma defeituosa não é capaz de produzir uma forma harmoniosa.

Tal acontece com o suicida que, desejando anular-se, evadindo-se do desespero de que é tomado, atira-se sobre os trilhos dos trens, lança-se edifício abaixo, retalha-se à navalha, ingere ácido e demais gêneros dantescos de superlativa dor. Seu perispírito igualmente macerado, marcado com amputações profundas, sob a ação mental que cristalizou o instante agônico, permanece nesse estado anos seguidos, necessitando, às vezes, de várias encarnações para que haja uma remodelagem ou reestruturação celular.

Esse Espírito ao encarnar, devido às suas vibrações danosas, pode levar a mãe ao desencarne, intoxicando-lhe o corpo, culminando em tragédia em que ambos padecem. Tal acontecimento, portanto, é de prévia programação no plano espiritual, onde Espíritos comprometidos com a lei aceitam a maternidade nessas condições, resgatando antigas promissórias, cujo débito aguardava na contabilidade divina o instante da quitação.

Muitos desses suicidas necessitam de algumas existências momentâneas na carne, sobretudo para o contato físico, ocasião em que ocorre uma rearrumação nas moléculas perispirituais por força da formação do novo corpo, que funciona qual agente modelador, refazendo estruturas antes trituradas ou retalhadas, sendo esta a causa de muitas mortes prematuras.

Apesar de no momento da concepção ligar-se uma fôrma perispiritual deformada ao óvulo fecundado, ela vai se revestindo com a matéria orgânica, tomando uma forma humana, forçando as deformações a justas correções, no que melhora o aspecto anatômico--fisiológico do conjunto, a cada tentativa de encarnação. Braços atrofiados, pernas ressequidas, cabeça desproporcional, mas com as tentativas seguintes, consegue-se a forma adequada. No mais, com o esquecimento promovido pela redução perispiritual, volta a supremacia do instinto de sobrevivência, dos automatismos já conquistados pelo Espírito, que são fatores condicionantes secundários a forçar uma modelação segundo as determinações harmoniosas da Natureza.

2. O ABORTO

Qualquer que seja o método utilizado para provocar o aborto, este atinge o perispírito do reencarnante. É comum chegar aos hospitais do plano espiritual, crianças com feições perispirituais totalmente deformadas. São as retalhadas, as queimadas, as esquartejadas, pois as amputações profundas que sofreram no físico, desde que tenham sido espectadoras da sua desgraça e com ela tenham se envolvido entrando na faixa da revolta, vingança ou similares, provocam, igualmente, amputações no perispírito.

Observamos tais crianças alojadas em espécies de berçários, com seus corpos apresentando as características do método abortivo pelo qual passaram. Notamos em particular uma criança de cerca de seis meses, apresentando cicatrizes profundas, sob algo, à semelhança de uma incubadora, dotada de canos transparentes onde se via uma substância azulada que recaía sobre seu corpo. O efeito dessa substância, espécie de luz, era provocar a união nas aberturas epidérmicas, que se mostravam delicadas a princípio, qual tênue película, mas aos poucos se adensavam normalizando o tecido cutâneo. A criança reagia e chorava incomodada, qual se sentisse dores profundas. Explicou-me o médico (instrutor), que a atendia, que aquela substância luminosa era um misto do fluido universal com fluido vital, unido a outro tipo de fluido de natureza superior.

No mesmo hospital, em outra ala, em uma espécie de UTI, crianças deformadas jaziam em profundos sangramentos, colocadas dentro de recipientes, quais se fossem réplicas de um corpo infantil, talhadas em fôrmas para remodelagem dos seus perispíritos. Muitas delas eram apenas restos que não chegavam a separar-se totalmente, devido à leve película que os unia. A aparência, contudo, era de haverem sido retalhadas ou esquartejadas. Esses pedaços eram colocados na referida fôrma, que funcionando qual útero artificial promovia uma gestação complementar, onde a médio prazo, fazia surgir a pele, os vasos sanguíneos, as unhas e demais órgãos. É como se outro perispírito estivesse sendo formado em substituição ao antigo outrora deformado. A mente do Espírito (explica o instrutor) em nada interfere no processo modelador, de vez que se encontra em estado semelhante ao coma provocado, para que a sua atuação mental traumatizada ou quiçá cristalizada não interfira negativamente na modelagem.

Ainda, em outra ala, observamos uma criança que se fazia acompanhar por uma sombra de adulto, que a ela se ligava. Esta criança (comentou o instrutor), por ocasião do esquecimento, não perdeu totalmente a consciência. Houve uma redução perispiritual sem a perda total da realidade, o que está provocando grande confusão mental no Espírito que ora age como criança e ora procede como adulto.

— *Mas por que ele não passou por um esquecimento total?*

— Ele já desconfiava de que seria rejeitado. Sentia-se inseguro e ficou em guarda, na defensiva contra algum gesto agressivo da mãe. Isso dificultou o esquecimento deixando certas lembranças vivas. Poder-se-ia até dizer que o seu instinto, no setor que zela pela sobrevivência, ficou em alerta, ciente de que adentraria terrenos perigosos ou porto inseguro.

A luta entre eles (filho e mãe) já vem de longe, e esta foi mais uma oportunidade perdida no difícil capítulo da reconciliação. Ele deverá passar por um novo processo de esquecimento; total desta vez, para que a sombra que o acompanha (seu corpo mental) igualmente seja reduzida, iniciando o crescimento normal como as crianças encarnadas na Terra o fazem.

— *Por que Deus permitiu o reencarne se sabia antecipadamente que ocorreria o aborto?*

— Deus não tolhe o livre-arbítrio dos Espíritos. Ele sabia que Hitler, Stalin e um "sem-número" de criminosos poderiam sucumbir uma vez mais ao poder e assim matariam milhões de pessoas. Como a aprendizagem no presente estágio se faz mais sob os impositivos da dor que pelas diretrizes do amor, cada um colhe o que semeia e aprende como lhe convém. Todavia, casos há em que o BASTA divino acaba com as querelas e insubordinações aparentemente sem limites. Se Deus não tivesse em mãos as rédeas do Universo, nenhuma certeza teríamos de ver concretizados nossos projetos de paz e nossos sonhos de felicidade.

3. DESENCARNE NO PERÍODO DE GESTAÇÃO

Em outro contato com o plano espiritual, observamos uma mulher gestante com várias perfurações à faca. O médico espiritual, Dr. Albert, procedeu ao parto. Através de exame superficial, notamos que as perfurações atingiram a criança, retirada à maneira cesariana e colocada em grande tubo de ensaio. Ela apresentava um braço ressequido no qual se destacava grande cicatriz. Voltando o olhar para a mãe, notei que seu braço fora decepado, e por apresentar-se cicatrizado à altura da lesão concluí que tal acidente não fora motivado pela arma que a vitimara. Disse o médico: se ele chegasse a reencarnar, todos diriam tratar-se de um problema hereditário. Mas não é. Esses dois Espíritos comprometeram-se em encarnações passadas, quando se envolveram em relação culposa com eventos que provocaram vasta cota de sofrimentos a seus irmãos, no que lesaram seus perispíritos. A criança deverá crescer normalmente, e, quando atingir a idade de entender a razão de sua deformidade, passará por uma cirurgia reparadora. Deverá saber que aquela lesão é uma consequência de seus atos indignos no passado. A mãe igualmente sofrerá cirurgia restaurando suas perfurações.

No mapa cármico dessa mulher, o acontecimento estava previsto, não como ocorreu. Ela deveria sofrer as perfurações por um acidente, ou por outro método qualquer; só que a previsão não era para esta data enquanto a gestação se efetuava. O homem que a matou, e que é seu inimigo do passado, apenas precipitou o acontecimento.

A criança deveria nascer e resgatar seus débitos. O homicida comprometeu-se por força desse ato impensado a trazer em seu mapa cármico as lesões que provocou a ambos.

Continuando a reunião, os Espíritos promoveram o desdobramento em um dos médiuns, que é levado a um hospital, espécie de maternidade no plano espiritual, para observações e estudos sobre o perispírito.

O médium descreve o que presenciou em tom emocionado.

Encontro-me em um hospital... Parece-me especializado em problemas de gestação. Não estou mais usando a roupa com a qual me desdobrei, e sim uma bata lilás. Os técnicos que me acompanham igualmente usam a mesma vestimenta. Estamos observando o caso de uma mulher gestante, já no sexto mês de gravidez, e que desencarnou em um acidente automobilístico. A sala onde me encontro é em tudo semelhante a um centro cirúrgico. A mulher observada encontra-se em uma cama de formato específico para parto, e a sua posição é adequada ao parto normal. Noto que ela sente dor. Diz o técnico que realmente vai ocorrer o parto, porque ambos desencarnaram com o choque e não conseguiram se desvencilhar um do outro. A mulher não sabe que desencarnou nem vai saber por enquanto. Vejo a criança nascendo, da mesma maneira que os nossos bebês na Terra; ele já está todo formado. (Meu Deus! Que coisa linda!). Explicam-me que esse perispírito, devido à redução pela qual passou para ser acoplado ao útero, ao esquecimento a que foi submetido e ao alongamento da gestação fazendo com que ele estivesse apto a viver na Terra, deverá passar por um retorno ao estágio pré-encarnatório, quando era consciente e adulto. Algo como se ele tivesse que esquecer o que esqueceu, voltando a ser simplesmente Espírito, aqui no mundo espiritual.

Pergunto-lhes a razão de todo esse trabalho, de vez que a criança estava predestinada a não nascer. Respondem que não me precipite, pois saberei de tudo em breve.

A criança, prosseguem, vai ter um crescimento diferente daquelas que reencarnam, vivem algum tempo e desencarnam. Ficará em uma incubadora e seu crescimento será mais rápido por não ter havido uma vinculação com a matéria de maneira prolongada. O crescimento dessa criança será acelerado pelos técnicos, que atuarão em sua mente, fazendo-a inclusive reassumir a sua personalidade já firmada antes do esquecimento para nascer. Agora respondem à minha indagação anterior. Foi uma prova necessária para esse Espírito, em razão de um suicídio cometido por ele no passado. Ele teria que submeter-se ao processo do nascer de novo, somente para harmonizar partes do seu perispírito, o que, graças a Deus, dizem os instrutores, aconteceu. No entanto, ele necessita reencarnar brevemente.

Quando estiver despertando aqui no mundo espiritual, ele terá que tentar novamente o reencarne, mas agora com grande probabilidade de sucesso graças à modelagem pela qual passou.

O perispírito e suas modelações

Sou levado nesse instante até a mãe da criança. Ela viu o filho e se sente aliviada; confirma aquela ternura que toda mãe mostra ao olhar o filho pela primeira vez. Os técnicos vão submetê-la a um transe hipnótico, para que ela não se lembre do ocorrido e possa refazer-se, no que será levada às reuniões mediúnicas para ser auxiliada e tomar conhecimento do seu drama. Ela não poderia receber a notícia do seu desencarne de maneira brusca, afirmam os técnicos. A carga de fluidos tóxicos gerada pela dor e o desespero, sufocaria a ela e a criança.

4. O CRESCIMENTO DO PERISPÍRITO

Perguntei ao instrutor sobre o crescimento do perispírito em crianças. Como ele ocorre no plano espiritual?

— Após a morte física, o perispírito obedece ao ritmo do crescimento terreno, retomando com o tempo a sua estatura de adulto. As crianças desencarnadas continuam a crescer, despertando a mente e desvencilhando-se da forma reduzida, na razão direta do seu poder mental. Os Espíritos mais evoluídos imprimem à sua vontade uma maior rapidez no crescimento, o que não ocorre com os menos evoluídos. Temos aqui, entre nós, técnicos de aceleração do crescimento, onde o perispírito dentro de alguns dias sai de sua aparência infantil para transformar-se em jovem, como se houvesse envelhecido, nesse espaço de tempo, dez ou quinze anos. Nesse processo, que envolve regressão de memória, o Espírito assume seus conhecimentos anteriores.

5. OBSESSÃO PÓS-ABORTO

Perguntei ainda qual seria a condição do Espírito após ser vítima do aborto, quando tolhida a sua encarnação, passando este a proceder como feroz inimigo daquela que lhe seria mãe, iniciando severa obsessão. Ele perseguiria sua mãe como criança ou adulto? E o esquecimento a que fora submetido, permaneceria?

— Se uma gestação é interrompida, quer no primeiro ou no nono mês, o Espírito é acolhido em hospitais para tratamento e desenvolvimento normais. Contudo, em alguns casos de abortos provocados, notadamente quando não é a primeira vez para aquele Espírito, a depender do seu estado evolutivo, ele pode rebelar-se e ficar junto da candidata e fracassada mãe para obsidiá-la. Casos há em que o ódio gera um desbloqueio no processo de esquecimento, e o Espírito, lúcido quanto à realidade do fato, mas, perturbado quanto a seus efeitos, inicia tenaz perseguição.

Ocorre algumas vezes nesses casos de mais de uma tentativa frustrada, de o Espírito reencarnante, mesmo submetido ao esquecimento, manter-se intimamente de sobreaviso, em expectativa silenciosa, vigilante, como se algum aviso secreto o mantivesse alerta para a culminância do fato. A depressão causada pelo fracasso anterior e a ansiedade que o acompanha, não favorecem um esquecimento profundo, permanecendo ele em rogativas mentais à mãe. Caso não seja ouvido em seus apelos, ele pode agasalhar a mágoa e a revolta por ocasião do aborto, gerando tal ato, o rompimento do dique que guardava as recordações, desfazendo o esquecimento, pelo menos parcialmente. Em situações como esta, o Espírito diante da agressão sofrida, pode ainda imantado ao útero materno, que deveria servir como santuário da vida e não a porta da morte, provocar inúmeros desarranjos no organismo da infeliz que o abrigava, que vão desde hemorragias graves até parada cardíaca, culminando com o desencarne.

Após o seu desligamento, reassumindo o domínio mental de antanho, este lhe faculta, mesmo à sua revelia, a condição perispiritual anterior, pois a mente sendo a artesã do perispírito se faz obedecer em generosa plasticidade. Não é, portanto, o tempo de gestação que permite ao Espírito assumir determinada faixa de idade, e, sim, a condição inerente a ele, sua orientação no tempo e no espaço, e ainda o seu relacionamento com os possíveis pais, levando-se em conta as leis de causa e efeito.

6. Gestação frustrada

O aborto, além de gerar problemas físicos naquela que o provocou, tais como: nascimentos prematuros, nascimento de filhos defeituosos, esterilidade, problemas de fator RH, gravidez nas trompas,

O perispírito e suas modelações

perfuração do útero caracterizando peritonite, irregularidades na menstruação, tonteiras e dores abdominais, deixa inúmeras sequelas psíquicas nas quais se destacam o remorso, a monoideia motivada pelo crime, a obsessão ou auto-obsessão, angústia, solidão e outras neuroses. Mas pode igualmente, em encarnações posteriores, determinar esterilidade, devido ao desajuste que o aborto provoca no centro genésico.

Em alguns casos, a mulher, nutrindo o desejo de ser mãe, impregna as células reprodutivas de acentuada carga magnética de atração, a qual, dirigida pela mente ansiosa, promove o encontro do espermatozoide com o óvulo, ficando a recapitular a cada instante a formação fetal, o que concretiza no plano carnal a criação de um feto sem que haja um Espírito*. Esse fato obedece às leis da Genética, que condiciona as células a se agruparem gerando uma forma humana. Concorre também para isso a intensa atuação mental da mãe, que, auxiliando o processo biológico, faz culminar o nascimento de um ser com vitalidade celular, mas incapacitado de viver devido à ausência do Espírito e do perispírito naquele corpo.

No sentido inverso, lembramos que a gestação pode não ser levada a termo, o que não é comum, pela recusa deliberada à gravidez, onde a mulher, pela sua atuação mental, desarticula os processos celulares do feto, interferindo negativamente na modelagem do novo corpo, que não consegue, apesar da fôrma perispiritual, ordenar-se em sua anatomia e fisiologia, sobrevindo-lhe a morte. Nesse caso, a mãe promove o aborto através de sua atuação mental. Se no desejo de ser mãe a mente ajuda na construção e modelação do feto, no sentido oposto, ela desarticula a modelagem, comprometendo-se em futuras encarnações.

NE:* Com efeito, aprendemos em O LIVRO DOS ESPÍRITOS que há casos em que se forma um corpo para o qual não foi destinado espírito algum. Neste caso poderia alguém alegar que o aborto aí não seria criminoso. Ocorre que quem esteja fazendo o abortamento não saberia se aquele corpo teria ou não teria uma alma. Além disto diante da Lei de Deus o que prevalece é a intenção com que se pratica uma ação. Assim, ainda que aquele corpo não tivesse para ele um espírito determinado, ainda assim prevaleceria o crime do aborto provocado, porque esta foi a intenção de quem o provocou.

7. Consequências do aborto no perispírito da mãe

O aborto provoca no perispírito da mulher que o pratica, desarmonias variadas, de repercussões imediatas e posteriores. Os chacras, esplênico e genésico, são invadidos por toxinas que se acumulam em forma de antígenos, a provocar, em futuros retornos à carne, divergências sanguíneas, moléstias nos órgãos genitais, deslocamento da placenta, hipocinesia uterina, salpingite tuberculosa, degeneração cística do cório, tumores na trompa e no ovário e numerosas patologias catalogadas ou não nos tratados de patogenia das nossas universidades.

O Espírito guarda em minudências e cores vivas os dramas vividos, aferindo de maneira milimétrica nossa participação na ventura ou na desgraça, alheia ou nossa, revertendo-a em felicidade ou desdita a ele incorporadas.

Quanto ao perispírito, refletor incorruptível da mente, através das impressões que deixa plasmar em obediência ao seu comandante, o Espírito, abre as portas do paraíso e as do "inferno", cabendo a cada um a escolha dos caminhos onde deixar impressas suas pegadas.

Mas, há séculos os homens sabem que o farol é Jesus. Perde-se aquele que o abandona.

CAPÍTULO 42

DEFORMAÇÃO PERISPIRITUAL PELA VICIAÇÃO MENTAL

Dedicadas ao exercício contínuo de tantas ações desarmoniosas, afeitas a tantas inconveniências e inconsequências, comumente durante longas décadas, essas entidades terminam por viciar não apenas a própria mente, como ainda as próprias essências, ou matérias sutis e maleáveis do perispírito, o qual se deforma ante os choques, por assim dizer magnéticos, das vibrações emitidas para o lamentável feito, se afeiam ante o domínio mental de tantas carantonhas e desfiguração da forma ideal perispirítica imaginada pela criação.
Mal-intencionadas e avessas ao Bem, tanto se fazem de feias e desagradáveis, deformando voluntariamente o perispírito, no só intuito de infelicitarem o próximo, mistificando-o até à obsessão, através do pavor e da alucinação que infundem, que, depois, quando percebem a conveniência de se deterem, porque prejudicam a si próprias, já não conseguem forças para se refazerem e voltarem ao natural.

Devassando o Invisível – Yvonne Pereira
(Cap. V)

DEFORMAÇÃO PERISPIRITUAL PELA VICIAÇÃO MENTAL

Em reunião mediúnica, com o objetivo voltado para a pesquisa sobre deformações perispirituais, os Espíritos promoveram o desdobramento em uma das médiuns, para que ela pudesse averiguar e descrever pequena falange de deformados por viciação mental, com repercussões em seus corpos perispirituais.

Os Espíritos observados podiam ser classificados como mistificadores-obsessores ou simplesmente levianos, pois ainda não haviam conquistado o senso moral adequado e nenhum resquício de fraternidade que lhes guiassem as atitudes, posto que viviam a onerar seus irmãos encarnados e desencarnados que com eles estabelecessem algum grau de sintonia.

Os distúrbios causados por esses Espíritos a quem lhes fosse simpático, iam desde a simples sensação de medo até a loucura completa, motivada pela observação constante de suas deformações, resultando daí mal-estar crescente e sufocante. Muitos que lhes sofriam a incômoda presença, nenhum prejuízo lhes haviam causado, sendo o motivo da pressão que suportavam a simples simpatia que demonstravam em observá-los, filha do descuido e da imprevidência.

Como existem invigilantes, tanto entre encarnados como em meio aos desencarnados, formando legiões que se apresentam surdas ao conselho da vigilância e da oração, existem também aqueles que lhes aproveitam o relaxamento para estabelecer intercâmbio que, em última análise, constitui-se em aula prática ministrada pela dor, utilizada como processo pedagógico na aquisição da lucidez espiritual.

Eis como a médium descreve o que observa:

Estou vendo pequenos seres, como se fossem anões, cada um deles portando diferentes tipos de anomalias; umas engraçadas e outras estranhas. Os instrutores explicam que todas as deformações a que assisto, foram provocadas por inúmeras brincadeiras maldosas e leviandades que os mesmos são hábeis em ministrar a quem lhes sintonize.

Como vocês sabem, diz o instrutor, o perispírito é extremamente sensível aos comandos mentais. Esses irmãos, pela continuada imitação de pobres aleijados, de quem zombam; pelas caretas que fazem para assustar ou se divertirem; pela tendência em se fazerem notar pelo que apresentam de bizarro ou grotesco e pela irresponsabilidade generalizada com que tratam a vida, terminaram por viciar a mente, e por via de consequência, a fôrma perispiritual que lhes obedece à regência.

Essa forma atual que cada um apresenta, é a mesma que foi plasmada para prejudicar seus irmãos e que agora, só através de longo curso de educação mental e cirurgias reparadoras, conseguirão modificá-la.

Os Espíritos nos recomendam manter um padrão vibratório

O perispírito e suas modelações

elevado, pois os irmãos que estamos observando são hábeis em sugestionar as pessoas. Eles apresentam formas muito engraçadas. Alguns com as pernas enormes e muito finas, de corpo volumoso, e outros, ao contrário, apresentam pernas muito grossas e corpo muito fino. Há os que se encontram totalmente deformados e já perderam a forma humana.

Estamos em uma espécie de galpão, e, ao meu lado, dois instrutores me orientam nas observações. Concentro minha atenção em um Espírito de braços curtos, como aqueles deformados que sofreram o efeito da talidomida. Interessante é que esses braços saem da barriga. Um dos instrutores pede que apure mais a visão na observação a que me atenho. Coloca a mão em minha vista e percebo como se ocorresse uma ampliação no poder visual. Percebo a figura de um rapaz, muito bonito e de corpo normal. Essa figura aparece como em tela cinematográfica e é uma imagem retirada da mente desse Espírito.

— *É a imagem do seu perispírito antes da deformação?*

— Sim! Observo que ele, quando encarnado, maltratava muito as pessoas. Fazia brincadeiras maldosas, criava cenas como se fosse deformado, imitava os paralíticos em gozação descaridosa, no que recebia petardos mentais destes, que em pragas silenciosas, mas altamente nocivas, solicitavam para ele, o infeliz gozador, uma deformação semelhante.

Quando esse rapaz desencarnou, continuou o mesmo crítico, leviano, maldoso e zombador das mazelas alheias, sobre as quais lançava o seu material de combustão, abrindo chagas putrescentes. De tanto mentalizar e imitar, terminou por entortar uma perna, após esforçar-se por aprimorar a imitação de um capenga. A mentalização forçou sua perna a apresentar o defeito que não mais lhe obedeceu ao retorno. Quanto mais tentava modificar o seu estado, no esforço de retornar à normalidade, mais deformava o perispírito; pois a cada modelagem, novos defeitos se seguiam, devido a sua mente agora portar o pavor das deformações que se sucediam.

Explica o instrutor que, nesse caso, somente cirurgias reparadoras e a educação mental, poderão resolver tal dilema. Eles são levados a escolas, para tratamento semelhante a uma fisioterapia, onde exercitam o perispírito. É realmente como uma fisioterapia. Observo alguns aparelhos onde alguns deles fazem exercícios nas pernas, nos braços, mas isso não é o suficiente, dizem. Além desse tratamento aqui ministrado, seguem-se aulas de educação corporal e mental. Alguns, mais conscientes do seu caso, conseguem modificar partes do perispírito, mas outros necessitam de cirurgia reparadora.

Observo um jovem que possui parte do pulso presa ao ombro, como se estivesse colada. O seu braço é normal, mas ele não consegue esticá-lo. Nesse caso específico, dizem os técnicos, será necessária uma cirurgia, para que ele sinta o desmembramento através da incisão ministrada, levada a efeito através de um bisturi.

Pedem para que você escreva no final deste capítulo que todo aquele que faz o mal é escravo do mal que faz, sendo impossível liberar-se de tal escravidão sem antes percorrer os difíceis túneis do sofrimento que liberta ou do amor que redime para a vida imortal.

CAPÍTULO 43

O PERISPÍRITO FRENTE

AO SUICÍDIO

Eu via por aqui, por ali, estes traduzindo, de quando em quando, em cacoetes nervosos, as ânsias do enforcamento, esforçando-se, com gestos instintivos, altamente emocionantes, por livrarem o pescoço, intumescido e violáceo dos farrapos de cordas ou de panos, que se refletiam nas repercussões perispirituais, em vista das desarmoniosas vibrações mentais que permaneciam torturando-os!
Aqueles, indo e vindo como loucos, em correrias espantosas, bradando por socorro em gritos estentóricos, julgando-se de momento a momento, envolvidos em chamas, apavorando-se com o fogo que lhes devorava o corpo físico e que, desde então, ardia sem tréguas nas sensibilidades semimateriais do perispírito! Estes últimos, porém, eu notava serem, geralmente, mulheres.
Eis que apareciam outros ainda: o peito ou o ouvido, ou a garganta banhados em sangue, oh! sangue inalterável, permanente, que nada conseguia verdadeiramente fazer desaparecer das sutilezas do físico-espiritual senão a reencarnação expiatória e reparadora! Tais infelizes, além das múltiplas modalidades de penúrias por que se viam atacados, deixavam-se estar preocupados sempre, a tentarem estancar aquele sangue jorrante, ora com as mãos, ora com as vestes ou outra qualquer coisa que supunham ao alcance, sem, no entanto, jamais o conseguirem, pois tratava-se de um deplorável estado mental, que os incomodava e impressionava até o desespero!

Memórias de um Suicida – Psicografia de Yvonne Pereira
(Cap. II, pág. 45)

O PERISPÍRITO FRENTE AO SUICÍDIO

1. O VALE DA DOR

Quando o Espírito desencarna, ainda traz consigo fluidos animalizados, bem como determinadas substâncias adquiridas pelo hábito alimentar e toxinas outras em seu perispírito, das quais necessita liberar-se para convivência harmoniosa no novo meio, o qual exigirá do seu organismo um metabolismo menos adensado, embora igualmente complexo.

A depender do gênero de vida e de morte, que em última instância são reflexos do estágio moral de cada ser, este poderá passar apenas algumas horas, em região compatível com a densidade do seu perispírito e do seu estado mental, vibratório e moral, desvencilhando-se da vitalidade e demais fluidos anímicos. Cortada a âncora que nos retém às ondas da matéria, encontramos o mar alto da espiritualidade; este é o destino irrevogável de todos. Mas, o porto que cada um encontra depende de como navegou em vida. Por esta razão, há os que passam dias, meses, anos nesse penoso drama, como acontece aos suicidas, o qual geralmente corresponde ao tempo que ele amputou de si mesmo, encurtando o calendário imposto ao seu retorno, para uma programação reencarnatória que trazia o selo do seu compromisso de honra.

Essa diminuição de tempo na matéria quando em caráter culposo, tal é o caso dos viciados, que impõem grande desgaste aos seus fluidos vitais e ao seu perispírito, e dos suicidas, os excluem da espiritualidade propriamente dita, pois não são livres para percorrê-la, limitando-se a região própria, ponto de convergência de mentes atormentadas, que se aglutinam pelo fenômeno da sintonia. Passam então por sofrimentos atrozes, pois que, ao tormento de um, adicionam-se as vibrações dos seus iguais, como se houvesse a repercussão do sofrimento sobre o sofrimento, resultando num somatório, cujo limite ou ponto de albergue, é a loucura completa sem perder a consciência.

Assim é o vale da dor, conhecido como vale dos suicidas. Indescritível pela linguagem humana. Incompreensível em sua essência para aqueles que lá não pernoitaram como vítimas, e que por tal sorte devem agradecer e louvar a Deus a assistência e a proteção. No vale da dor, cada habitante traz os estigmas do sofrimento lancinante e enlouquecedor. São como fantasmas que carregam em seus semblantes, o lodo, a lama das sepulturas, farrapos, coágulos sanguíneos e igualmente, o sangue que jamais cessa de jorrar, movimentando-se sem destino aparente sobre solo pestilento sem

O perispírito e suas modelações

vegetação ou flores; sob o céu escuro, como se constantes rolos de fumaça espessa encobrissem o sol. Assustam-se a cada momento ao impacto de cenas de afogamentos, enforcamentos, tochas humanas, estampidos de armas de fogo, esgares, vísceras expostas daqueles que ingeriram o ácido que corrói as entranhas.

É que o suicida, vibrando poderosamente na imagem retida na memória, formada no instante dramático do suicídio, materializa no ambiente, desde a forca na qual se deixou aprisionar o infeliz que nela se mostra com os olhos a saltar das órbitas, ao barulho e estalar de ossos em trituramento sob os comboios, retalhando não apenas o corpo, mas igualmente o perispírito daquele que, como última e verdadeira desgraça da vida, perdeu a esperança e a fé n'Aquele que o criou e ama.

Em muitas situações, antes de serem transportados ao vale, o auxílio imediato é subtraído, porque seu desequilíbrio gera absoluta incapacidade de sintonia mental, ficando os amigos espirituais apenas a vigiá-lo em caridosa expectativa.

André Luiz, em seu livro, *Missionários da Luz*, cita-nos o caso de Raul, que, havendo praticado o suicídio, dissimulando-o sob a farsa de um assassinato, ficou jogado sobre poça de sangue, quando um bando, composto por dezenas de Espíritos delinquentes, dele abusou, vampirizando-lhe os fluidos vitais, deslocando-o para outros sítios, efetuando-se o resgate quando as condições favoreciam o êxito da empreitada.

Por sua vez, Bezerra de Menezes, no livro, *Dramas da Obsessão*, narrando um caso de obsessão de desfecho suicida, descreve o local onde houvera dois suicídios, estando os dois Espíritos ainda no local da tragédia. Um deles vagava a bradar por socorro, pois despedaçara o crânio com um tiro, e o outro permanecia desmaiado, em coma, devido ao choque brutal do envenenamento, ocorrido há mais de dez meses.

A dor!... Como descrevê-la quando atinge proporções inimagináveis ao desvincular-se da fé e da esperança?

Oh Deus! Inspira aquele que tudo tem de material, ao transeunte absorto, ao religioso, ao indigente, ao solitário, ao contente, ao sofredor, ao poeta, ao romântico a orar por tais irmãos, porque sabemos ser

196 — Luiz Gonzaga Pinheiro

o único auxílio capaz de minorar a dor, balsamizar o sofrimento, suavizar a loucura; para que um dia possa nascer no vale sombrio uma roseira sem que suas rosas sejam imediatamente fulminadas pelas vibrações da dor.

2. A CRISTALIZAÇÃO DO PENSAMENTO

Todo suicida grava de maneira marcante a imagem trágica do seu ato trágico. Estaciona a mente no instante sofrido da fuga, que se constitui em registro da fragilidade de que é dotado frente às suas aflições, para ele intermináveis e superlativas. Essa cristalização da imagem, em muito dificulta todo e qualquer tratamento perispiritual, pois não dá margem a que nenhuma outra motivação lhe sobreponha, desviando o foco do cerne do seu problema.

Como a modelagem perispiritual requer a atuação mental do Espírito, que a mantém ou desfaz, fácil se torna entender por que o suicida é um paciente de difícil tratamento e de torturada aparência. Como terapia básica, os técnicos procedem a tratamentos psicológicos e psiquiátricos com a finalidade de subtrair da mente a cristalização incrustada, obstáculo imediato ao auxílio mental que o enfermo pode prestar a si mesmo.

Vejamos como o médium, desdobrado, descreve tal ensinamento: Albert manda que eu fixe o olhar demoradamente sobre os órgãos. Estão todos estraçalhados. Não existe o coração. É somente uma porção de carne. Ele diz que esse Espírito vai demorar muitos anos, até que venha a reencarnar. Não há como proceder a uma modelagem agora, porque ele registra muito fortemente o suicídio em sua mente. Mesmo que a modelagem fosse tentada, a mente dele desorganizaria. Vejo que o instrutor toca a parte encefálica do paciente que observamos. Quando seu dedo atinge determinados pontos cerebrais do perispírito inanimado, pois o Espírito está em coma, uma parte do corpo parece estremecer. Mostra-me em um telão a imagem cristalizada. É como um filme. As imagens do suicídio são sequenciadas, parando bruscamente no instante fatal do desencarne. Dizem que essa imagem final é que está cristalizada e que precisa ser removida. Eles apenas quiseram fazer-me uma demonstração. Uma vez que esse Espírito seja despertado

O perispírito e suas modelações

e induzido a elevar sua autoestima, diz Albert, será removido para modelagem dos seus órgãos.

3. Suicidas

Para observação de suicidas, os médiuns após o ato do desdobramento, muitas vezes eram levados a regiões verdejantes, de oxigenação abundante, e aconselhados a absorver profundamente o magnetismo ambiente, quais mergulhadores que, para adentrarem as regiões oceânicas submersas, fossem submetidos a exercícios de relaxamento, absorção, mentalização e retenção de fluidos vitais em seus organismos.

A parcela suplementar de fluidos absorvidos funcionava a guisa de reserva, pois, adentrando regiões de vibrações hostis, cumpria--lhes manter o equilíbrio, observar com atenção, narrando em detalhes e com fidelidade tudo que lhes fosse mostrado e explicado, tarefa que exigia um esforço redobrado de concentração, em região em tudo desconhecida para eles. Seus corpos perispirituais eram revestidos por roupões isolantes em alguns casos, à semelhança das roupas protetoras contra radiações atômicas, para que as vibrações dos suicidas não lhes causassem desarmonias orgânicas. Recebiam passes reconfortantes e eram amparados (devido à rudeza das cenas) frente a corpos retalhados, objetos de estudos, mas, igualmente, visão macabra a quem os observasse. Tocavam ainda os cadáveres, arguiam, descreviam, pesquisavam, admiravam-se, sentiam repulsa, frente aos restos humanos, mas a tudo se submetiam de boa vontade, porque sabiam do amparo do Cristo, pela nobreza da tarefa que executavam.

A cada encontro, os Espíritos reforçavam o conselho: É preciso estudar mais o corpo humano! O cérebro, os sistemas, a vida! Depois, de quando em vez, eram levados para um mergulho no mar, em cachoeiras, singelo presente e prova de carinho, para quem cumprira o dever com dignidade, sem decepcionar aos amigos ou desgastar a confiança que unia os dois grupos em um mesmo objetivo: o conhecimento.

Assim é que, com imenso respeito pela dor alheia, descrevemos as marcas ulcerosas dos perispíritos dos suicidas.

4. Suicídio por arma de fogo

Transcrevemos a narração da médium, para que os detalhes e as particularidades do ambiente fossem mantidos, bem como as palavras originais dos nossos instrutores:

— Os Espíritos nos dizem que vamos a uma região de psicosfera muito densa, com finalidade de observar suicidas que já foram recolhidos do Vale, e cujo gênero de morte foi o petardo fatal da arma de fogo.

Estamos caminhando em uma estrada bastante estreita, em formação indiana, no que me situo no meio da fila. Nesse instante sinto como se o clima começasse a mudar. Assemelha-se a um final de tarde prestes a escurecer. Chegamos a uma espécie de hospital, e um senhor de cabelos grisalhos nos encaminha a uma ampla sala. Aqui existem quatro Espíritos que desencarnaram por suicídio. A localização do tiro que cada um deu em si, encurtando a permanência na carne, foi diferente em cada caso. Tiro no coração, no ouvido, na testa e na garganta, respectivamente. Khröller coloca a mão em minha cabeça e sinto algo como um revigoramento. Não tenha medo, disse--me. O medo pode afetar a sua observação e a transmissão do quadro. Esses Espíritos encontram-se na mesma condição do instante do desencarne.

— *Esse Espírito, que você está observando (tiro no ouvido), há quanto tempo desencarnou?*

— Há quinze anos. Mas apresenta-se tal qual se infelicitou em tão triste momento. A condição é a mesma. O instrutor diz que ele se encontra em uma espécie de coma, apesar de ter sentido todo o drama comum a esses casos, tal como o efeito da decomposição cadavérica e a repercussão das picadas dos vermes em seu corpo. No entanto, apresenta-se como auto-anestesiado numa tentativa de fuga da realidade.

O tiro penetrou o ouvido direito e saiu na região frontal. Observo atentamente sua cabeça. O cérebro está esfacelado; o crânio rachado; as circunvoluções cerebrais por onde passou o projétil estão destruídas; o sangue jorra pelo nariz, ouvido e boca, e todo o seu rosto é uma

O perispírito e suas modelações

expressão horrível de pavor.

Os técnicos estão colocando-lhe um aparelho; algo como um capacete, no qual através de fios passam energias retiradas dos vegetais, do fluido universal e deles, técnicos. *(Engraçado! Sempre me dizem isso quando se reportam a algum tipo de terapia usada. Deviam detalhar mais. Você não acha?)*

Os Espíritos que atuam com essas energias são técnicos especializados nesse tipo de atendimento, e para isso estudaram bastante na Espiritualidade. O instrutor explica que esse paciente, ao reencarnar, terá uma morte prematura, ou simplesmente nascerá morto, por ser portador de um cérebro danificado, havendo a necessidade de uma ou mais existências nessas condições, para que as células especializadas do seu cérebro possam ser modeladas pela ação organizadora do corpo físico. Ele reencarnará breve e apresentará hidrocefalia, vivendo na carne algumas horas ou dias apenas. Na segunda tentativa reencarnatória, ele ainda apresentará lesões em seu cérebro perispiritual, que serão repassadas ao físico sob a forma de doenças mentais, epilepsia, paralisia cerebral ou patologias semelhantes.

— *Mas ele tomará conhecimento disso?*

— Não! O caso dele será semelhante ao de alguém que tomou uma anestesia, fez uma operação, e após esta, recobrando os sentidos, não sabe o que lhe aconteceu.

— *Os Espíritos não poderiam fazer a modelagem da parte cerebral afetada para que ele reencarnasse em condições de saúde?*

— Tecnicamente sim. Mas, existem regras básicas que impossibilitam esse procedimento.

— *Quais?*

— A Lei de Causa e Efeito e o problema consciencial do Espírito. Um suicida traz sempre na consciência a lembrança do gesto tresloucado que lhe tirou da arena de lutas necessárias ao seu próprio crescimento. Considera-se, às vezes, um fraco, um covarde, indigno de comiseração. Por mais que seja modelado seu perispírito, a sua consciência irá cobrar, exigir reparo daquilo que foi danificado. Nós, os modeladores *(estou repetindo o que ele diz)*, não podemos interferir na Lei de Causa e Efeito. Apenas amenizamos o sofrimento, obedecendo ao merecimento do Espírito frente às conquistas morais que apresenta. Jamais poderemos retirar a lesão causada pelo próprio ser em si mesmo, em sã consciência. Só Deus pode modificar esse comportamento.

A reencarnação é a forma imediata e mais adequada para a recomposição perispiritual do suicida, onde ele materializará no corpo físico os estigmas que causou a si mesmo. As cirurgias, enxertos e modelagens que efetuamos, possuem a função de organizar, reestruturar o organismo para que, apesar de no futuro o corpo vir a apresentar anormalidades, tenha um funcionamento que possibilite a sua permanência em atividade, como bênção para esse Espírito, embora em muitos casos, uma permanência puramente vegetativa.

— *Mas, o suicida através do esforço, da boa vontade, do trabalho e da disciplina mostrados na erraticidade, não pode conquistar a dádiva de um corpo físico perfeito pelo que então construiu?*

— Depende. Os suicidas involuntários não apresentam no físico os estigmas, mas quase sempre os carregam em seus perispíritos, como forma de auto-obsessão, dores incuráveis que não encontram resposta na medicina terrestre, problemas angustiantes, depressões inexplicáveis, mas que possuem sua gênese na matriz perispiritual. Para esses, o exercício do amor ao próximo levado a efeito em tarefas enobrecedoras, o cultivar do otimismo, a oração sincera, a meditação em temas que fortaleçam a fé, o conduzir-se mediado pela disciplina e a prática da perseverança no Bem, constituirão salutar remédio.

Tal filosofia de vida os libertará dos melancólicos problemas, ou no mínimo, os tornarão reduzidos, microscópicos até, pela observação e participação benéfica na erradicação das dores alheias. Os suicidas voluntários, que danificam o corpo em sã consciência, trazem na matriz perispiritual as lesões que deverão plasmar-se no físico, pois os técnicos em reencarnação traçam seus mapas genéticos, observando a ficha do suicídio em questão. Nessas fichas são anotadas as lesões orgânicas, o gênero de morte, causa do suicídio e demais dados pessoais.

Como regra geral o suicida deve reparar o mal que fez a si, harmonizando-se com o seu corpo, outrora marcado, o que ocorre através de lesões nos órgãos afetados. Isso não quer dizer que jamais ocorra que um suicida receba por mérito um corpo físico

O perispírito e suas modelações

aparentemente saudável. Ocorre que, embora o problema físico seja amenizado ou torne-se inexistente, o suicida sempre portará na sua reencarnação imediata uma espécie de reflexo, um velado pesar na consciência, um indefinido sentimento de culpa em sua intimidade.

Somente o abnegado amor ao trabalho fraterno preencherá tais lacunas e o fortalecerá para a superação das condições que o levaram ao suicídio no passado, e que, certamente, se apresentarão em semelhança espantosa no presente.

— *Mas, digamos que o suicida reencarnado não corresponda à expectativa de crescimento esperado, o que lhe ocorrerá?*

— O exercício do amor fortalece o Espírito, dotando o perispírito de uma maior resistência fluídica, melhor desempenho energético, diminuindo sua vulnerabilidade frente aos bacilos, vibriões, larvas e petardos mentais de inveja, cólera, ciúme e outras enfermidades. A oração e o trabalho funcionam como vacinas, imunizando e fortalecendo o perispírito contra fluidos nocivos. No sentido inverso, o Espírito não dispõe da ajuda eficiente dos bons Espíritos, que dele se afastam. Sua acomodação ou desregramento provoca uma queda no tom vibratório do seu perispírito, que passa a operar com baixas parcelas energéticas, tornando-o vulnerável a invasão microbiana diversificada. É então que, pela imprudência, a doença virá. Sendo o amor alimento essencial ao Espírito, aquele que dele não faz uso, debilita-se, e debilitado enfermiça.

Agora estamos observando outro caso. O suicida que atirou na testa, no centro da região frontal. Vejo como se seu cérebro estivesse em parte vazio. O efeito da bala em seu percurso provocou um derretimento de frontal a parietal. Vejo nitidamente a abertura, como um caminho situado na parte superior do cérebro. Os técnicos estão aplicando passes na região afetada e o suicida não apresenta nenhuma reação às descargas energéticas. O cérebro que ora observo, encontra-se em diferentes condições do que observei há pouco. No outro, eu vi a massa cinzenta, as circunvoluções, os neurônios... Este se apresenta algo transparente, sem as partes que eu citei. Parece uma fôrma com os detalhes que precisam ser materializados. Dizem os técnicos que neste caso existe a necessidade de modelação de um novo cérebro para que o Espírito possa manifestar a sua vontade, o que não pode ser feito sem os centros de controle que foram afetados pelo tiro.

Estou vendo acima de sua cabeça cenas confusas. Parece que ele pensa e de imediato desfaz o pensamento. Isso ocorre, diz o instrutor, porque ele desarticulou os centros de controle cerebral, não podendo externar adequadamente seus pensamentos. Existe uma dificuldade em fixar o pensamento e de impor a ele uma diretriz, conservando-a.

Observo e vejo que é uma mulher. Ela encontra-se aqui há vinte e cinco anos e sua recuperação é muito lenta. A reeducação neste caso ultrapassa o psiquismo, pois a fisiologia também tem que ser exercitada. Como destruiu o centro da visão, vai iniciar por ver sinais, cores, imagens simples; também vai reaprender a falar. Ela se encontra na condição de quem tudo esqueceu, precisando reaprender para então encarnar. Não o fará, todavia, com o vazio no cérebro referente ao dano causado pelo tiro, pois os técnicos promoverão os reparos necessários. Mas, a parte afetada corresponderá no físico a uma lesão irreversível, espécie de justaposição de células, inadaptadas para as suas reais funções.

Esse gênero de suicídio pode gerar, por ocasião do reencarne, enfermidades tais como: nascimento prematuro, lesões profundas no cérebro, acarretando surdez, mudez, cegueira, hidrocefalia, idiotia completa, ou mesmo, condições vegetativas de vida. Mostra--me, o instrutor, um cérebro que quase não apresenta circunvoluções cerebrais. É quase todo liso. Como a ministrar uma aula, elucida que as regiões lisas representam as partes afetadas pelo tiro e que por ocasião do reencarne dessa paciente as partes danificadas não lhe obedecerão ao comando. Fala que, embora elas sejam compostas por células vivas, não terão as condições de efetuar o trabalho que lhes competiam realizar. Sugere agora uma pausa para meu refazimento.

5. Suicídio de gestantes

Desdobramento de outro médium

Este médico, este senhor que me orienta, diz chamar-se Charles, e pede que eu narre com detalhes e de maneira a não deixar dúvidas, tudo aquilo que me for apresentado. Pergunta-me se li a respeito do suicídio

O perispírito e suas modelações   203

de gestantes, no que se refere à anatomia e fisiologia da gravidez e do feto. Respondo-lhe que não, e ele lamenta, sem, contudo, repreender--me. Afirma que a razão de suas dúvidas (dúvidas do dirigente) não está na complexidade do que eles explicam, mas na maneira como nós transmitimos; em forma sintética, na linguagem telegráfica, sem os detalhes técnicos exigidos para uma perfeita assimilação.

Vou ler a placa afixada à porta: *Centro Obstétrico Perispiritual.* Na mesa de operação, uma jovem desencarnada, e, ao seu lado, alguns médicos e uma senhora já idosa, que acompanha a cena compadecida, mas ao mesmo tempo carinhosa. Essa senhora, explica Charles, é uma espécie de tutora da jovem suicida.

Iniciando o parto, à semelhança dos praticados em nossos hospitais, vejo que fazem uma incisão para a retirada da criança pelo ventre. Essa jovem, desesperada pelo abandono do namorado, após ingerir várias drogas para provocar o aborto sem lograr êxito, pois a gravidez já se avolumava pelo sexto mês, atirou em sua cabeça. O desprezo que ela sofreu provocou-lhe o primeiro trauma, que afetou o reencarnante. As drogas para o aborto aumentaram-lhe a aflição, até que o tiro veio romper o laço que os unia, permanecendo o perispírito materno, apenas guardando o perispírito reduzido, sendo agora retirado.

Até este momento, o Espírito materno encontra-se desacordado. A criança retirada chora... É curioso! Tudo é feito como se estivéssemos na Terra! A criança é recebida por uma enfermeira. Estamos observando o cérebro da suicida. Ela atirou no ouvido. Houve uma espécie de explosão no cérebro. Os técnicos retiram dele substâncias enegrecidas, devagar e parceladamente, qual se procedessem a uma assepsia, que é seguida de recomposição de neurônios e fibras. Ao mesmo tempo em que os médicos trabalham, outro técnico faz anotações. *(Sempre noto a presença de alguém fazendo anotações na tal ficha cármica).*

Na parte superior da ficha está escrito: Homicida e suicida. Segue--se o nome, o nascimento, a data provável em que deveria desencarnar, o volume de forças vitais por ocasião do suicídio, estado mental, grau de instrução, ambiente em que viveu, data, local, gênero de suicídio, órgãos atingidos... Puxa! Não deixam escapar um detalhe sequer.

Todas essas informações serão averiguadas por ocasião do projeto do seu mapa cármico a ser elaborado para futuras encarnações. Vejo agora a retirada de um líquido de um tubo, que tem a função de auxiliar na restauração do cérebro danificado. Ela precisa desejar recobrar os sentidos, mas para isso necessita de um cérebro modelado; caso permanecesse com este danificado, não poderia expressar seus desejos ao recobrar a lucidez.

Quando ela despertar, ainda sob o trauma do suicídio, tomará conhecimento do que fez. Verá as cenas da cesariana pela qual passou, ficando ciente de que causou a morte do filho, não sendo os prejuízos oriundos do suicídio restritos apenas à sua pessoa. Por essa razão é que os técnicos precisam atuar primeiramente em seu cérebro. O líquido usado possui função aglutinante e modeladora das estruturas cerebrais, atuando sob o impulso do pensamento e da vontade desses abnegados técnicos do mundo espiritual. Aqui também, e isso já está repetitivo *(eles dizem que nunca é demais repetir esse fato)*, no cérebro ficará a marca do que foi lesado, pois, mesmo havendo condições de modelagem de um cérebro perfeito, eles não interferem na lei do carma.

Eles concluem dizendo como será o procedimento junto a esse Espírito, quando ele recobrar a consciência. Eles irão chamar a sua atenção para a cirurgia feita. Ela verá a incisão pelo espelho no teto. Ainda com a mente conturbada, ela enfrentará a realidade a que se condenou. Será mostrada a sua ligação com o reencarnante frustrado e o instante do seu desenlace.

Vamos agora examinar outro caso. É uma mulher com o ventre muito volumoso. Ela deu dois tiros em si mesma. O primeiro foi na criança que abrigava em seu ventre e o segundo foi em seu coração. A explicação do instrutor é que são dois Espíritos que se odeiam e que o caso dessa irmã suicida se complicou muito com essa atitude, pois sofre agora a ação odienta daquele que deveria ser seu filho. Este, alojado no ventre, recusa-se a sair, provocando os mais variados distúrbios. Observo uma cena horrível! A criança parece querer rasgar o ventre materno. Ela apresenta a forma de um pequeno monstro. *(Isso é de assustar!)* Os técnicos me orientam para que eu não me impressione, pois vejo apenas projeções mentais desses dois Espíritos que se digladiam, em perfeita sintonia pelo ódio.

O que estou vendo é a vontade, o pensamento tornado imagem,

O perispírito e suas modelações

desse Espírito que não chegou a encarnar. Enfermeiros ministram passes e tudo volta à normalidade. Vejo nesse instante apenas a mulher, com o peito e o ventre sangrando. Ligados a ela existem aparelhos, à semelhança de material hospitalar específico para respiração artificial. Procedem ao parto e recolhem a criança. É um menino. Ele possui uma forma escura, também de criança ao seu lado; pergunto ao instrutor a razão dessa sombra, no que me responde ser uma projeção mental dele, que queria permanecer naquela condição para massacrar a invigilante mulher que o atingiu. Ele fixa o pensamento nessa forma infantil, para que seu perispírito continue criança, ligado às entranhas da mãe, para castigá-la.

Apesar da criança já encontrar-se no berçário, os Espíritos não cortaram uma espécie de fio que a prende à mãe. Esse fio caracteriza a união pelo ódio, nesse caso de obsessão de desencarnado para desencarnado. A criança, que teve o seu perispírito avariado e não tem condições mentais para a modelagem, poderá ser auxiliada em reuniões mediúnicas, quando estiver apta para tanto. A mãe, duplamente culpada neste episódio, terá que passar por processos de descristalizações de imagens, reeducação mental e fortalecimento moral. Doutrinação para ambos, sem, contudo, tolher-lhes o livre-arbítrio.

— *Você falou que a criança parecia um pequeno monstro. Explique melhor este fato.*

— São deformações perispirituais provocadas pelo seu pensar odiento. Por ocasião do parto vi uma criança normal, mas, observando detalhadamente, percebi que as feições eram monstruosas, talhadas pelas vibrações mentais dele.

Diz ainda o instrutor que este é um caso de vampirismo de desencarnado para desencarnado. Esse Espírito que ora obsidia e vampiriza a mãe, se alimenta das vibrações mentais dela, podendo eles, técnicos, promoverem a separação, mas não interferem na vontade de ambos.

Provavelmente nascerão gêmeos problemáticos, ou xifópagos, e que Deus os inspirem na reconciliação, para que os danos não sejam pesados demais, vergando-lhes os ombros, dificultando a contemplação do alto, finaliza o instrutor.

6. Suicídio por retalhação

Antes do desdobramento da médium, fomos avisados de que o estudo planejado para aquela noite, obedecendo à sequência já estabelecida, seria efetuado com a visita aos irmãos retalhados. Que orássemos e mantivéssemos a vibração elevada, posto que a dor ali no local da visita é algo fora do padrão ao que estávamos acostumados a assistir.

Eis, portanto, a descrição da médium, frente aos restos perispirituais dos irmãos a quem chamamos de retalhados:

— Sim! Entendi. Ditar de maneira clara sem procurar envolver--me emocionalmente.

Primeiramente, observo um rapaz de idade entre 25 e 30 anos, que se atirou sob as rodas de um trem em pequena cidade do Interior. A sua situação é lastimável. Foi partido ao meio pela locomotiva, e percebo as partes do seu intestino trituradas; o fígado partido e os ossos moídos. Mas, apesar do seu corpo físico ter sido partido ao meio, em seu perispírito isso não ocorreu. As duas metades encontram-se unidas por leve película que impede essa separação.

Aqui, diz o irmão que nos orienta, se faz necessária a remoção de todos os órgãos afetados, sendo que alguns podem ser substituídos por outros já preparados.

— *Assim como um transplante?*

— Sim! Mas essa reposição ou substituição pode ser feita também, utilizando-se técnicas de enxertos nos tecidos lesados. Entretanto, no caso observado, por estar o rapaz alcoolizado durante o suicídio, seus órgãos encontram-se com outros fluidos nocivos, razão pela qual eles optaram por uma total substituição.

— *Vão retirar todos os órgãos danificados e colocar outros como ocorre em um transplante?*

— Isso! Após a recomposição ou modelagem interior, eles procederão a uma cirurgia, semelhante a uma plástica, para unir as metades semi-separadas, unidas apenas pela película que citei.

Encaminhamo-nos para outro suicida. Esse local onde me encontro é um hospital reservado para tratamento de casos graves de suicídio com grandes lesões perispirituais. A condição desse Espírito é a de uma morte aparente, coma prolongado; algo como uma letargia, pois este é na realidade o desejo que predomina em sua consciência, abafando os anseios de vida que são naturais em todas as espécies.

Se o suicida se arrepende na hora extrema, o que é comum quando praticado o ato, conserva em sua mente o desejo de voltar a viver, favorecendo o trabalho dos técnicos. Tal não é o caso dos pacientes que observamos. Esse infeliz que está à minha frente, possui cortes profundos em seu corpo. O sangue parece minar dos seus poros, e os pedaços do seu corpo procuram juntar-se sem conseguir recompor a anatomia humana, muito prejudicada pelo comboio. Não há como identificar a fisionomia, visto que ele foi totalmente esmagado. Posso distinguir algumas vísceras que estão expostas e que parecem tremer, no esforço desesperado para o retorno à vida.

Será um processo lento de recuperação, diz o instrutor. Esse Espírito ficou consciente no momento em que era estraçalhado na ferragem, e está ciente de que morreu mesmo, embora, quando pequena réstia de lucidez atormentada se lhe apresenta, ele volte a reviver a cena, na qual permanece preso a cristalização demorada. Sem se aperceber de que, pela repetição do fato e a duração do estado angustiante, já lhe teria sido possível morrer mil vezes, continua querendo anular-se em luta desesperada para sair do fundo do poço em que se encontra. Ele não quer viver! Essa é a realidade do momento.

O instrutor afirma que o trabalho junto a esses irmãos se reveste de inúmeras dificuldades, pois eles querem continuar mortos, procurando ignorar até mesmo a existência do Espírito. Salienta, todavia, que muitos de nós, encarnados, vamos durante o sono físico ministrar-lhes passes e envolvê-los em preces e vibrações amorosas, constituindo-se essa doação em bálsamo dulcificante para as suas dores.

O tratamento inicial nesse caso é o despertar da morte, no que se segue a reeducação mental que propicia a modelagem. Esse tratamento consiste em uma espécie de indução. São despertadas da mente do suicida, cenas dele próprio; momentos alegres que viveu, entes amados, dentre outras. Existem técnicas para isso neste hospital. Essas cenas motivam a mente para um retorno à vida. Promovem um despertar, embora angustiado, gerando esperanças e desejos de soerguimento. Após essa indução, segue-se o treinamento para a remoção da cena coagulada (*sabe que eu não entendo como isso é feito*) prolongando-se o tratamento de maneira mais eficiente, pois conta com o desejo do paciente em promover sua cura. Apesar de tudo isso, o trauma do suicídio continuará impresso na mente. Este ninguém consegue retirar, a não ser ele mesmo, através de reencarnações dolorosas.

Este irmão, conclui Albert, provavelmente levará a mãe ao desencarne quando tentar mergulhar no corpo denso.

Agora, retorno para que o estudo prossiga com outro médium.

7. O suicídio por explosão

O suicídio não é um ato impensado e decidido improvisadamente. Existe um planejamento anterior, motivado por uma inadaptação para com a vida, que tem causas na presença de psicoses, na depressão profunda, na perda de valores pessoais, no desejo de punição, na falta de preparo diante das perdas, no isolamento e infelicidade. Às vezes, antecede o suicídio, agitação e ansiedade exageradas e a perda dos quatro apetites: fome, sexo, sono e atividade.

Há ainda que considerar o sentimento de culpa que transborda do inconsciente para o consciente, impregnando-o do desejo de autopunição, por não perdoar-se em participação de ações indignas perpetradas em passado reencarnatório. Isso caracteriza uma auto--obsessão dominadora, culminando com o suicídio induzido, onde existe não raro a participação de terceiros, credores impacientes e desavisados quanto às diretrizes das leis divinas.

Em qualquer desses casos, com exceção da loucura, o suicídio tem preparo prévio e decisão inadiável, por força de um raciocínio distorcido, que julga ter a morte o poder de tudo apagar, pulverizar a situação dolorosa, a vergonha, o medo, a vida. A sobrevivência do Espírito, argumento que a consciência se anima a lembrar, nem sequer é cogitado nesses instantes de loucura. Caso a condição de indestrutibilidade fosse evocada, essa realidade traria inúmeros desdobramentos, e forçoso seria concluir que, na fuga para não se precipitar no abismo interior que o apavora, cairia em despenhadeiro

O perispírito e suas modelações

mais profundo e mais íngreme, caso tentasse o suicídio.

Quando o suicídio é motivado pela falência material, o seu autor substitui o cobrador de simples títulos por carrasco inflexível, a exigir títulos morais. O tiro, o laço, o ácido, o veneno, em nada subtrai a dor já existente; antes, adiciona-lhe material corrosivo, a queimar o mais íntimo da sensibilidade, provocando máscaras de pavor. As chagas da cicatrização só surgirão após muitas lágrimas, lavando com o sal da penitência as úlceras da desobediência às leis maiores. Quanto sofrimento evita a lembrança de Deus e a sua coerente interpretação.

Quanto mais intenso o desejo de anular-se, mais o gênero da morte pode ser violento, como se o suicida desejasse desaparecer, sem deixar um traço sequer na face do planeta. Quando a dor e a dificuldade forem tomadas como causas primárias para o crescimento e o amadurecimento espiritual, quando os homens lembrarem o convite de Jesus para buscá-lo, pelo menos quando se sentissem aflitos e sobrecarregados, pois os aliviaria, o suicídio já não ocupará os cenários trágicos dos rincões onde habitamos.

Eis exposta, a dor desses irmãos, na palavra do médium que os observa.

— Estou subindo! Volitamos como se estivéssemos nadando. Estou muito bem amparado por nossos irmãos. Sinto o ar, a temperatura amena, e o instrutor me pede para observar o cenário abaixo. Vejo apenas nuvens, mas noto em minha coluna, na região sacra, um fio muito tênue e elástico que se perde entre as nuvens. Estamos descendo.

Conforme você pediu para observarmos, já não estou mais com a roupa que usava. Visto um traje longo e branco que me deixa perceber do corpo apenas as mãos. Todos nós usamos esse tipo de uniforme nesta excursão. O ar está começando a ficar pesado, dificultando a volitação para todos nós. Pareço estar submerso em uma substância aquosa, que dificulta minha mobilidade.

— Chegamos! – Diz o instrutor.

Estamos de pé frente a um grande portão e eu aproveito a pausa para perguntar: Onde estamos?

— Em uma região situada acima do sul da Bahia.

— Agora colocam em minha cabeça um capacete e me dão para

vestir uma roupa protetora, tal qual as utilizadas por operadores de raios-X. Essa roupa, diz o instrutor, me protegerá das vibrações altamente prejudiciais que são emitidas pelos suicidas aqui residentes.

— *Você pode descrever um pouco as particularidades do local?*

— É um lugar bem guarnecido. Aparenta ser um castelo com um fosso que o circunda e que com ele contata através de uma ponte levadiça. Os corredores são longos, e acima das portas existem arcos que tornam a arquitetura agradável. A iluminação é artificial.

— Estava demorando!

— *O quê?*

— A costumeira recomendação: Narrar com naturalidade e com fidelidade a tudo que observar. *(Eles riram da minha brincadeira).*

O caso que vou narrar... Meu Deus! É horrível! Esse irmão suicidou--se com uma explosão de granada. Quase todo o seu perispírito foi avariado. Ele se encontra sob uma redoma, para que suas vibrações não nos atinjam. Vejo a sua cabeça e nela tudo está fora de lugar. Os olhos, o nariz, a boca... Nada repousa em seu lugar. É como se você tomasse uma foto e a cortasse em pedaços para depois emendar, sem colar as partes nos devidos lugares. Em certas regiões do corpo não existe o tecido muscular. Apenas a fôrma transparente. Parece ter uma fôrma vazia por dentro dele. Os técnicos estão colocando um aparelho em seu cérebro. Desse aparelho sai um fio capilar de cor verde luminoso. Eles trabalham intensamente com essa substância nas modelagens, pois já os tenho visto em várias oportunidades manipulando-a e promovendo reparos em diferentes áreas do perispírito. Esse fio luminoso e plástico promove, com a ajuda do meu ectoplasma, a materialização da ponta do dedo desse Espírito. Gostaria de poder entender esse processo para melhor lhe explicar o que está ocorrendo. Sinto pela minha deficiência. O tratamento aplicado a este paciente será semelhante ao praticado junto aos retalhados, adianta o instrutor. Modelação de um cérebro, introdução de imagens por indução, retirada da cristalização e reeducação mental. Recebo a orientação de voltar, para que outro médium prossiga o trabalho.

— Estou em uma sala. Aqui a iluminação não é artificial. A luz que percebo é solar. (Nossas reuniões são noturnas.) É em tudo parecida

O perispírito e suas modelações

com uma sala de espera de um hospital. Ao meu lado, uma mulher de aproximadamente 40 anos, roupa branca, parecendo ser médica ou enfermeira. Eu estou vestindo uma roupa esterilizada, com gorro na cabeça, e passo por um processo de esterilização para penetrar na UTI. Essas são informações que ela me pede para passar para você.

Entramos. Observo câmaras, quais incubadoras, que guardam perispíritos de tamanho adulto, cujos donos, os Espíritos, encontram-se adormecidos no interior de cada um deles. Essas incubadoras têm a aparência de um molde físico. Existe o local dos braços, das pernas e da cabeça.

— *É em tudo semelhante a uma fôrma humana?*

— Sim, mas há uma espécie de vidro por cima. Estou observando. É impressionante! Vejo todos os órgãos funcionando como se houvesse uma pele transparente sobre eles. Mas eu sei que existe um Espírito ali. Percebo sua cabeça. É um homem. Noto inclusive a sua barba. Engraçado! Seus órgãos são todos transparentes.

— *Existe o colorido dos órgãos?*

— Vejo tudo em cores. Sangue vermelho, coração ritmado, vísceras em movimento. É como uma aula de anatomia humana em um laboratório muito avançado. O instrutor aponta os intestinos e me diz para observar com bastante atenção. Vejo os pulmões funcionando quais foles, o esôfago, a glote em movimento de engolir, o fígado, que apresenta ligeiro tremor e os rins em seu trabalho de filtragem de sangue. Mas... Não! Não acredito!

— *O que aconteceu de tão inusitado para espantá-la?*

— Aquela pele transparente, que me deixava ver os órgãos, parece estar tomando a cor da carne. A pele parece estar sendo formada sob minhas vistas. Vejo nitidamente isso na mão do paciente. A enfermeira que estava comigo na entrada comenta que estou assistindo à reconstituição do perispírito. Que essa demonstração é para que soubéssemos que o perispírito tem todos os órgãos funcionando como o corpo humano. Sangue, hormônios, enzimas, tudo. Vejo artérias, veias, capilares, como se a minha visão tivesse o poder de penetrar na matéria.

Sobre a incubadora tem um instrumental bastante sofisticado, que nem vou tentar descrever para você, pois sei que não conseguiria.

A sua função, dizem, é recobrir essa fôrma transparente, com uma substância esverdeada, meio azulada, mais sutil ainda que aquele gás dos letreiros luminosos, no que vai aparecendo, materializando, se é que posso dizer assim, a pele. O que era transparente vai se tornando carne viva. Vejo aparecerem as unhas da mão...

— *A fôrma vazia tem todos os desenhos dos órgãos?*

— Sim.

— *E essa substância vai preenchendo?*

— Exato! Vai preenchendo. Por isso tudo aqui é esterilizado. Deve existir uma harmonia de pensamentos por parte dos técnicos, voltados para essa finalidade. Eles são especialistas. Assim como existem especialistas em coração, fígado, nervos, e outros órgãos, esses técnicos se reúnem para esse fim, ou seja, recompor um organismo perispiritual que foi parcialmente destruído em uma explosão.

Agora começo a perceber que a mão já tem a forma de carne. Os técnicos dizem que é um processo demorado. Não existem condições de modelar o corpo de uma só vez, pois o Espírito encontra-se em estado de inconsciência total. Essa situação se assemelha a uma morte aqui no mundo dos Espíritos.

— *Esse Espírito que você está observando teve o seu perispírito reconstituído?*

— Sim! Mas não agora. Ele tinha todos os órgãos formados quando eu cheguei. Os técnicos fizeram uma demonstração para o nosso entendimento. O trabalho foi árduo, pois a explosão reduziu seu corpo a centenas de pedaços, o mesmo acontecendo com a fôrma, a matéria perispiritual.

— *Você tem certeza que tudo foi reconstituído?*

— Reafirmam os técnicos que sim. Todos os sistemas. O que restou da explosão foi pouca coisa. A partir da fôrma vazia a que chamam de corpo mental, indestrutível diante de qualquer agressão, foi possível a reconstrução do perispírito. O corpo mental funciona como um molde, tem as mesmas formas das partes do corpo; a mão é como uma luva; cada órgão parece ser a matriz que subordina a modelagem no perispírito. A aparelhagem e os técnicos reunidos modelaram pelo poder da mente, de seus conhecimentos e de suas vontades quase todo o organismo perispiritual.

O perispírito e suas modelações 213

Dizem que a visita está terminada e pedem para que não esqueçamos as orações pelos suicidas.

8. SUICÍDIO POR MACERAÇÃO

Pisar uma flor! Por que alguém pisaria uma flor? Perguntei a mim mesmo enquanto observava um ramo de miosótis no Vale das Flores. Recordei André Luiz, através de uma de suas frases, elaborada em situação semelhante. "A fixação das paisagens sombrias desacostuma a percepção estética para as visões harmoniosas da Natureza." É verdade!

O suicida sofre uma fixação mental nas telas do pessimismo que vai estreitando o seu caminho e a sua visão, ao mesmo tempo em que agasalha a ideia de evadir-se da situação constrangedora em que se encontra, posto que, tomado de ânsias e íntimo da depressão dominadora que lhe embaça os sentidos, capitula frente ao clamor da vida que o chama, adentrando-se no vigor da morte que o espera.

Um instante de observação nas flores, nas nuvens, nos pássaros, traz à lembrança velhos conceitos e frases que nosso coração tem sede de acolher. Pensei no *Evangelho*: "Vossas almas não estão esquecidas; eu, o divino jardineiro as cultivo no silêncio dos vossos pensamentos; venho instruir e consolar os pobres deserdados. Venho dizer-lhes que elevem a sua resignação ao nível de suas provas, que chorem, porquanto a dor foi sagrada no Jardim das Oliveiras; mas que esperem, pois que também a eles os anjos consoladores lhes virão enxugar as lágrimas".

Lembrar Jesus na hora crucial significa desfazer o laço do enforcamento, fechar a janela do edifício, desengatilhar a arma, frear o comboio, deslocar o pé, resguardando a flor ameaçada. Sim! Acho que sei por que alguém pisaria uma flor. Por doença, depressão, desespero, indiferença, esquecimento. Esquecimento do Evangelho de Jesus, tão fértil em vida palpitante e em convites à glória da superação de si mesmo.

"Vinde a mim vós que sofreis e que vos achais em aflição e eu vos aliviarei." Aquele que confia nesse chamado jamais tentará o suicídio.

Fomos levados a observar irmãos que se lançaram edifício abaixo.

Eis a dor em forma de alfabeto.

— Observo um homem que se lançou de um edifício. Seu corpo é flácido como uma geleia. Ele se encontra sob uma redoma protetora, que ameniza as vibrações que emite, prejudiciais para os outros enfermos. Encimando essa redoma, existe um recipiente parecido com um funil, que recolhe uma espécie de cola branca que nele é despejada por um cilindro que lhe margeia na parte superior. A substância é um pouco pegajosa e gelatinosa. Diz o instrutor que ela é elaborada a partir de vegetais, minerais e do ectoplasma. Complementa que existe um substituto do ectoplasma, elaborado por eles, mas que, no momento, estão utilizando o ectoplasma de todos nós do grupo.

Essas substâncias, às quais me reportei, passam por um processo químico e são transformadas no medicamento em questão. Aponta as fórmulas químicas e lamento nada entender dos desenhos e símbolos mostrados. O instrutor toma de pequeno aparelho e coloca em seu interior uma gota da substância a que me referi, projetando-a sobre o fígado do suicida. A transformação ocorrida no local é espantosa. Houve uma regeneração, uma recomposição total da parte afetada. Vejo que até a película que recobre o fígado adquiriu tonalidade viva. O aspecto doentio que ele retinha desapareceu por completo.

Estão sorrindo de minha admiração. Os enfermeiros falam que esse processo é muito lento, mas que será desta maneira que todos os órgãos serão modelados. Desvio minha atenção para outros aparelhos. Da espécie de funil que funciona como depósito para a substância restauradora, saem vários tubos transparentes muito finos que se ligam a cada órgão do suicida.

Quanto à utilização do ectoplasma dos encarnados, ele lembra que, muitas vezes, torna-se necessário passá-lo por um processo de filtragem, visando a desintoxicá-lo para a segurança de quem o recebe. Essa intoxicação ectoplasmática deve-se ao regime alimentar excessivamente carnívoro, ao uso de alcoólicos, temperos picantes e outros vícios mentais e materiais.

Encerra as observações dizendo que esse irmão terá todo o amparo fraternal a que qualquer enfermo tem direito.

E que Deus o ajude a jamais pisar uma flor novamente.

O perispírito e suas modelações 215

9. Suicídio por queimaduras

Quando era criança, nos festejos de São João, queimei a ponta do dedo ao retirar milho da fogueira, no que entrei em convulsivo choro. Não quis mais o milho. Não mais olhei o céu riscado de fogos. Não escutei nem participei do restante das brincadeiras. A dor me isolou da alegria, pois que quase sempre são incompatíveis.

Apenas os Espíritos fortes aprendem a conciliar a dor com a alegria, a miséria com a conformação, a provação com a humildade. A válvula de escape da criança é o choro. Mas a do adulto jamais deveria ser o suicídio.

Se queimar o dedo é doloroso, o que dizer de queimar todo o corpo? Transformar-se em tocha fumegante, dilacerar as mãos que poderiam plantar sementes, escrever cartas de amor, abençoar a velhice, postar-se em oração, não é um ato típico das maiores loucuras?

Que problema terá tal volume a exigir equacionamento através de dor tão superlativa? A miséria, o orgulho ferido, o abandono, o pesar, que por si só são braseiros para a alma necessitam de mais calor para abrandá-los?

A racionalidade diz que não. Que para sofrer é necessário um motivo muito forte e que para suicidar-se não há motivos. Para grandes feridas, somente o unguento da humildade e da resignação promovem a cicatrização, patrocinada pela paz de espírito. Contudo, quem planeja suicidar-se considera a paz um objetivo inatingível, e um fósforo, material leve e de fácil manuseio.

Jesus! Se um raio tolhesse essa mão, ela sofreria menos.

Lucidez! Ansiosamente aguardamos o teu reinado na Terra, para que homens e mulheres, filhos diletos de Deus, apenas usem o fogo para aquecer seus corpos nas gélidas noites de nevadas invernais. Sem meias palavras a médium me retirou dessa reflexão:

— Não há como não se enternecer diante de tanta dor.

Nosso amigo Albert pede que eu leia a placa que se encontra sobre a porta: *Centro de Recuperação de Queimados*. Tranquiliza-me para que nada tema e pede-me, como sempre, o máximo de fidelidade na descrição. Estou trajando uma bata branca, máscara e gorro. Recebo um instrumento parecido com um pequeno martelo, feito de uma substância semelhante à borracha, para que possa bater onde e quando ele mandar.

Vejo, dentro de uma incubadora de "vidro", um perispírito. É o que me dizem, mas eu não estou acreditando. Parece mais um torrão negro. Não possui a forma humana, não tem pelos, e se ele não houvesse dito ser um perispírito, eu jamais acreditaria. Agora ele me diz: "Quando eu começar a tocar esse perispírito com o meu martelo, você deverá fazer a mesma coisa."

Estou batendo na extremidade do torrão, e dele se desprende um pó enegrecido, muito semelhante ao carvão. Não notei nenhuma reação por parte do Espírito, se é que tem algum aqui aprisionado. Albert me diz para deixar de desconfiança e bater novamente. Desta vez, diz o instrutor, estou atingindo o local que havia sido a cabeça do suicida. Para esse tipo de dano causado ao corpo é necessário uma quase total modelação, posto que aqui pouca coisa é aproveitável.

Vejo agora uma fôrma de aspecto humano, transparente, e diviso em seu interior outras fôrmas vazias aparentando em tudo órgãos humanos. Percebo que cada fôrma representativa de um órgão tem um pequeno furo, por onde se liga um cateter, pelo qual passará uma substância algo gelatinosa, que irá preencher todas as fôrmas. Logicamente tais fôrmas preenchidas formarão órgãos e sistemas do novo perispírito. É o que me explica o instrutor.

Estou tocando a substância que vai formar os órgãos. É como uma borracha viscosa. Eu puxo e ela se mostra elástica e flexível. Manuseando com ela, cujo odor é bastante estranho, vejo que posso formar o que eu imaginar. Ela é quase transparente, sem a dureza da massa de modelar que nossas crianças usam nas escolas. Observo agora a substância ser introduzida na fôrma que tem o tamanho de um corpo humano. O cheiro é muito forte; uma espécie de vapor aquecido, como uma fumaça, entra em contato com essa substância, tornando-a quase líquida, e vai penetrando pelo orifício de cada órgão, preenchendo assim as fôrmas orgânicas ou fôrmas dos órgãos. Todo o corpo está sendo formado aos poucos. Mas é tudo idêntico!

— *Tem a cor dos órgãos?*

— Ainda não! Quando um órgão se completa, é ligado a uma

O *perispírito e suas modelações*   217

espécie de fio para que seja ativado. Veja se me entende. Já existem vários órgãos formados, mas estavam inanimados. Quando Albert liga um órgão a esse fio que parte diretamente do perispírito danificado pelo fogo, ele começa a funcionar, qual se tivesse adquirido vitalidade.

— *Espere um instante. Eu preciso entender bem essa questão. O perispírito ficou praticamente inutilizado com o fogo e os técnicos estão modelando outro com todas as suas minúcias, certo?*

— Sim! Nosso instrutor explica que ligado ao torrão existe o Espírito, que é um ser imortal. E como o Espírito está em todo o corpo como Deus está em todo o Universo, do torrão ele pode ativar o órgão correspondente, através de sua vontade. Fala que eu estou observando apenas uma parte do processo. Esse Espírito já está aqui há alguns anos. Esteve longo tempo adormecido pelo choque. Quando despertou, incentivado por induções para um retorno à vida, aos poucos desejou viver novamente. Sem a ação mental dele, esse perispírito formado seria apenas um boneco plástico, e aquele torrão um pedaço de carvão inanimado.

Quando alguém toca esse perispírito carbonizado, o Espírito já desperto sente o toque, embora não possa responder ao mesmo, por não possuir perispírito à altura para lhe conduzir as emoções materializando-as em gestos concretos. Na recomposição do seu perispírito, o primeiro órgão modelado foi o cérebro, imediatamente ligado ao que fora a parte cerebral do antigo perispírito. Quando isso ocorreu, passei a ver o novo cérebro funcionando, como se fosse de verdade, com colorido, vitalidade e funcionalidade que caracterizam os cérebros humanos.

Albert pede-me para corrigir: no lugar de "como se fosse de verdade", colocar "de verdade". Você está observando a vida, que nunca se extingue passar para o novo perispírito, enfatiza.

Na realidade os técnicos modelaram, com a ajuda do corpo mental e da vontade do Espírito, um corpo perispiritual semelhante ao anterior. Porém, como o suicida através do ato que praticou contra si lesou muito do seu corpo, imprimiu nele as deformações que a sua mente atormentada trazia. É como se o novo corpo formado fosse algo neutro, e o Espírito que dele vai fazer uso, o modela segundo as impressões mantidas em sua mente. Por isso, o novo corpo perispirítico apresentará deformações, esculpidas por ele próprio, o suicida.

Explicam-me ainda que, quando este Espírito despertou, não podia manifestar-se através do seu perispírito, razão pela qual foi urgente a necessidade de recuperá-lo.

— *Isso tudo me parece meio mágico. Simples demais.*

— Albert diz que Deus fez as coisas simples; o homem é que as complica. Lembra a você um autor francês de sua preferência que diz: "Nascer é simples; viver é simples; então morrer deve ser simples." Diz que você pode adicionar: "Reviver também é simples." Por outro lado, o Espírito quando passa de um mundo para outro, troca de substância perispirítica com a rapidez de um raio. Chamaria a isso de mágica?

— *Mas, e aquela história de memória biológica armazenada no perispírito?*

— Não esqueça de que o molde foi formado a partir do corpo mental que é indestrutível.

Por fim, o instrutor afirma que esse Espírito ao encarnar poderá e deverá nascer totalmente deformado, não atingindo nem mesmo a forma humana; algo como um mioma, um quisto acoplado ao útero. Poderá ainda portar uma doença muito séria e de caráter incurável na pele, tal como a hanseníase. Mas será uma hanseníase profunda, que venha a atingir até mesmo os órgãos internos. Além da hanseníase, ele poderá também ser um deficiente mental, pelo prejuízo causado ao complexo cerebral.

Os amigos me abraçam e nos despedimos. Lanço um último olhar para o torrão. Oro baixinho. Que Jesus lhe conceda a paz de um recomeço equilibrado, no inverno de solidão e amarguras que deverá enfrentar.

10. Suicídio por enforcamento

Tenho conversado com dezenas de irmãos que utilizaram o método do enforcamento como tentativa de fuga da vida. Nas reuniões mediúnicas, causam imensa sufocação nos médiuns que os acolhem, no que se esforçam para afrouxar o laço que os asfixia. Apresentam-

O perispírito e suas modelações

-se aos videntes com manchas violáceas ao pescoço, portando o laço sufocante, trajes rotos, onde bem se caracteriza a alienação mental de que sofrem, pois que observam a própria cena do suicídio, quais se fossem espectadores de um filme colorido em constante exibição a lhes retratar a desgraça.

E quando por sugestão ou indução, auxiliados por passes magnéticos e preces em vibração amorosa, lhes afrouxam os laços, é que se ouvem sons roucos, desesperados, no que são postos a dormir o agitado sono do remorso e do arrependimento. A presença de um suicida em uma reunião mediúnica é breve e sofrida. Quando a dor que ele porta é lancinante, vem protegido por uma redoma para não disseminar mal-estar a quem dele se aproxime. É levado a hospitais, centros de modelagem e educação mental, a ouvir dezenas de palestras sobre o suicídio e a valorização da vida, a rever sua existência e seus atos, ao exercício contínuo do fortalecimento da fé na tentativa de busca da paz de consciência através do trabalho e do estudo de si mesmo. Entretanto ele lesou seu perispírito. As conseqüências surgirão invariavelmente no futuro corpo carnal, sob a forma de gibosidade acentuada, artrose cervical, ou uma doença relacionada aos órgãos lesados. Anomalias respiratórias ou vocais serão registradas, caso haja comprometimento da glote e da laringe. Todavia, legiões de Espíritos benfeitores se dedicam a aliviar os sofrimentos desses depressivos companheiros.

Aqueles que já foram suicidas e que se elevaram aos planos mais altos, fazem questão de se engajarem em tarefas salvacionistas a favor desse gênero de "loucura" que é o suicídio. Para ilustrar nosso estudo, os companheiros espirituais nos trouxeram Eládio, ex-suicida, e agora trabalhador no plano espiritual junto àqueles que como ele, sofreram a lâmina aguda da dor inconsolável de se sentir fugitivo da vida.

Eis o emocionante relato do nosso amigo:

— Que Nosso Senhor Jesus Cristo nos dê a paz!

Fico muito grato em estar aqui, junto a este grupo de estudos, para dar o meu testemunho, o meu depoimento, como ilustração para este livro que já é tão comentado aqui pelos Espíritos amigos. Ainda apresento leve falta de ar, mas posso perfeitamente narrar meu drama, sem causar maiores danos à minha constituição perispiritual.

Eu me chamo Eládio. Estou aqui há meio século. Quando em vida no corpo físico, tinha uma arte. Era pintor. Ainda o sou. Trago na minha memória as telas, nas quais eu lançava toda a emoção que abrigava em minha alma de rejeitado.

Há muitos anos atrás eu perdi a pessoa que mais amava e não suportei a separação. Achei que nunca mais iria encontrar alguém que me completasse, e deixei a depressão, monstro devorador, se apoderar de mim, perdendo o ânimo para o trabalho, os amigos, a vida.

Certo dia, quando me encontrava com pneumonia, foi se acercando de mim a infeliz ideia de fugir daquele sofrimento que me dominava. Perguntei a mim mesmo: Por que não acabar com tudo isso agora? Primeiro desenhei e pintei. Pintei aquele rosto que eu amava tanto. Mas, na tela, eu coloquei uma mancha escura no pescoço, dando a impressão de que era um colar; mas aquilo retratava o que eu estava pensando. Comprei a corda, prendi a um dos caibros e lá tirei minha vida.

Acordei com o corpo podre. Gritava desesperado porque me faltava o ar. Aquela cena macabra. Eu estava de frente para mim mesmo. Estava me olhando. A corda distendera-se um pouco e o corpo deslizava. Era como se eu, com as minhas próprias mãos, me apoiasse no chão. Passaram-se seis dias. Todas as cenas mais degradantes que um ser humano pode sentir, eu suportei. Desculpe-me por não detalhar mais, pois tudo me volta à mente agora. Mas, não se preocupe. Eu me preparei. Eu me fortaleci. Fui orientado para esse depoimento e estou amparado por muitos amigos.

De repente, eu não me encontrava mais naquela casa. Estava entre multidão terrível; todos agiam como loucos, e eu trazia uma corda atada ao pescoço. Tinha o pescoço inchado, os olhos esbugalhados, a asfixia interminável. Eu não podia respirar nem falar. Pensava: devo estar no inferno. As minhas roupas eram semelhantes às daquele cadáver que fora obrigado a ver durante seis dias. Passei os maiores sofrimentos. Fui banido. Não via a luz do sol e nem sabia onde me encontrava. E sempre trazendo aquela corda no pescoço, que eu não conseguia tirar. As mãos estavam livres, mas não conseguia, por maior esforço fizesse, tirar aquela corda do pescoço. Dizem que nos acostumamos à dor. Mas isso não aconteceu comigo. Cada vez mais

O perispírito e suas modelações

aquela corda apertava e cada vez mais eu sentia a falta de ar.

Passei quinze anos nesse sofrimento. Dia após dia; hora após hora; minuto após minuto. Sempre a mesma cena. Sempre!

— *Você não dormia?*

— Não! Nunca. Eu não sabia quando era dia ou noite. O tempo era sempre o mesmo. Escuro e desesperador. Eu não podia falar. Urrava! Como pode um Espírito cair em uma situação tão degradante? Após esses quinze anos, um dia, alguém pegou na minha mão. Eu não sabia mais quem eu era, qual o meu nome, o que tinha acontecido. Mas alguém me segurou pela mão e me levou para dentro de um carro, como se fosse puxado por animais. Fomos cinco ou seis dentro desse carro, a um local onde pela primeira vez, desde longo tempo, no meio da estrada, os meus olhos ficaram doendo por causa da claridade do sol. Eu quis gritar! Gritar por aquele sol. Mas, da minha garganta só saíam urros.

Fui levado a um hospital e durante cinco anos estive em tratamento, quando os Espíritos amigos de tudo fizeram para que eu conseguisse desatar o nó.

— *Mas não havia corda. Era somente o efeito dela que você sentia, não?*

— Agora eu sei que era assim.

— *Quer dizer que você ainda por cinco anos sentiu a corda lhe tirando o ar?*

— Sim! Só que de maneira mais suave. Eu via a corda. Os amigos me diziam: Eládio! Você não tem mais a corda em seu pescoço. Então eu pegava no pescoço, e realmente não existia a corda. Mas quando eles saíam, voltava tudo, e eu continuava a ver e a sentir a corda.

Passei por regressão de memória. Lembrei do meu nome e revi a minha última existência. Fiz terapia intensiva. Deram-me telas para que eu voltasse a pintar, mas durante os cinco anos nesse hospital de isolamento, eu sempre vi a corda em meu pescoço. Lesei meu perispírito. As células do meu pescoço ficaram danificadas. A corda deixou uma cicatriz profunda, para que eu não pudesse esquecer o meu ato impensado.

Em alguns momentos naquele hospital, eu sentia que podia ter uma esperança de voltar à vida. Em outros, eu caía em depressão profunda. Quando isso acontecia, era como se minha mente voltasse no tempo, e eu sentia todo o peso do corpo despencando sobre a corda.

Agora faço parte do trabalho de enfermagem e auxilio alguns irmãos que passaram por essa minha prova. Sei que em breve deverei encarnar. Terei problemas vinculados à garganta, à faringe, problemas asmáticos, e talvez tenha que passar pela prova do abandono, da solidão, para testar a minha resistência. Agora eu estou me sentindo aliviado e gostaria de ficar ao seu dispor para suas perguntas e dúvidas.

— *Eu quero lhe dizer, Eládio, que agradeço muito o seu depoimento, e que não vou fazer indagações sobre a sua dor. Gostaria muito que você soubesse que durante o nosso minuto dedicado aos suicidas, vou me lembrar de você com muito carinho.*

— Amigo! Posso lhe chamar assim? Que minuto longo! Eu vou lhe contar o que acontece nesse minuto nos hospitais onde se recolhem os suicidas. Quando se aproxima o horário da reunião da terça e da sexta, soa um alarme em todas as enfermarias. Naquelas em que os suicidas ficam juntos, e em outras que são isolados em câmaras acolchoadas, devido à vibração prejudicial aos demais. Então, amigo, naquela hora, é como se estivéssemos famintos, muito famintos, e alguém chegasse e nos dissesse: Meus irmãos! Tomem a comida. Comam e se saciem. É o minuto mais esperado por todos. Todos, sem exceção de nenhum. Soa uma campainha e uma luz se acende. Então um painel grande... desculpe! Mas é muito emocionante ter que narrar isto. Mas, você precisa saber. E aquele painel luminoso, no momento em que você fala aquelas palavras, elas aparecem luminosas em cada enfermaria, e desse painel saem verdadeiras gotas de luz que encharcam nossos perispíritos provocando o alívio de que tanto somos carentes. É um momento sublime para o suicida.

Amigo, muitos se recuperam de crises, inclusive eu, pela ternura daquele momento. É muito bom saber que somos lembrados. Eu os tenho visto comentar uns com os outros: será que o meu nome está no caderno? Vão lá, por favor! Levem o meu nome para que orem por mim. Mas nós sempre respondemos: os nomes de todos vocês estão no caderno. Todos vocês recebem igualmente, porque o minuto é para todos os suicidas, mesmo aqueles cujos nomes perderam-se na

O perispírito e suas modelações 223

lembrança dos amigos e na poeira do tempo. *(Antes das reuniões de desobsessão nós dedicamos um minuto de prece para os suicidas, ocasião em que oramos o salmo 23).*

Ainda não sei a data precisa quando reencarnarei. Mas tenho um consolo desde já. Os amigos espirituais me disseram que eu vou nascer em um lar espírita, e que essa doutrina vai ajudar-me a superar as minhas crises existenciais. Agradeço a oportunidade e espero que o meu depoimento sirva como alerta a velhos e jovens que venham a ler o seu livro e que agasalham tendências ao suicídio. Que todos saibam que ele é a maior infração à lei de Deus. Aquela em que nós, suicidas, sentimos o peso da sua mão, visto que somos infratores. Deus é perfeito; é justiça e misericórdia; e nós não temos o direito de fugir de Suas leis, que às vezes, tão mal interpretamos. Na hora em que nos reconhecemos suicidas, nos sentimos órfãos de Deus. Sentimo-nos como renegados. Contudo, Deus dá sempre novas oportunidades, porque sabe que somos egoístas, e ainda não compreendemos a sua paternidade para conosco. Achamos que somos por Ele abandonados. Mas agora, amigo, entendo perfeitamente o que é o amor de Deus, o perdão e a reparação da falta cometida.

Espero que o Pai nos ampare, e agradeço sinceramente a paciência de vocês para com o meu desabafo. Por mim sinto que cresci, pois fui útil nesse seu trabalho.

Até um dia, amigo. Deus nos abençoe sempre.

Após o depoimento de Eládio, um médium, através de desdobramento, foi levado a um hospital de atendimento a suicidas por enforcamento, para observação perispiritual.

Vejamos a narrativa:

— Estamos em um hospital (Acho que vou ficar especialista em hospitais). Comigo estão dois amigos, e estamos nos deslocando em um corredor muito comprido. Um dos companheiros é o médico que sempre me acompanha e que descreve os fatos que sou levado a presenciar. O outro é o nosso amigo Richard. De um lado do hospital, observo Espíritos que possuem a cabeça quase separada do corpo. O pescoço é alongado e fino, assim como se houvesse um garrote provocando um estrangulamento ao meio, motivando grande sufocação. Do outro lado da enfermaria, outros Espíritos que já ultrapassaram esse estágio de deformação, pois são mais antigos aqui, portando, no entanto, estigmas variados que lhes acusam o mesmo gênero de suicídio. Alguns apresentam acentuado aumento na tireóide. Outros, com aquela doença em que os olhos crescem no sentido exterior, ficando quase a saltar das órbitas, avermelhados e espantados. Outros, ainda, são deficientes da fala, da audição ou da visão.

Eu falo com eles, e eles fazem sinais com as mãos, como a querer expressar sua mudez ou surdez. Richard explica-me que todos foram suicidas por enforcamento. Ele pergunta se você deseja saber como é feito o tratamento dessa deformidade perispiritual, já que em alguns casos a cabeça encontra-se quase separada do corpo.

— Gostaria sim.

— Ele começa a descrever perguntando qual seria a sensação que você sentiria, se torcesse o pescoço de uma galinha até separar. Pede que você pense nessa comparação. No suicídio, a corda aperta por um tempo mais elástico e a uma pressão bem maior. Existe quase uma separação da estrutura espinhal. Contudo, isso não se concretiza em nível perispiritual. Existe um estiramento, como se a espinha fosse elástica; daí a observação que fiz, comparando o pescoço a uma bexiga esticada, sem, no entanto, ocorrer à ruptura.

Para o tratamento, ele chama a atenção para um aparelho muito semelhante a uma máquina de raios X do tórax. Ele vai fazer uma demonstração. O Espírito já se encontra na maca e ele vai começar o manuseio do aparelho. Coloca o instrumento no sentido do pescoço afetado, mirando no ponto onde existe o estrangulamento. O aparelho emite um raio parecido com o laser. O tratamento, elucida, é um pouco parecido com a radioterapia ou cobaltoterapia, aplicadas em células cancerosas.

As células danificadas são tratadas por esse processo aqui observado, notadamente os neurônios e as partes mais finas que compõem os tecidos, camada por camada. Os raios penetram em cada camada, normalizando o tecido perispiritual que não foi destruído, ou seja, apenas danificado, machucado, elastecido. Aqui ocorre o mesmo quando uma pancada gera um hematoma no corpo físico. O tratamento é centralizado no sentido de dissolver o coágulo, fazendo

O perispírito e suas modelações

o sangue circular normalmente.

— Pergunta se você tem dúvidas.

— *Só tenho! Não quanto à recuperação dos tecidos perispirituais, mas sobre o alongamento do pescoço. Como ele volta ao normal?*

— Não é necessária uma recomposição, pois não rompeu a estrutura óssea. Apenas marcou. Os técnicos não interferem. Apenas neutralizam o alongamento. Surgirão para o suicida, as consequências decorrentes da intensidade das lesões que ele causou a si próprio. Estas podem aflorar desde a forma de problemas na coluna até a asma em sua persistência aguda. São frutos que devem ser colhidos, diz ele.

— *E quanto aos fluidos? A obtenção, o manuseio, como é feito?*

— O laboratório possui o material de recolher, estocar e combinar segundo as fórmulas químicas conhecidas pelos técnicos. Para nós, Espíritos, isso não constitui dificuldade. Vamos aos locais de coleta, os estocamos em tubos de ensaio e operamos com eles, como o químico manuseia as substâncias químicas entre vocês. Para fluidificar a água nas reuniões espíritas, tornando-a medicamentosa, apenas introduzimos o fluido entre suas moléculas, à temperatura ambiente, ou seja, no estado líquido, onde a força de coesão dessas moléculas é mais ou menos igual à força de repulsão, facilitando o ingresso de um maior volume fluídico e uma melhor disseminação também fluídica, tornando-a saturada e vitalizada.

— *Poderia nos fornecer uma ideia mais clara quanto à obtenção e manipulação desses fluidos?*

— A Natureza é um verdadeiro laboratório. Pense assim: a molécula da água é composta por dois átomos de Hidrogênio e um de Oxigênio. Utilizando um voltâmetro, podemos decompor ou separar a água nos dois elementos citados, ou seja, Hidrogênio para um lado e Oxigênio para o outro. O fluido cósmico unido ao fluido vital pode ser comparado à água. Os técnicos separam o fluido vital do fluido cósmico, como os químicos separam os elementos das misturas. Recolhem também substâncias dos vegetais e modificam, com o poder mental de que são dotados, as características de uma infinidade de fluidos existentes na Natureza. Ele não tem condições, informa, de se estender mais sobre a intimidade do fluido universal, por desconhecer os detalhes de como Deus o criou.

Quando Deus cria um planeta qualquer, já existia anteriormente naquele espaço o fluido cósmico universal, que modificado, passa a ser próprio e particular daquele planeta. A diversidade de variações e de formas de cada vegetal e de cada animal já existe em germe nesse fluido. Cada elemento químico, todo um tratado de Física, Química, Biologia e demais ciências com suas leis podem ser materializados mediante a atuação dos Espíritos superiores, operando neste fluido com o poder do pensamento, o concurso do tempo e da inteligência.

CAPÍTULO 44

Degradação da forma (Vampirismo)

Apenas cumpre considerar que, entre nós, vampiro é toda entidade ociosa que se vale indebitamente das possibilidades alheias e, em se tratando de vampiros que visitam os encarnados, é necessário reconhecer que eles atendem aos seus sinistros propósitos a qualquer hora, desde que encontrem guarida no estojo de carne dos homens.
... Naturalmente que a fauna microbiana em análise não será servida em pratos; bastará ao desencarnado agarrar-se aos companheiros de ignorância, ainda encarnados, qual erva daninha aos galhos das árvores, e sugar-lhes a substância vital.

André Luiz – Missionários da Luz
(cap. 4 – págs. 36 e 40)

Degradação da forma (Vampirismo)

A história do vampirismo sobre a Terra teve seus capítulos iniciais com os primeiros habitantes, intensificando-se até os nossos dias com a ajuda da invigilância e do desregramento que grassa em grande parcela da população planetária, fornecedora do combustível para tal incêndio.

No entanto, microscópica parcela da população terrestre conhece a atuação vampiresca e os prejuízos decorrentes dela, podendo precaver-se desse intercâmbio, evitando a drenagem de fluido vital de um plano para outro. Essa despudorada intimidade é embasada no aviltamento das funções básicas e necessidades dos encarnados, tais como alimentação e sexo.

Consideramos vampiro a entidade encarnada ou desencarnada que parasita ocasionalmente, acidentalmente ou temporariamente a outra entidade, encarnada ou desencarnada.

O termo acima empregado, temporariamente, refere-se ao espaço de tempo em ação continuada, enquanto perdura o ato parasitário do vampiro ou vampiros, visto que não existe um vampirismo permanente. Ele pode ser permanente enquanto durar, o que o torna, em última instância, temporário.

Podemos considerar o vampirismo sob quatro aspectos fundamentais de parasitose. De encarnado para encarnado; de desencarnado para desencarnado; de desencarnado para encarnado e de encarnado para desencarnado. Em se tratando de vampirismo, não existe simbiose, pelo simples fato de sempre haver prejuízo para os envolvidos, o que caracteriza a ausência de benefícios para a evolução espiritual de quem lhe partilha a ação. Mesmo que, sob certo ângulo distorcido, o parasita se reconheça beneficiado, a sua simples condição de dependência, por si só, retrata a sua indigência espiritual.

Os vampiros desencarnados buscam entre os encarnados o tônus vital, a essência ou vapores alcoólicos, as emanações carnívoras das mesas fartas, os prazeres sexuais, a alucinação das drogas e demais excessos afins. Os encarnados vampirizam igualmente os seus, na caça de satisfações, benefícios e bens materiais que lhes satisfaçam as tolas vaidades. Estas custam ao doador, muitas vezes, um desperdício de fluido vital pelo esforço na obtenção e/ou por desgaste emocional, gerado pela pressão psicológica, emocional ou física do solicitante.

É vampiro, o filho que exige horas extras de trabalho do pai para custear-lhe a ociosidade. É também vampiro, a esposa que onera o marido pela exigência de jóias e balangandãs, que para satisfazê-la, martiriza-se em excesso de trabalho. Igualmente é vampiro, o gigolô que explora a amante, não apenas sexualmente, mas forçando--a a garantir-lhe o sustento e os vícios. Frequentemente, esse tipo de vampiro é vampirizado por outros desencarnados, caracterizando um vampirismo de vampiro para vampiro.

Entretanto, nosso estudo restringe-se apenas aos efeitos que o vampirismo pode produzir no perispírito e sobre isso concentraremos nossos esforços.

O perispírito e suas modelações

O TÔNUS VITAL

O sangue para o encarnado representa o combustível que movimenta e vitaliza a sua existência. Além de captar o magnetismo que dinamiza o perispírito, transportar alimento celular, o oxigênio para as unidades básicas do corpo, o gás carbônico para os pulmões, enzimas, hormônios, elementos de defesa, linfa, dentre outros, constitui-se no elemento que contém o tônus vital, ou seja, os fluidos que energizam e vitalizam células materiais e perispirituais.

Os encarnados que se degradam nos vícios abusivos, tais como o sexo, as drogas, a glutonaria, o tabagismo e outros, tornando-se deles escravos, atravessam a existência física a encharcarem-se de fluidos grosseiros, condicionando-se às exigências e atendimentos de tais apetites. Tornam-se assim carentes de energias mais sutis, de vez que seus perispíritos se acostumam a fluidos pesados e grosseiros, únicos a lhes satisfazerem a materialidade quase palpável. São ainda brutalizados; instinto sobrepondo-se à razão. Adentram o túmulo na mesma dependência em que sempre viveram, pois a satisfação dos desejos são exigências da alma e não do corpo, no que são atraídos magneticamente para zonas específicas da erraticidade, onde se comprazem uns com os outros, como se encarnados fossem. É o vampirismo entre desencarnados.

Com a mente refletindo incessantemente seus desejos, resquícios da vida física, criam mentalmente essas zonas de difícil acesso e de perigosa estadia, para quem se aproxime sem as devidas reservas adquiridas pela sublimação e pela renúncia. Nessas regiões, os Espíritos em viciação sexual se buscam e se locupletam, o mesmo acontecendo com relação às drogas, a glutonaria e a todo baixo procedimento que se possa observar entre os encarnados.

No entanto, as sensações vividas pela satisfação de um vício qualquer, em nível de desencarnado, não possuem a intensidade por ele almejada, por ser o perispírito constituído de matéria sutil, funcionando como atenuante, desacelerador ou inibidor na intensidade do grau de prazer a ser obtido. O desencarnado sente-se na condição de um viciado dependente, acostumado a certa dosagem para a obtenção de um nível de prazer, agora sem a sua overdose, mas com fração ínfima que não lhe transporta ao estágio desejado.

Nessa condição de faminto de vitalidade, semelhante aos viciados em cocaína ou morfina, obcecado pelo tônus vital que perdeu e que floresce no sangue humano dos encarnados, busca encarnados afins para vampirizá-los. De outra feita, aproveita-se na busca dessa vitalidade, de recém-desencarnados desprotegidos, que ainda portem resquícios de fluidos vitais, de suicidas, chegando mesmo a inspirar contendas que se generalizem em derramamento de sangue para se beneficiar.

Como o tônus vital deixa o vampiro momentaneamente "encarnado", favorecendo a que as sensações e prazeres tenham um clímax agudo e aproximado ao que sentia quando na carne, dele se torna escravo.

Dessa maneira, os vampiros fomentam as guerras, os homicídios, os suicídios, as agressões físicas e morais, as torturas e todo procedimento onde o sangue possa ser o preço pago pela invigilância no acolhimento das idéias que elegem o ferir como solução para variados problemas. E se não encontra o sangue humano, portador do tônus vital mais refinado, não se inibem em buscá-lo entre animais abatidos, invadindo os matadouros em bandos famélicos, atirando-se sobre as vísceras sanguinolentas, quais sedentos frente à água cristalina.

Pobre humanidade! Fornece a matéria-prima para os vampiros, e estes, sentindo-se vitalizados, contra ela investem, induzindo--a a partilhar do aviltamento das paixões desregradas, no que se debilita física e moralmente. Põe a arma na mão de quem lhe deseja apunhalar.

Já tivemos oportunidade de conversar com vampiros em reuniões mediúnicas. Certa feita, quando estávamos nos preparando para uma reunião de desobsessão, uma mulher nos procurou aflita, pois seu marido tentara o suicídio com um tiro na cabeça. O fato se passara naquela tarde. A mesma foi atendida através de passes, aconselhamento, e no apoio moral que devemos uns aos outros em instantes tais. Seguimos então para a reunião, que se revestiu de caráter emergencial, visando beneficiar o irmão que atentara contra a própria vida.

A mulher ali fora enviada pelos dirigentes da casa, para que

O perispírito e suas modelações

231

atendêssemos a seu companheiro, viciado em drogas, como nos relatou, e obsidiado por vampiros. Através do desdobramento de um dos médiuns ao hospital onde se internara o paciente, tomamos conhecimento da presença de três Espíritos que aguardavam o seu desenlace, para seviciá-lo, sugando-lhe os fluidos vitais. A conversa com os três, pois que foram trazidos à reunião, girou em torno desse ponto, que se constitui em monoideia para tais entidades.

— Quero sangue! Preciso de sangue! – Disse-me um deles, cuja deformação perispiritual o tornava de aspecto animalesco. – Ele me dará as energias que eu preciso! Quero voltar! A qualquer instante ele passará para o nosso lado e nós vamos sugar suas energias – disse-me outro. A conversa foi rápida, pois, como se sabe, os vampiros aproveitam a proximidade com o médium para dele obter energias. Após um minuto de conversação, o tempo em que os vampiros estiveram com os médiuns, estes se mostraram cansados, desvitalizados, sentindo um vazio no estômago, no que foram atendidos com passes para repor suas energias.

Certa feita, conversando com vampiros que assediavam um viciado em alcoólicos, fiz a seguinte pergunta: – Meu irmão! Havendo aí no mundo que você habita, bebidas, cigarros, drogas, por que a necessidade tão urgente em subjugar esse pobre viciado?

— Tem, mas não é a mesma coisa. É tudo mais fraco. Eu gosto é de coisa forte. Além do mais ele me chama pelo pensamento e eu sempre atendo aos seus apelos.

Com isso não estamos querendo dizer que todo viciado seja um vampirizado. Existem almas boníssimas, que são recepcionadas no mundo dos Espíritos por ocasião do desencarne, e que levam em seus perispíritos as marcas do fumo e do álcool. Einstein tinha o vício de fumar cachimbo, no que era controlado pela esposa, não muito severa em sua vigilância. Todas as vezes que ela o surpreendia com o cachimbo à boca, indagava com ares de rigor. – Albert! Quantos cachimbos você já fumou hoje? – Um! Era sua invariável resposta. Ocorre que ele só tinha um cachimbo realmente, mas o utilizava não apenas uma vez por dia, porém, sempre que ela se afastava para outros afazeres.

Transcrevemos aqui as observações dos médiuns em desdobramento, feitos a ambientes terrenos, acompanhados dos mentores e instrutores que nos orientam nos estudos, com a finalidade

Luiz Gonzaga Pinheiro

de observarmos o vampirismo, fator degradante para o perispírito, lhe modificando as formas pela viciação mental.

PRIMEIRA VISITA

— Ainda não estou desdobrada, mas capto telepaticamente uma mensagem dos nossos amigos, dizendo que hoje não iremos nos deslocar às colônias espirituais do espaço, mas visitaremos ambientes terrenos com farto material para estudo. Iremos a locais onde o exercício sexual desregrado é praticado, para observação do vampirismo.

O instrutor explica que fomos preparados para essa tarefa durante o sono, ocasião em que nos exercitamos na capacidade de suportar e descrever o que vamos presenciar. O alerta é para manter firme atenção e vigilância, a fim de afastarmos qualquer possibilidade de sintonia entre os nossos pensamentos e o pensamento dos vampiros, posto que ainda não temos condições de neutralizar as vibrações por eles emitidas.

Saí! Foi como se eu desse um grande pulo. Não saberia explicar, mas tudo se passou como um salto a grande altura. Encontro-me em movimentada rua, aqui em Fortaleza. Vou procurar identificar o nome da rua. Chama-se 24 de Maio. O som está altíssimo aqui neste bar. À sua frente um arvoredo. Desenhada, na parede, uma onça. Estou vestida com uma espécie de avental feito de material semelhante ao couro, e em minha cabeça o instrutor colocou um capacete, cuja finalidade é impedir que vibrações prejudiciais me atinjam.

Observo com rigor o ambiente. O odor é insuportável. Noto a presença de homens e mulheres encarnados, uns bebendo, outros fumando, alguns fazem gestos obscenos, agarrando-se às mulheres. Na porta do bar, duas sentinelas para nos defender de qualquer embaraço caso seja necessário. São nossos amigos, diz Bernardes. O instrutor enfatiza que não será preciso narrar todas as cenas, mas, apenas aquelas que possam servir como objeto de estudo.

Chama-me a atenção um senhor encarnado, que se encontra muito alcoolizado e debruçado sobre o balcão. Em suas costas, quatro Espíritos aparentando estado de embriaguez. Bernardes solicita-me atenção sobre o perispírito desse senhor a que me referi. Do seu corpo exala uma fumaça semelhante a um vapor, que é aspirada profundamente

O *perispírito e suas modelações* 233

pelas quatro entidades que o cercam. Noto que uma delas, quando absorveu o vapor alcoólico cambaleou, como se estivesse embriagada. Esse vapor, de cheiro fortíssimo de álcool é pegajoso. O estômago e os intestinos desse senhor encontram-se carregados dele, e seu fígado parece atacado por micróbios que o instrutor diz se chamar larvas.

Um desses quatro Espíritos, o que julgo estar mais lúcido, coloca a mão sobre a cabeça do encarnado e parece sentir certo prazer nessa atitude. *Por quê?* Pergunto ao instrutor. Ele me pede para observar a mão do Espírito. Vejo então que nas pontas dos seus dedos existem ventosas que se grudam à cabeça de sua vítima parecendo anestesiá-la. Continuo a observar o perispírito do senhor alcoolizado, centralizando a visão em sua área sexual. O local parece habitado por centenas de mosquitos (larvas). Um Espírito encontra-se acoplado exatamente à sua zona sexual. Isso é muito desagradável de observar. O acoplamento é tão perfeito, que existe uma interpenetração de corpos. *Será?* Não sei como me expressar diante de tal cena. Esse Espírito faz gestos horríveis.

Adentramos mais o interior do bar. Percorro um corredor à esquerda, onde noto pequenos cubículos. O odor continua massacrante. Surge uma mulher encarnada e se abraça a um senhor, carregando--o e apoiando-o a seu ombro, desaparecendo em um desses cubículos *(Meu Deus! Eu tenho que descrever isto? Pois que seja!).* O quarto está às escuras. Apenas frágil luminosidade amarela o ambiente. Não sei como é que pode, mas, além dos quatro Espíritos que acompanharam o casal, existe uma verdadeira multidão de desencarnados dentro do quarto. Alguns se acoplam à mulher, outros ao homem, e ainda outros ficam ansiosos, aguardando a oportunidade.

Os pensamentos são horríveis.

— *Como você distingue os pensamentos?*

— Por imagens junto às suas cabeças e por captação telepática, apesar do capacete que estou usando. Bernardes esclarece que eles não estão nos vendo, e que o capacete que me protege das vibrações nocivas não me impede de perceber ou captar o teor dos pensamentos e as intenções dos infelizes. As cenas mentais deles são chocantes. Órgãos genitais masculinos, femininos, atos sexuais pervertidos. Eles gritam, dizem palavras grosseiras. Parecem loucos. Atiram-se sobre o casal como feras famintas; como a devorar o homem e a mulher. Agridem-se na disputa pela proximidade física do casal e retiram com movimentos bruscos aqueles que parecem ter atingido o orgasmo, para lhes assumir os lugares, temerosos que o casal se separe. Agora vamos sair deste quarto. *(Graças a Deus, digo ao instrutor).*

Volto agora a observar aquele Espírito com ventosas nos dedos. À altura do plexo solar existe uma substância enegrecida e pegajosa, com a qual ele se imanta às suas vítimas. Quando ele se prende às costas de alguém, coloca-lhe a mão sobre a cabeça e começa a roubar energias vitais, deixando a sensação de aniquilamento em quem lhe padece a constrição. O instrutor vai afastá-lo da nova vítima para que possamos observá-lo melhor. Põe a mão sobre sua cabeça, e ele sentindo uma espécie de choque, afasta-se algo surpreso. Seu aspecto é pavoroso. Apenas a forma é humana, mas predomina em sua anatomia toda sorte de deformações. O crânio é todo disforme e cheio de calombos. Não apresenta dentes e possui uma língua enorme, que utiliza para sorver as emanações de comidas e bebidas.

Ele coloca essa grande língua no copo e extrai os vapores alcoólicos. Está entrando no bar um rapaz de aproximadamente 35 anos. Não está muito bêbado. Esse vampiro, então, já se adiantou para colocar a mão sobre a sua cabeça. O procedimento é o mesmo. Ele se coloca atrás do rapaz e, através dessa cola negra que existe em seu plexo solar, gruda-se a ele como um sanguessuga, absorvendo-lhe a vitalidade. Interessante é que ele neutraliza a ação defensiva do rapaz, que se deixa desvitalizar, sem esboçar uma reação de defesa. Da sua mão sai uma substância tóxica negra, que funciona como anestesiante, inibindo as reações musculares, como se a substância, ao impregnar os centros de comandos cerebrais, bloqueasse as ordens destes aos músculos, ficando o jovem à mercê do parasita.

Explica Bernardes que ele pode causar diversos problemas físicos, que vão desde a intoxicação gastrintestinal até uma parada cardíaca, se a sua atuação for demorada. Noto que o rapaz ao tomar um copo de cerveja não está se sentindo bem. Parece querer vomitar. Fico um pouco apreensiva por causa dele, mas o instrutor diz que não pode interferir na ação do vampiro, porque o jovem veio a esse bar fazendo uso do seu livre-arbítrio. Apenas uma das sentinelas dá leve choque no vampiro, para que ele se afaste um pouco.

Nosso amigo diz: Esse que estamos observando é um verdadeiro vampiro. Tanto suga as energias vitais como sorve bebidas, emanações

O *perispírito e suas modelações* 235

de alimentos, energias sexuais, tudo. No entanto, é um Espírito sofredor que precisa de ajuda muito mais que suas vítimas.

Esse tipo de Espírito geralmente não comparece às reuniões mediúnicas para comunicação. Caso se apresente, é rapidamente retirado de junto ao médium, para não usurpar suas energias vitais. O instrutor comenta que as mulheres desse ambiente são manipuladas por esses vampiros. Vamos observar uma dessas irmãs prostitutas. A mulher que estamos examinando é um pouco gorda. Ao redor dela, cinco Espíritos parecem segui-la constantemente, como se fossem íntimos companheiros. Acima de sua cabeça, projeções mentais do seu pensamento revelam cenas de sexo. Na região sexual, existe outro Espírito acoplado em justaposição perfeita. É também uma mulher. Uma parece viver a vida da outra. O aspecto desse vampiro é pavoroso. Parece com aquelas figuras de bruxas das histórias infantis. Seu nariz é longo e cheio de verrugas e sua vagina possui deformações que se assemelham a garras. Bernardes diz que ela, por viciação mental em prolongados anos mentalizando cenas de sexo, procurando reter o clímax do orgasmo em situação permanente, desenvolveu, inconscientemente, aquelas espécies de garras em seus órgãos genitais.

Esse vampiro provoca, na sua hospedeira, verdadeiras sensações de loucura. Quando ela não consegue um parceiro, masturba-se demoradamente, transmitindo ao vampiro sensações de prazer. Esse descontrole emocional, provocado pelo uso descontrolado do sexo, deixa seus nervos em frangalhos. Os ovários, trompas e a vagina da encarnada estão infestados de larvas e de bacilos psíquicos, alimentados pela tortura sexual.

Precisamos nos afastar para refazimento, diz o instrutor.

Segunda visita

— Estamos nos deslocando pelo ar, e noto que estou próxima à Avenida X. Chegamos a um prédio. No apartamento que adentramos só residem rapazes. São viciados, adverte o instrutor. Eles vão utilizar drogas injetáveis. Observo também a presença de quatro Espíritos que a tudo espreitam ansiosos. O aspecto desses invasores é muito desagradável. Possuem cabelos em desalinho, ouriçados, e seus braços portam perfurações e manchas violáceas. Seus olhos são vidrados e avermelhados, e estão bastante atentos aos gestos dos encarnados que preparam as drogas, introduzindo-as em seringas.

Quando o encarnado estica o braço para captar a veia, o desencarnado o imita, como se, sobrepondo braço sobre braço, viesse a receber a dose. As reações são as mesmas. Ambos reagem em ações idênticas, como se para eles o tempo tivesse parado pela ação da droga, que imprimiu ao cérebro um estado mórbido em ambos. À proporção que os encarnados aplicam a droga a si mesmos, os outros Espíritos procedem igualmente, como se houvesse uma transfusão de efeitos do corpo dos encarnados para os desencarnados.

Esses quatro rapazes são homossexuais. E agora, imagine, estão fazendo sexo uns com os outros, ocasião em que os vampiros se imantam a eles, participando de todos os lances do ato sexual. Entre os vampiros existe uma mulher. Quando ela se imanta a um dos rapazes que está fazendo o papel de homossexual passivo, este passa a sentir sensações de prazer, como se realmente fosse uma mulher. O seu psiquismo parece ter sido absorvido ou dominado pelo psiquismo do vampiro, que se compraz com o seu ato. Percebo aqui o mesmo fenômeno da imantação perispiritual através da zona sexual. É como se um fosse um apêndice do outro. Xifópagos. O instrutor comenta que eles respiram o mesmo clima psíquico, permutando sensações em intercâmbio prejudicial a ambos. Esses vampiros dominam esses rapazes, que lhes favorecem o "prazer" da droga e do sexo aviltado.

Viemos aqui, adverte o instrutor, para estudar o efeito das drogas sobre o perispírito, que, neste caso, alia-se ao vampirismo sexual, provocando alienações e deformações perispirituais, tanto nos encarnados quanto nos desencarnados.

Vamos nos retirar. Jesus os inspire a mudar de vida.

Terceira visita

— Fui deslocada para uma espécie de motel, próximo à Praça da Estação, e estamos aguardando ainda não sei o quê. Agora percebo a chegada de um casal, e o instrutor diz ser esta dupla, o motivo da espera.

A mulher parece temerosa de ser reconhecida. Eles penetram no

O perispírito e suas modelações

motel e o homem diz para o garçom: O de sempre! O mesmo de sempre a que ele se refere é o quarto, a bebida e a droga que ingerem. Essa mulher é casada e pratica o adultério, informa o instrutor. Quando eles penetram no quarto, uma verdadeira multidão de vampiros aplaude, grita, esfrega as mãos. Outros fazem gestos obscenos, agarram-se à mulher apalpando-a.

É uma cena brutal. O casal ainda não se despiu. Passo a observar os vampiros. Eles estão despidos, e muitos já perderam a forma humana. Na zona do sexo de alguns, já não se distingue se foram homens ou mulheres. Tanto abusaram do sexo, tanto mentalizaram cenas degradantes, que terminaram por lesar seus perispíritos. No ambiente do quarto, vejo centenas de insetos (larvas) parecidos com pequeninas minhocas escuras. Após tomar a droga e a bebida, no que são acompanhados pelos vampiros, o casal está fazendo sexo.

Não sei como descrever o que vejo. Esses vampiros se lançam sobre o casal, como urubus. Prendem-se ao homem, outros à mulher, gritam, mordem, são como loucos, empilhando-se sobre o casal, sem que este note a intensidade do intercâmbio. O casal agora está como morto. Ambos parados, enquanto os vampiros aguardam em expectativa ansiosa.

Fazem gestos nervosos, esgares, trejeitos e observam. Sabem que o casal logo mais pedirá o de sempre novamente, e mais uma vez as mesmas cenas se repetirão, propiciando a eles as mesmas sensações que julgam vitais, mas que apenas os escravizam e os tornam feios, disformes, infelizes.

Vamos sair. O instrutor diz que já observamos o suficiente para termos uma idéia clara sobre o vampirismo sexual.

Assim é o vampirismo. Fator de degradação da forma perispiritual, que se subordina à ação mental viciada e dominadora, imprimindo, nos tecidos sutis da alma, as distorções e flagelos de que é portador.

Conta-nos Philomeno de Miranda, em seu livro, *Painéis da Obsessão*, a atuação de vampiros desencarnados, já apresentando a forma de lobos, que foram trazidos por obsessores, para sugar as últimas reservas de fluido vital de um desencarnante, a quem queriam trucidar. Esses vampiros, atados a cordas pelo pescoço, atiraram--se sobre o moribundo e passaram a sugar-lhe as energias da pasta sanguinolenta oriunda das hemoptises, sentindo-se embriagados na volúpia do gesto macabro, e somente a custa de açoites abandonaram o repasto cadaverizado. Em outro livro do mesmo autor, *Nos Bastidores da Obsessão*, é narrado o caso de José Marcondes Effendi, que em encarnação passada fora mulher adúltera, onde, em parceria com o seu amante, assassinara o marido, simulando um assalto. O assassinado, após longos anos, enlouquecido pelo ódio, a descobre, agora como Marcondes, jovem de dez anos de idade, a quem se liga por antipatia inexplicável. Sob rigorosa observação de seus passos, um dia, ao se desdobrar durante o sono, Marcondes deixa transparecer em seu perispírito os traços fisionômicos da mulher odiada, revelando a sua verdadeira identidade para o seu inimigo.

O terrível obsessor liga-se então a Espíritos trevosos, que o aconselham usar uma vingança de longo curso, para saborear o sofrimento da vítima. Detectadas as tendências antigas da mulher (agora rapaz) voltadas para o desregramento sexual, os obsessores iniciaram hipnose profunda, perturbando-lhe os centros genésicos, modificando-lhe a libido em sentido oposto, o que lhe imprimiu desejos típicos de homossexuais.

O obsessor, imantando-se ao perispírito de sua vítima, experimentando as sensações que lhe eram agradáveis, criou um condicionamento em que os interesses de ambos passaram a ser comuns.

Assim relata o obsessor o seu proceder: "Tão fortemente me liguei à sua vida, que o ódio se converteu em estímulo de gozo, imantando--nos em processo de vampirização em que me locupleto e através do qual a destruo, atirando-a cada vez mais em charco vil, até que o suicídio seja a sua única solução."

É, portanto, o vampirismo, de uso generalizado e desconhecido por largas parcelas da população, tido como fantasia ou ficção criada por mentes adoradoras do fantástico e do sobrenatural, o que lhe alarga o império no reino dos invigilantes. Todavia, apesar do alarido peculiar do mal, o bem avança silencioso e de maneira ininterrupta, empunhando a única arma que aprendeu a manejar, cujo golpe indolor, mas certeiro, provoca verdadeiras fissuras nas legiões da treva densa. A estranha (para alguns) e poderosa arma chamada amor.

CAPÍTULO 45

DEGRADAÇÃO DA FORMA (HIPNOTISMO)

— A sentença foi lavrada por si mesma! Não passa de
uma loba, de uma loba, de uma loba....
À medida que repetia a afirmação, qual se procurasse persuadi-la a sentir-se na
condição do irracional mencionado, notei que a mulher profundamente influenciável,
modificava a expressão fisionômica. Entortou-se-lhe a boca, a cerviz curvou-
-se, espontânea, para a frente, os olhos alteraram-se dentro das órbitas. Simiesca
expressão revestiu-lhe o rosto.
Via-se patente, naquela exibição de poder, o efeito do
hipnotismo sobre o corpo perispirítico.

Libertação – André Luiz – Psicografia de Chico Xavier
(cap. V – pág. 72)

DEGRADAÇÃO DA FORMA (HIPNOTISMO)

Fomos orientados por nossos amigos espirituais sobre a necessidade de estudo, centralizando os debates no tema das deformações e degradações perispirituais, com as quais se apresentariam certos Espíritos. Deveríamos recebê-los em nossas reuniões para atendimento e aproveitar a oportunidade para escrever sobre o tema.

Começamos o estudo. Como sempre, separamos o material disponível na literatura espírita e, folga para que te quero! Do que estudamos e observamos, resultaram as seguintes conclusões:

1. A mente comanda o perispírito, que é plástico e assume com facilidade a configuração imposta por ela.

2. Quanto maior o poder criativo e de comando da mente, maior e

mais variada será a transformação perispiritual.

3. A inferioridade moral do Espírito pode determinar em seu perispírito, através da exteriorização mental que lhe é peculiar, aspectos animalescos tais como: fisionomia equina, leonina, lupina, ofídia, simiesca e outras.

4. Uma mente mais poderosa pode subjugar uma mais frágil e induzi-la, por processos hipnóticos, a alterar a sua forma perispiritual, degradando-a.

5. O remorso, a consciência culpada a exigir reparações dos erros perpetrados, facilita a subjugação, com consequente instalação das deformidades.

6. O grau de deformação pode ser localizado em certos órgãos ou generalizado, apresentando-se todo o perispírito com aparência animalesca.

7. Essa deformação pode ser passageira ou demorada, podendo o Espírito ficar séculos na condição degradante de animal, chegando a esquecer a sua individualidade e acostumar-se à sua animalidade por largo tempo (*Será por isso que algumas pessoas acreditam na metempsicose?*).

8. Os casos mais agudos de degradação perispiritual são os promovidos pelas legiões trevosas, que se especializam em técnicas de hipnose, aplicando, a igualmente criminosos, os amargos corretivos que os benfeitores espirituais não se animariam a executar.

9. Na degradação perispiritual, os arquivos mentais ficam bloqueados, predominando a idéia subjugante e plasmadora, que gera e vitaliza a forma. O tratamento desses casos se faz através de cirurgias e educação mental.

10. O hipnotismo é utilizado tanto pelos bons Espíritos quanto pelos ignorantes, que dele tiram o proveito que suas mentes projetam.

Nas reuniões de estudo, o assunto teve continuidade com as observações e descrições dos médiuns:

— Os técnicos estão nos dizendo que vamos hoje a um local de difícil acesso e que, para o bom desempenho de todos nós, devemos reforçar a vibração e ficarmos em atitude de oração sincera e espontânea. Esse clima de harmonia é necessário, porque estamos nos deslocando para uma espécie de covil, onde Espíritos animalizados dominam a região,

O perispírito e suas modelações

sendo necessária, para o resgate que vamos efetuar a disciplina salutar nos pensamentos, que funciona como escudo e proteção, nessas regiões desconhecidas para nós.

Estou me deslocando com três Espíritos. Um deles, eu nunca havia visto. É bem alto, forte e musculoso. Tem uma barba bastante fechada e a cabeleira longa descendo até os ombros. Ele usa uma roupa bastante incomum. É um traje montanhês, de material semelhante ao couro. Certamente é o guia, pois se posiciona à frente, e parece ser conhecedor da região, pelo que deixa parecer. Conosco, também, nosso amigo alemão e outro jovem alourado e delgado.

Vou me restringir apenas aos eventos importantes da jornada, desprezando os pormenores. O terreno é descampado. Não se distingue vegetação alguma. É tudo muito árido. Até aqui caminhávamos em uma estrada clara, mas, à medida que adentramos a região, o ambiente parece escurecer, como se de repente a noite fosse se abatendo sobre nós. Os Espíritos me colocaram no meio, em apoio à minha fragilidade, creio. Parecem querer proteger-me de algo que desconheço. O guia, que diz chamar-se Gutemberg, quase não fala. Apenas observa, ausculta e delibera o rumo a seguir.

Agora ele acendeu uma tocha, devido à escuridão não permitir o deslocamento de maneira natural.

— *Não dá para ver nem mesmo as estrelas?*

— Nada! É como uma noite sem estrelas nem lua. Aquelas noites de chuva forte, sem relâmpagos. Sinto que enquanto caminhamos, algo ou alguém passa roçando em nós, provocando choques e arrepios. Procuro observar o caminho. Parece que descemos uma montanha. Quando o guia aproxima a tocha das pedras, vejo paredões que se estreitam, formando um caminho que permite a passagem de apenas uma pessoa por vez. Estamos descendo cada vez mais. Estou com um pouco de medo. Orem por mim.

Agora já me encontro com uma roupa diferente. Todos nós estamos vestidos iguais ao guia e já nos encontramos em uma caverna bastante profunda. O suprimento de ar parece mínimo. O guia fincou a tocha no chão e estamos fazendo um cerco ao redor dela. Oremos! Diz o instrutor.

Escuto gritos e uivos, mesmo no instante da oração. Não sei se por ação da prece, mas a luz da tocha aumentou, e percebo olhos brilhando, movendo-se na escuridão, parecendo luminescentes. O guia afasta-se da tocha a procurar alguém.

Ele o recolheu e o traz nos braços. Seu estado é lastimável. O corpo está retalhado e ensanguentado. As impressões mentais registradas após o seu desencarne, ocasião em que vampiros o retalharam, gravaram-se com muita força e nitidez em sua mente. Esse Espírito, quando encarnado, foi um assassino impiedoso que fez mais de uma dezena de vítimas. O guia o deixa sobre a areia e reúne-se conosco para observar a atuação dos vampiros.

Enquanto aguardamos, nosso instrutor explica que esse enfermo está sendo resgatado graças à intercessão de sua mãe, que é uma grande batalhadora em favor de marginais como ele. Após o seu resgate, ele será separado de outros enfermos em virtude do seu estado de alienação. Gutemberg diminui a claridade da tocha, mergulhando o ambiente em penumbra. Encontro-me protegida, cercada pelos dois amigos. O resgatado continua inerte sob nossa observação.

Então... que coisa espantosa! Vejo três Espíritos deformados, de aspecto meio humano, meio lobo, que se aproximam dele como se estivessem farejando. A aparência é de lobos. Os dentes são enormes; as mãos são humanas, mas parecem garras; as orelhas são pontiagudas, os olhos brilhantes, o nariz deformado.

— *Está certa de que não são realmente lobos?*

— Tenho certeza que são Espíritos, e o nosso instrutor nos confirma isso. Vejo-os agora bem próximos. Um deles chega junto do ferido e passa sobre o ferimento uma língua enorme, absorvendo o sangue.

— *Eles ficaram nesse estado por hipnotismo ou por viciação mental?*

— Pelos dois motivos. Eles foram hipnotizados por outras mentes, e se deixaram subjugar com o auxílio dos seus vícios e gravames cometidos contra seus irmãos. O instrutor afirma que, se não retirarmos esse Espírito daqui, ele passará a ter a mesma condição e deformação desses que observamos. Isso ocorre por causa da sintonia e pelo hipnotismo largamente usado pelos que dominam essa região.

— *Esse Espírito foi retalhado pelos vampiros, para que dele fosse retirado o tônus vital?*

— Exato!Tudo se passou como, ao chegar ao plano espiritual, um

O *perispírito e suas modelações*

bando de lobos o atacasse para devorá-lo. O instrutor complementa que é como se ele tivesse passado por duas mortes. A morte física e a morte do perispírito. Não que o perispírito dele esteja morto. Mas a sua situação assemelha-se à de alguém que houvesse morrido duas vezes.

— *Como assim?*

— Primeiro ele foi assassinado por seus comparsas que o esfaquearam. Sendo um assassino, foi transportado a uma região compatível ao plano dos seus pensamentos, região habitada por esses irmãos igualmente assassinos. Quando chegou, trazia o sangue a escorrer, brotando dos golpes profundos de que fora vítima. Isso atraiu os vampiros, que o atacaram para roubar-lhe o tônus vital, o que lhe causou espanto e terror.

Vejo agora um deles colocar a pata, aquela mão peluda sobre as vísceras do Espírito, como a querer revirá-las em busca de coágulos ou sangramentos. O guia corre a enxotá-los. Eles parecem temê-lo, pois se refugiam na escuridão. Ainda vejo alguns olhos brilhando, como a vigiar--nos. Gutemberg acolhe o ferido nos braços e o coloca próximo à tocha. Ele está realmente retalhado e de vísceras expostas. Os Espíritos, como tratamento de emergência, vão utilizar do meu ectoplasma para atender o rapaz ferido. Khröller lhe pede muito cuidado ao redigir sobre o tema, para não entrar no campo do fantasioso; para que as pessoas não pensem que aquilo narrado e presenciado aqui seja fruto de sua imaginação, de histórias de horror ou de ficção macabra. O plano espiritual é ainda desconhecido para quem o estuda, e eventos tais são tidos e havidos como inexistentes para os não estudiosos.

SEGUNDA VISITA

— Encontro-me em uma sala, trajando bata esverdeada, e observo o ambiente. Vejo luzes no teto, aparelhagem análoga a computadores e uma tela iluminada com tons verdes, mas um verde bem terno. A sala está em completo silêncio. Agora observo os médicos, todos envolvidos em suas tarefas. Existe uma cama alta, e sobre ela um paciente. Esse companheiro traz uma deformação no rosto. Seus olhos estão fora de lugar. Um na face e outro na testa. Sua cabeça é monstruosa. É uma deformação muito feia como eu ainda não tinha visto. Ele está inconsciente.

— *Essa deformação lhe foi imposta por outros Espíritos através do hipnotismo?*

— Vou perguntar. Ele foi trazido de uma zona trevosa, onde a ação de hipnotizadores e magnetizadores é bastante comum, e foram justamente esses hipnotizadores que transformaram seu perispírito. Como ele é frágil, foi cedendo ao constante assédio de outras mentes mais poderosas e agora se encontra como despersonalizado.

Estão pedindo que eu analise com mais vagar. Perguntam se eu posso ser doadora de ectoplasma para auxiliar na operação que está programada. Aceito, digo-lhes. O instrutor diz que eu vou assistir apenas a uma parte da operação, posto que ela será longa e delicada. Não será imediatamente que este Espírito irá se recuperar. Sou informada de que a narrativa deve ser lenta, pois tenho que manter o máximo de calma, devido aos fluidos que devo doar.

Observo um dos médicos. Ele faz uma incisão na região frontal com um bisturi. Vejo o sangue jorrar e ser enxugado no interior da região trabalhada. Ele então retira o olho e o coloca dentro de um pequeno recipiente que é entregue a outro médico; este procede a uma espécie de limpeza. O cirurgião faz outra incisão abaixo do supercílio, e manuseia aquele orifício formado, qual artesão hábil preparando delicada peça, e recebendo o olho de volta, o recoloca no lugar adequado. Essa segunda etapa da operação, diz ele, é mais difícil e requer elevada concentração.

O operador começa a fazer uma espécie de massagem com o dedo, e, quando termina, o corte está fechado. Engraçado! Fechou somente pela ação do toque. Observo perfeitamente a carne unida e sem cicatriz.

— *Pergunte a ele por que não houve a necessidade de sutura.*

— Ele responde que é uma técnica onde o próprio Espírito, retirando dele o seu magnetismo de cura, promove a regeneração imediata dos tecidos. Afirma também que esse paciente vai ter que submeter-se a tratamentos posteriores igualmente delicados.

— *Em que consiste o tratamento nesse período de convalescença?*

— Envolvê-lo em clima de otimismo e fé, fazendo-o esquecer o

O perispírito e suas modelações

passado. Se não houver uma renovação de hábitos e atitudes, no momento em que ele se lembrar de algum fato relacionado com a situação de deformidade vivida, poderá voltar a ela, inutilizando a plástica pela qual passou.

Nesse instante, outro médico portando um aparelho muito parecido com uma caneta de ponta luminosa, de uma luz esverdeada, incide essa luz na incisão em que o outro havia fechado pelo toque. Nessa operação, os médicos são especialíssimos, diz o instrutor, pois possuem o dom de cura pelo magnetismo de que são portadores.

— *Se eles podem magnetizar, por que não desfazem o efeito do magnetismo que é a causa da deformação, com o magnetismo de que são possuidores, evitando assim a cirurgia?*

— Respondem que a ação vampiresca dos Espíritos ignorantes deixa uma espécie de virulência que precisa ser neutralizada por essa cirurgia. Esta não se restringiu à simples incisões. É preciso extirpar do perispírito a vibração danosa deixada pelos magnetizadores das trevas.

— *Quer dizer que não foi só recolocar o órgão no lugar. Houve também uma magnetização?*

— Sim! Você entendeu bem, afirma o instrutor. Agora ele me abraça e deseja sucesso em nossas pesquisas. Fala que estará sempre disposto a ajudar no pouco que já aprendeu.

CAPÍTULO 46

A ORTODOXIA DOS ESPÍRITAS

O Espiritismo se condensa no corpo de uma Doutrina em que a experiência objetiva é válida, a especulação filosófica é uma necessidade consequente e a reforma íntima do ser humano é o ponto culminante.

Deolindo Amorim

A ORTODOXIA DOS ESPÍRITAS

Existe uma ortodoxia espírita? Sem generalizar ou radicalizar, se tal pergunta me fosse feita eu diria que sim.

Uma parcela bastante expressiva dos adeptos do Espiritismo encontra-se ainda presa a contendas relativas ao que Kardec disse ou não disse, alheia ao desenvolvimento científico que abre novos horizontes sobre o estudo do Espírito, da sua ciência e do seu habitat. Desconhecem as nuanças da mediunidade, o trabalho árduo e racional dos pesquisadores, a intimidade com os mentores ou instrutores, que não constitui privilégio a nenhum pesquisador, mas prêmio merecido ao esforço sincero de elevação.

Ignoram ainda, ou não se interessam, pelo estudo metódico durante o sono físico, levado a efeito nas universidades espirituais, o malhar na meditação geradora de sintonia, que abre verdadeiras frinchas nos arquivos científicos e filosóficos da espiritualidade e o valor inestimável do conhecimento libertador. Esquivam-se aos debates sérios, talvez por medo de empreender esforços para reestruturar seus conceitos embotados de falhas.

Outros, imensamente orgulhosos do que sabem, sentem--se diminuídos ao saber que seus conhecimentos carecem de complementações ou atualizações. E ainda alguns, sentem aquela fobia ou alergia ao novo, como se ele fosse uma invenção particular de um Espírito ou espírita, e não, a criação imortal de Deus, mantida momentaneamente velada devido à inadequação do tempo ao evento.

Alguns espíritas, ingênuos, preferem aceitar um Deus mágico, que tudo pode, acomodando assim seus conceitos a essa mágica que dispensa explicações e estudos. Por mim, prefiro um Deus cientista, que, atuando através do amor, revela incessantemente novos capítulos da sua ciência. Alguém pode duvidar, mas sem razão, quando afirmo que ainda hoje, século XXI, existe espírita que se melindra por não ser convidado para eventos festivos nos Centros Espíritas, ou não lhe é oferecido o primeiro lugar na mesa, com oportunidade de falar coisas que não sente. Contudo, recusam convites para participarem de reuniões de estudo doutrinário, que continuam com quatro gatos pingados.

Ora! Mais respeito com a Doutrina Espírita, crianças!

Muitas são as críticas, enorme é a acomodação e microscópico é o número de estudiosos. Falo estudiosos, porque leitores deve haver aos milhares, deliciando-se com romances mediúnicos, que são, diga-se a bem da verdade, excelentes, mas que diferem do estudo sistemático, gerador de uma base sólida e argumentação segura. Os livros da Codificação ainda são desconhecidos, notadamente *O Céu e o Inferno* e *A Gênese*.

Em *O Livro dos Espíritos*, como complemento à pergunta 188, Kardec escreve: "Segundo os Espíritos, de todos os globos que compõem o nosso sistema planetário, a Terra é um daqueles onde os habitantes são os menos avançados, física e moralmente. Marte seria ainda inferior e Júpiter o mais superior em relação a todos."

Aqui e acolá encontramos pontos que, embora secundários em relação às bases doutrinárias, merecem aprofundamento, visando atualização e aprimoramento.

Dirão alguns, que coloco lenha na fornalha dos inimigos do Espiritismo, e levanto celeumas desnecessárias. Mas, por que a fuga

O *perispírito e suas modelações*

dos debates sérios? A luz não surge dos estudos, debates, pesquisas e investigações? Louve-se aos homens de vanguarda como o foi Kardec. Louve-se ao esforço de Hernani Guimarães, Hermínio Miranda e tantos outros, que anonimamente penetram nas regiões espirituais, armados do esforço e da vontade sincera de aprender. Kardec foi, é, e talvez seja sempre insuperável. Mas a Revelação continua, principalmente por ser o Espiritismo uma doutrina evolutiva, que não recusa as verdades novas, devidamente comprovadas.

Estejamos certos de que a Doutrina não nos foi passada completa, nem exige que o aprendiz estacione no que foi revelado. Que falem por mim as comunicações dos Espíritos por gravadores, telefones, computadores, as imagens do plano espiritual captadas em vídeo, as operações espirituais, as implicações perispirituais devido aos transplantes de órgãos, a conservação de corpos em frio, os bebês de proveta, os clones, dentre outras descobertas.

Como Kardec não se referiu a tais assuntos, devem os mesmos estar ausentes do nosso estudo?

Este capítulo, que faz pequeno estudo do corpo mental, é o motivo da introdução acima. Ânimo! Meia hora de estudo por dia não provoca nenhum desencarne.

CAPÍTULO 47

Estudo
DO CORPO MENTAL

Primeira visita

— Já estou desdobrada, e encontro-me no interior de um hospital, um pouco diferente dos demais que tenho observado. Comigo, um rapaz alourado e o nosso amigo alemão. Esse hospital possui a aparência do Instituto Médico Legal, sem, contudo, apresentar a lugubridade dessas instituições terrenas.

Vejo em frente muito verde, e no interior do prédio posso perceber uma beleza arquitetônica relevante, mas sóbria. Subimos as escadas e somos recebidos por uma mulher trajando roupas brancas; deve ser médica ou enfermeira. Seu aspecto é muito suave. Seus cabelos pretos e lisos, caídos sobre os ombros. Também estou vestida de branco. Uma saia longa que não me permite ver os pés. Chegamos a uma sala muito espaçosa, e vejo várias gavetas como se fossem fichários. Essa irmã que nos recebeu e que diz ser a coordenadora dos trabalhos, está informando que nas gavetas que observo, encontram-se perispíritos modelados, para Espíritos que desencarnaram em acidentes graves, onde o corpo físico e o perispírito passaram por sérias lesões.

— *Você tem certeza de que é isso mesmo que está ouvindo? De que não são perispíritos, mas apenas moldes, assim como manequins?*

— A irmã reafirma que são perispíritos moldados pelos técnicos, com o auxílio do corpo mental dos Espíritos que irão incorporá-los. Esses perispíritos aparentam ser de uma matéria plástica transparente. Dentro da gaveta que ela abriu para minha observação, está o perispírito de um homem de aproximadamente 60 anos. Seus cabelos são grisalhos e suas feições não são joviais. Noto que existe uma grande diferença entre este perispírito que observo e o dessa irmã com quem falo. O dela tem vitalidade; possui brilho, pele, carne, ossos, sentidos. O outro, o que está na gaveta, é transparente. Possui órgãos, mas não apresenta vitalidade nem palpitação.

Ela nos explica que o corpo que eu observo na gaveta, está ligado ao Espírito que irá habitá-lo, mas não necessariamente que o Espírito esteja ali, deitado espalhado naquele corpo. Todavia há um vínculo que os une. O paciente que possuirá este corpo modelado, foi vítima de trágico acidente que lhe subtraiu o físico e danificou drasticamente o perispírito. Existe, no entanto, a revestir o Espírito, o que chamamos de corpo mental, que nos possibilita promover a reconstituição do perispírito, ou seja, da fôrma que se danificou.

— *Será que você pode explicar melhor o que ouviu?*

— A irmã repete que eles aproveitaram o corpo mental do Espírito, do qual o perispírito é cópia grosseira, como matriz, para dela extrair os dados necessários à nova modelagem. Por isso, percebemos a aparência de um homem de 60 anos. São informações mentais que este corpo retém. É enfim, como o paciente se sente e se situa no tempo e no espaço. Se ele fosse jovem, seu corpo mental refletiria o seu estado jovem, por força do seu comando mental, o qual obedece com absoluta fidelidade às diretrizes da mente.

A mente, minha amiga (diz ela), guarda tudo que vê e sente. Então, em qualquer ocasião ou época, os técnicos em manipulação de fluidos podem utilizar desses recursos e formar imagens, ou modelar o perispírito para o Espírito que o necessite.

O Espírito que habitará este perispírito, não está consciente no momento. Apresenta-se em uma espécie de coma profundo. Dirigimo-nos a outra sala, onde observo mais gavetas. Todos os perispíritos que estão nelas passaram por modelações, pois seus originais sofreram avarias brutais, onde houve desagregação, devido à mente registrar fortemente o momento do acidente. Alguns corpos foram, inclusive, colocados ainda vivos, em estado cataléptico, em crematórios, e no momento da cremação, o medo e o pavor criaram neles sequelas perispirituais de grande vulto. Separando a sala onde me encontro,

O perispírito e suas modelações

de outra que vamos adentrar, existe um "vidro" transparente. Para adentrar a outra sala, já mudei de vestimenta. Vejo através de "vidros" que mais corpos são guardados em espécie de câmaras. Da cabeça de cada um deles saem fios que se ligam às gavetas com os perispíritos, na sala de onde saí. Agora Eulália, esse é o seu nome, diz que devo redobrar a atenção sobre o que vou observar.

— *Explique melhor sobre os corpos que você observou.*

— Os corpos aos quais me referi possuem semelhança fisionômica com os que estão nas gavetas, mas parecem ser mais leves, sutis, diz ela. Vejo-os como cadáveres, pois estão inanimados. Mas, o princípio inteligente, que é o Espírito, encontra-se ali adormecido. Como este não tem forma, eu não posso vê-lo; apenas sentir a sua atuação através desse corpo mental.

O que vou assistir e você descrever, é a junção desses dois corpos, ou seja, do corpo mental aqui observado com o perispírito que foi remodelado. Quando isso ocorrer, nós poderemos ver a fôrma perispiritual do Espírito, com a aparência da sua última encarnação. No momento, o perispírito que deverá unir-se ao corpo mental, apresenta-se apático, sem a vitalidade cuja ausência notifiquei. Sem o corpo mental que retrata a condição do Espírito, o processo ideoplástico seria de impossível realização. Os técnicos fariam um corpo mais feio ou mais belo, ou seja, de feições alteradas, pois não tomariam como base os arquivos mentais do Espírito que a tudo guarda. A reconstituição precisa ser exata. Como o cirurgião plástico modela os traços fisionômicos do corpo acidentado, eles também modelam o perispírito, que em tudo se assemelha ao que foi avariado. Sem o corpo mental, a nova forma seria guiada apenas pelo mapa cármico e genético do paciente, impondo-lhe benefício ou prejuízo, o que não é admissível nas leis divinas.

— *Pode se deter mais um pouco nesse raciocínio?*

— No caso de o novo perispírito moldado ser melhor, mais saudável, mais belo do que o merecido pelo Espírito, ou no sentido inverso, negando tais qualidades quando o Espírito delas se faz credor, haveria uma injustiça ou um privilégio, dois procedimentos inadmissíveis na Justiça Divina. Seria como pintar em uma tela a fotografia de uma pessoa, utilizando o negativo da foto como modelo.

O corpo mental, retratando as particularidades cármicas, morais e intelectuais de que a mente se faz portadora, deixa-se plasmar segundo se mostra, funcionando como molde perfeito para a reagregação do perispírito.

Agora estamos em uma sala de cirurgia. Portamos máscaras, boinas e luvas. Tudo me parece rigidamente esterilizado. Um médico já idoso vai fazer uma experiência para demonstrar o que ocorre com os Espíritos que aqui se encontram nas condições já descritas.

Começa por explicar que os Espíritos se encontram adormecidos. Pede que os enfermeiros tragam em uma maca o perispírito, que vi há pouco na gaveta e o coloquem sobre uma mesa cirúrgica. Por trás da mesa, aparelhos a serem usados na cirurgia. Outros enfermeiros trazem o que eles chamam de corpo mental que se encontrava na câmara. Ambos são colocados muito próximos um ao outro. A situação que observo assemelha-se a uma cena de desencarne aí na Terra. O corpo físico embaixo e o perispírito acima já liberto. Mas aqui vai ocorrer o inverso. O corpo mental terá que adentrar o perispírito que lhe pertence, o qual foi remodelado segundo as características da citada matriz.

Quando por ocasião do acidente que desagregou grande parte dos fluidos perispirituais, o Espírito ficou em coma. Posteriormente, ele foi desdobrado, ou seja, saiu junto ao corpo mental, a fim de permitir os reparos necessários, a que os técnicos se empenharam com toda a competência e caridade já conquistadas. Como no desdobramento terreno, onde o perispírito fica ligado ao corpo físico através de um laço fluídico, aqui também ocorreu o mesmo. O corpo mental está ligado ao perispírito por um laço que lhe permite o comando sobre ele. A experiência que me preparo para assistir é o corpo mental assumir esse comando sobre o perispírito já remodelado, como esse faria ao adentrar o corpo após o sono, despertando-o.

Alguns fios começam a ser ligados. O médico fala que o Espírito em atendimento encontra-se adormecido há 30 anos. Esse é um instante sublime para ele. O ambiente aqui não admite qualquer pensamento dissonante. Toda a equipe se posta em oração, e eu também. Veja se me entende: existem fios ligados da aparelhagem para o corpo mental e do corpo mental ao perispírito. Estão ligando cabeça com cabeça. Eles parecem gêmeos.

O *perispírito e suas modelações*

Quando ligaram cabeça com cabeça, (é como se acendesse uma luz) o cérebro perispiritual começa a funcionar. Agora eles estão baixando o corpo mental e colocando-o sobre o perispírito, no que ocorre um encaixe perfeito. Foi como se o perispírito absorvesse o corpo mental, passando a ter vida. Já não vejo dois corpos, mas somente um. O perispírito começa a demonstrar a sua vitalidade costumeira. Percebo a cor, o sangue circulando, os órgãos funcionando, a respiração, mas ele está imóvel.

Pedem-me para deitar em uma cama ao lado, a fim de funcionar como doadora de fluidos vitais para esse irmão. Os técnicos dizem que esse tratamento ainda será muito demorado. O paciente passará por um processo de reeducação mental, através do qual aos poucos irá recobrando a memória. Eles o farão ver imagens, desfazendo a amnésia. Lembrará lentamente de nomes, imagens, lugares, como é uma flor.

Estou me sentindo muito cansada, mas feliz, porque o paciente está voltando à vida. Está mexendo os braços. O médico diz que normalmente servimos como doadores durante o sono físico, onde eles podem repor nossas energias com facilidade. Fala que o procedimento a que assisti pode parecer ficção, mas é assim que funciona, e que você não deve omitir detalhes por medo de não ser bem entendido.

Estou saindo para refazimento.

Segunda visita

— Encontro-me em um local muito parecido com um auditório. Um amigo ao meu lado diz tratar-se de uma sala de aula. Um companheiro coloca um aparelho em meu ouvido e me explica que você poderá me ouvir, mas eu só o ouvirei se retirar esse aparelho dos ouvidos. Quando você tiver uma dúvida na minha transmissão, eles retirarão o aparelho para que eu o escute e retorne ao ponto obscuro. Todos estão usando este aparelho. Vou realmente assistir a uma aula. Entre os alunos, todos animados e um pouco ansiosos, reconheço aquele rapaz que foi seu aluno e que desencarnou vítima de um acidente de trânsito. Ele traz uma prancheta na mão e acena, saudando-me.

O instrutor pede que eu passe para você o nome da escola: *Universidade Espiritual da Colônia Neysy*. À nossa frente existe uma tela em substituição ao quadro negro. Todos se preparam, inclusive a sua mãe. Vai começar! Devo falar tudo que vejo e que escuto.

Ingressou na sala um senhor alto e sereno. É o professor. Ele apenas pensa e seus pensamentos são projetados sobre a tela, em forma de desenhos e gráficos. Este é o objetivo da aula. O desenho é de um corpo humano completo, mostrando um subcorpo, como uma espécie de sombra. No lugar do cérebro, existe um sinal, como se aquele local formasse uma terceira divisão do corpo. Essa parte do cérebro está grifada em caracteres bem vivos. Ao lado do desenho do corpo completo está o número 1 e o nome perispírito. A sombra, como se fosse um esboço ao redor do corpo, é o número 2, o corpo mental. E o número 3 representa a sede do Espírito.

Diz o professor: "Esta indicação do Espírito localizado no cérebro é para efeito didático, uma vez que o Espírito não se restringe apenas à parte cerebral." Ouço agora uma rápida descrição do perispírito e do corpo mental, pois, segundo ele, o mais importante da sua explanação é compreender que podemos nos transportar não só em perispírito, mas também em corpo mental.

— *Quer dizer que, no mundo dos Espíritos, a saída do corpo mental do corpo perispiritual é semelhante à saída do perispírito do corpo físico aqui na Terra?*

— Exato! Nós nos desdobramos aqui em corpo mental, diz o professor. Agora em outro desenho, ele mostra as partes do físico e as contrapartes correspondentes no perispírito. Fazendo essa comparação, ele vai logo mostrando os efeitos do suicídio, e os danos causados ao perispírito, conforme o gênero utilizado.

— *Procure certificar-se se o corpo mental tem igualmente órgãos como o perispírito, e se estes são atingidos pelo suicídio.*

— Diz ele que o corpo mental funciona muitíssimo bem no Espírito que já tem um determinado grau de evolução e equilíbrio, e que não sofre desagregação como o perispírito. Afirma ainda que o corpo mental está para o perispírito assim como este está para o corpo físico. A aula prossegue, e o professor mostra os membros, partes lesadas do perispírito, por causa do suicídio. Sobre o corpo mental, a explicação é que ele apresenta todos os órgãos do perispírito, mas, de uma matéria mais sutil e delicada. Nele, tudo é mais aperfeiçoado.

— *Então eu posso ficar convicto de que o corpo mental possui órgãos como o perispírito.*

— Certo! Mas eles não são atingidos, pela própria formação e composição intrínseca que lhes são peculiares.

— *Já tivemos oportunidade de ouvir explicações sobre o corpo mental nos amputados; na forma de membro transparente no lugar do membro faltoso; nos suicidas por retalhamento, como uma película impedindo que ele se parta ao meio; naqueles que passaram por explosões do próprio perispírito, como uma espécie de fôrma vazia. Mas, no caso do suicídio por queimadura, cujo perispírito ficou apenas um torrão, como o corpo mental transportou-se para o novo perispírito?*

— Naquele caso, o Espírito, enquanto consciente, ajudou na elaboração do novo perispírito. Ele queria um corpo, da mesma maneira que quem precisa encarnar necessita de um corpo para manifestar-se. O corpo mental é como o pensamento que voa. No momento em que desejou e que o novo corpo estava preparado e vitalizado, em fração insignificante do segundo ele se transferiu.

— *Mesmo assim, ainda não entendi como ele se transferiu.*

— Pense assim: o corpo mental é como um raio, uma energia que pode penetrar em qualquer lugar. Algo muito volátil, maleável a tal ponto de mudar a forma original, tomar a forma de energia, ser direcionada pela vontade do Espírito e penetrar no novo corpo, nele enxertando-se. Claro que tudo foi feito auxiliado pelos técnicos, devido às condições precárias do Espírito. Ele diz que esta é uma imagem aproximada do que ocorreu e que você entenderá melhor o assunto nos próximos encontros.

TERCEIRA VISITA

— Já deixei o corpo, e recebo a informação de que vamos fazer duas visitas. Uma delas à subcrosta, e a outra, a uma Colônia. Essa segunda visita servirá como refazimento e para que você estabeleça paralelos entre os perispíritos dos habitantes da subcrosta e os dessa Colônia. Vamos observar Espíritos de categorias diferentes, e, dessa análise perispirítica, tirar conclusões, dirimindo nossas dúvidas.

Estamos em uma zona bastante escura, e encontro-me com três amigos. Vejo com certa nitidez o nosso amigo alemão. Sua aparência é jovial, embora seja um homem maduro. Tem um andar lento, como de uma pessoa bastante descansada. Os outros dois estão do meu lado, como a proteger-me. Estamos vestidos com roupas semelhantes ao couro, mas elas se encontram tingidas com uma espécie de fuligem. Camuflagem, diz Khröller. Assim não seremos percebidos, quando penetrarmos nesses antros.

Estamos defronte a umas ruínas e ouvimos muitos gritos, lamentos, choro. Não devo ligar para o que escuto, dizem, e sim permanecer em silêncio e oração. Existe uma masmorra nessas ruínas. Nela, estão diversos Espíritos de categoria muito inferiorizada. Alguns de aspecto animalesco, formas de ursos, unhas e patas enormes. No entanto, o corpo e o rosto são humanos. Nosso amigo diz que esses irmãos foram vítimas de hábeis hipnotizadores. Observo alguém que tem o corpo todo chagado. São grandes feridas na pele. Apenas criações mentais dele, que se refletem no perispírito, tornando-o ulcerado. Vejo também outro corpo sob essa pele cheia de feridas. Esse corpo muito fino, como se estivesse sobre os ossos, apresenta-se intacto. É algo tão tênue, que quase não percebo. Só consegui distingui-lo porque o instrutor colocou a mão sobre minha cabeça, ampliando a minha visão. Ele me diz que aquele corpo delicado é o corpo mental, que reveste o Espírito.

Observo agora a grosseria da sua pele. As pústulas são enormes e tão reais, quais se fossem no corpo físico. O corpo perispiritual desse companheiro parece ser tão materializado quanto o corpo físico. Percebo até o sangramento, as cascas das feridas, o inchaço e o odor pútrido. Parece-me estar de frente a um hanseniano em estado grave. Aqui, na subcrosta, a respiração é difícil e o calor é insuportável. Vejo muitos companheiros sem a forma humana. Alguns possuem formas estranhas e seus perispíritos são tão densos, que não podem habitar a Crosta. Esses Espíritos entraram no estado de primitivismo devido aos grandes crimes praticados, e para suportarem a alta temperatura das furnas, seus perispíritos se revestiram de camadas grosseiras, como escamas pétreas.

— *Isso ocorre por vontade deles ou é um tipo de adaptação ao ambiente que o perispírito desenvolve?*

— As condições climáticas, aqui resumidas ao calor, bem como os crimes cometidos por esses Espíritos são os responsáveis pelo adensamento perispiritual. Eles padecem "o fogo do inferno", diz nosso instrutor.

O perispírito e suas modelações

— Certa vez li um livro que procurava retratar as condições dos Espíritos habitantes dessas regiões, mencionando-os sob forma de peixes, polvos, répteis, aves, espécie de larvas, árvores ressequidas e até minerais. Essa descrição é verdadeira?

— O Espírito que eu estou observando tem um revestimento parecido com o do crocodilo. Ele não tem a boca desse réptil, mas a sua pele é idêntica. Diz o instrutor que os Espíritos decaem na forma perispirítica, mas não passam de homens para animais. Subjugados por mentes vigorosas, as formas perispirituais se degradam devido à sua maleabilidade, que obedece à vontade de quem as manipula, desafiando a imaginação de quem observa. Muitos deles portam formas monstruosas, subumanas, para amedrontar, e permanecem assim por viciação mental. Outros chegam a ter uma forma quase mineral, como se não pensassem, não tivessem mais vontade própria. Suas emoções não são mais registradas, apresentando uma massa disforme, permanecendo assim por séculos sem condições de habitar a Crosta. Mas os Espíritos, ao tocá-los, sabem que não são minerais, mas humanos.

Já li também sobre formas perispirituais enormes, descomunais. Isso pode ocorrer?

— A condição do perispírito é muito elástica, mas tem um limite. É como uma bexiga que enche e, ultrapassando o ponto crítico, tende a estourar. Não pode assumir formas gigantescas pela sua condição de limite. No entanto, pode apresentar formas variadas e até maior que a dimensão humana, mas, não desproporcionalmente grande.

QUARTA VISITA

Estou levitando. Sinto em meu coração a sensação de altura como se estivesse em um elevador. Estamos descendo. Observo que é dia, pois percebo os raios solares. Tudo está muito claro. Encontro-me no meio de um jardim com muitas flores vermelhas minúsculas, formando um tapete na relva. Apanho uma delas e percebo que não possui nenhum aroma. Exalam o perfume do conforto, diz o Espírito que está ao meu lado. Mais que o verde, esta florzinha está me refazendo as energias.

Estou sentada. Há um banco no meio da relva e eu coloco os pés descalços sobre o tapete verdejante (*Ah! Se eu pudesse ficar aqui para sempre).* Sei que devo permanecer apenas alguns instantes enquanto são extraídas do meu perispírito as impurezas nele impregnadas na visita anterior. Já não estou mais com aquelas roupas de cor de cinza; tampouco estou cansada. Além dos fluidos do ambiente, recebi passes dos amigos deste lugar. Interessante! Não consigo imaginar este lugar à noite. Faz sol! É como o sol das cinco horas da tarde. Esta colônia fica situada acima da Filadélfia. Não sei por que a Filadélfia. É tarde lá?

Parece-me que a Filadélfia fica no Nordeste dos Estados Unidos. Se isto for verdade, deve ser final de tarde por aí.

Percebo muitos Espíritos com características alouradas. Falam outro idioma e apresentam-se amigáveis. Sei que eles estão falando outro idioma, mas eu entendo o que eles dizem. O instrutor diz que a nossa comunicação é mental, por isso eu entendo o que dizem. O sotaque ou condição linguística da Colônia não é capaz de obstaculizar a nossa comunicação que se faz mentalmente. Esta Colônia se chama *Lírios do Campo*. Volitamos novamente. Estou com um roupão branco, amparada por dois amigos. Sinto as nuvens como se fosse passageira de um avião. Pousamos em outro local da mesma Colônia.

Encontro-me em uma sala ampla, cujo piso parece mármore branco. No centro da sala vejo um aparelho em movimento circular, um pouco lento. Assemelha-se a uma câmera de TV. É um captador de fluidos ambientais. Eles estão me colocando no raio de ação do aparelho e estou sentindo uma sensação muito agradável. O instrutor pede que eu olhe ao redor, mas nada percebo junto a mim. Apenas Espíritos mais adiante. Então, ele me recomenda elevar o padrão vibratório através de uma prece, porque o Espírito que vai nos ajudar está procurando baixar o seu, para que nós o avistemos.

Vejo então, ao meu lado, uma luz muito forte, e ele, esse Espírito que vai nos ajudar, procura reduzir a luminosidade para tornar-se perceptível em seus detalhes. Consigo distingui-lo agora com nitidez. É uma mulher belíssima. Suas feições são muito delicadas e o seu olhar me deixa emocionada. A pele é como se fossem pétalas suaves. Quando ela toca a minha mão, eu sinto uma emoção muito grande, um envolvimento de paz e de ternura. Ela diz ser apenas uma humilde servidora do Cristo. Estende a mão para que eu possa sentir a delicadeza da sua pele. É tudo perfeito. As unhas são róseas, a pele

O perispírito e suas modelações

261

aveludada, os cabelos são como fios dourados. Não possuem a mesma constituição dos nossos cabelos. É realmente uma coisa muito bela.

O instrutor informa que essa irmã se prontificou a nos auxiliar, deixando-se tocar e observar, para que possamos sentir a diferença, a sutileza do perispírito. Ocorre agora algo que eu nunca havia visto. Ela está se desdobrando. O perispírito está parado à minha frente, e, ao mesmo tempo, eu percebo ao lado uma luz fortíssima. Ela me diz mentalmente: Você não está percebendo, mas existe um revestimento nesse corpo desdobrado. É o meu corpo mental. Eu não sou como você pensa. Só luz.

— *Procure observar se esse revestimento possui as mesmas características do perispírito que está à sua frente.*

— Não estou conseguindo distinguir nada. Vejo apenas a luminosidade. Mas vou perguntar a ela. Posso tocar? Pergunto. Ela afirma que sim. Estou tocando o corpo mental. Sinto a mão, os dedos, as unhas, mas não consigo ver, devido à intensa luz. É como se seu corpo mental fosse de luz.

— *No instante em que ela quer, pode desdobrar-se?*

— Sim! Ela fez isso para que eu pudesse observar os dois corpos. Informa-nos que o seu corpo mental é adaptado aos fluidos do ambiente onde está. Quanto mais depurado é o Espírito, mais esse corpo se torna tênue e sutil. Com esse corpo, os Espíritos podem fazer estágios, estudos em outras colônias mais avançadas.

Nos Espíritos angélicos, esse revestimento é tão sutil, que até os Espíritos mais elevados não conseguem perceber. Só com a permissão deles é que podem ser notados. Vejo agora seu perispírito em movimento novamente, depois que a luz apagou. Isso significa que ela retornou. Afirma que a sutileza do perispírito é espantosa, pois ela, Espírito sem credenciais de destaque no campo da evolução, teve que baixar um pouco a sua vibração para se deixar perceber, e poderia ter ficado invisível para nós, caso quisesse. Poderíamos ver apenas uma luz e ela estaria revestida com o seu perispírito.

Reafirma que foi um grande prazer cooperar conosco em nossos estudos. Abraça-me, e novamente me sinto emocionada. Vou retornar, pois não me é permitido ficar por muito tempo nesta zona, devido às condições do meu perispírito. Meu ingresso foi permitido apenas para fins de estudo.

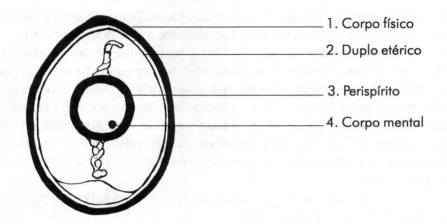

Paralelo entre o homem no seu aspecto quaternário e o ovo.

1. Casca = Corpo físico
2. Membrana da casca = Duplo etérico
3. Membrana da gema = Perispírito
4. Membrana do disco germinativo = Corpo Mental

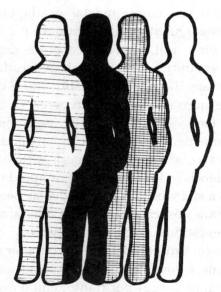

O homem no seu aspecto quaternário: corpo físico,
duplo etérico, perispírito e corpo mental.

CAPÍTULO 48

TRANSPLANTE DE ÓRGÃOS

P. Há uma pergunta que nós queremos ler com muita atenção. Mestre, dizem os Espíritos que o corpo físico é uma duplicata do corpo espiritual; no transplante do coração, não haverá a existência do órgão que permaneceu no corpo astral ao lado do que foi substituído?

R. Por isso mesmo que o nosso amigo André Luiz considera a rejeição como um problema claramente compreensível, pois o coração do corpo perispiritual está presente no receptor. O órgão astral, vamos dizer assim, provoca os elementos da defensiva do corpo, que os recursos imunológicos em futuro próximo, naturalmente, vão sustar ou coibir.

Entrevistas – Chico Xavier

TRANSPLANTE DE ÓRGÃOS

As sessenta e duas peças que podem ser subtraídas para transplante são adquiridas dos desencarnados acidentados e de pessoas que tenham feito, enquanto encarnadas, a opção de doar seus órgãos.

Contudo, transplantar uma peça humana é bem mais difícil que substituir uma peça em motor elétrico danificado. No motor, o fluido elétrico é a força que o movimenta, e, havendo esta e a peça, o trabalho não sofre interferência. No corpo humano, inúmeras são as variáveis, que impossibilitam o sucesso da operação, merecendo observação e estudo as seguintes:

1. O estado moral dos envolvidos: o estado moral do Espírito influi tanto na densidade quanto na vibração do seu perispírito. Um órgão de diferente vibração e densidade se ajustaria ao compasso diferente do seu?

2. A vitalidade do órgão: os órgãos dos encarnados estão vitalizados pelas energias comuns à economia específica de cada um. O desnível energético entre doador e receptor não poderia (à semelhança de um motor que opera a 110V e danifica-se em corrente de 220V) tornar o órgão doado inábil para aquele corpo?

3. A conscientização do doador: sem a sua conscientização, é possível que ele sofra a retirada do seu órgão, passando pelas dores e angústias causadas pela ausência daquele órgão, em seu perispírito.

4. Obsessão no receptor: pode ocorrer que o Espírito espoliado (aquele que não concordou ou não foi consultado para a doação) siga o seu órgão, e procure reavê-lo, mesmo este já implantado em outro corpo.

5. O carma do receptor: se o carma do receptor está relacionado com aquele órgão, sua matriz perispiritual não se ajustará ao órgão transplantado, resultando em rejeição. Nesses casos, a depender de créditos adquiridos pelo receptor, pode ocorrer uma sobrevida de alguns dias ou meses a seu favor, por intercessão de equipes médicas espirituais no instante do transplante.

Poderíamos ainda especular a respeito da fabricação de órgãos plásticos. Claro que, à medida que a indústria cria e aperfeiçoa microaparelhos, chegará o instante de fabricar também um coração, rins e outras peças humanas, que venham a substituir favoravelmente as originais. A vantagem de tais órgãos neutros será anular os fatores de rejeição, acima mencionados, podendo o Espírito adaptá-los ao seu clima psíquico imprimindo-lhes características suas.

Observo agora o estudo preparado pelos instrutores espirituais que laboram nesta área.

Observação do médium ao dirigente: "ainda não estou desdobrada, mas presencio uma cena muito estranha. Um homem com o abdome aberto, onde posso notar a ausência de alguns órgãos. Ele está muito aflito. Vejo o sangue jorrando e o corte profundo, que ele tenta fechar com as mãos. Nosso instrutor diz que ouviremos dele um depoimento, o qual servirá como introdução ao capítulo sobre transplante de órgãos. Informa, igualmente, que dele foram extraídos alguns órgãos sem a sua permissão nem entendimento, e sendo ele alguém humilde,

O perispírito e suas modelações   265

sem maiores conhecimentos sobre o assunto, permanece em estado de choque e alienação."

PSICOFONIA

— Estou muito doente e venho falar do meu problema, porque esse doutor que está ao seu lado, disse que eu deveria contar o que aconteceu. Eu estava no hospital e tinha um problema no coração. Então eles me colocaram em uma maca, fizeram muitos exames, mas eu não gostei nem um pouco do que me fizeram. O doutor abriu a minha barriga e tirou o meu fígado. Eu estou sem fígado. Como é que meu corpo pode funcionar agora? Não gostei não!

— *Você viu quando o médico abriu a sua barriga e tirou o seu fígado?*

— Eu vi! Eu gritei! Pelo amor de Deus não faça isso comigo! Eu estou vivo! O meu problema é no coração!

— *Você sentiu as dores?*

— Senti tudo! Está tudo doído aqui! Eu fiquei como louco gritando que não tirassem meu fígado, pois ele era sadio. Eu só tenho um problema no coração. Aquele doutor se enganou e abriu a minha barriga. E agora? Como é que eu vou viver sem um fígado? Por que aquele homem fez isso comigo?

— *Escute meu irmão! Não se desespere que outros médicos já tomaram conhecimento do seu problema e vão recolocar o seu fígado no lugar.*

— Mas por que ele tirou o meu fígado? Eu só estava doente do coração.

— *Você já ouviu falar de transplante de órgãos? O médico observou que o seu cérebro havia parado de funcionar e resolveu retirar o seu fígado, para doar a outro paciente que dele necessitasse para viver.*

— Mas eu estou apavorado! E eu fico sem o meu fígado? Eu dou o meu e fico sem nada, assim de barriga aberta?

— *Acalme-se um pouco, que eu vou lhe explicar tudo desde o começo. Todos nós temos um corpo e um Espírito. Quando o seu coração parou, o seu corpo de carne e osso morreu. Acontece que o Espírito não morre nunca, e tem um corpo igualzinho ao corpo de carne e osso, só que é feito de um material mais perfeito. O médico, verificando que o seu corpo havia morrido, resolveu retirar o seu fígado para doar a um doente, sem saber que também estava* removendo o fígado desse seu segundo corpo.

— Mas eu gritei! Eu me desesperei! Eu disse: Não faça isso comigo que eu estou vivo! Eu estou vivo! Você está me cortando e eu estou sentindo tudo! Está doendo demais! Quase morri de dor.

— *Você viu para onde levaram o seu fígado?*

— Não! Eu não podia sair! Como ia andar por aí com essa barriga aberta? Fiquei aqui ensanguentado. Esse sangue jorrando todo o tempo.

— *O que eu posso lhe afirmar é que você vai retornar ao hospital e receber outro fígado. Jesus, o médico dos médicos lhe concederá a saúde.*

— Mas não é só isso! Depois um homem tirou as minhas tripas, os meus rins, os meus pulmões, tudo como se eu fosse um porco, um animal! Meu Deus! Que coisa horrível!

— *Se isso lhe dá algum alívio, seus órgãos foram doados para pessoas doentes, muito necessitadas deles. E como seu corpo havia morrido...*

— Mas eu não morri! Eu não estou morto! E quero meus órgãos de volta!

— *Sei que está vivo, e garanto-lhe que você não vai ficar assim. Vai ser atendido em emergência para que tenha todos os órgãos de volta. Esse corpo que você tem agora, o corpo do Espírito, é muito mais fácil de ser consertado que o outro de carne e osso.*

— Ainda não entendi direito o que você está falando.

— *Quando você chegou ao hospital, depois do atendimento, os médicos disseram: Morreu! Seu coração e seu cérebro estavam parados. Como existem centenas de pessoas doentes esperando há anos por um fígado, um coração, um rim, eles resolveram retirar seus órgãos para doar a essas pessoas, que em filas de espera, aguardam o instante de recuperarem a saúde com os órgãos dos outros.*

— E como vão fazer agora? Vão retirar dos outros e colocar em mim?

— *Não! Os médicos vão fabricar um fígado novo.*

— É muito difícil acreditar no que você está dizendo. Eu estou cortado, está vendo? Minhas mãos estão sujas de sangue (*o médium mostra as mãos*). Está vendo a minha barriga aberta?

— *Posso perceber sim! Mas, agora, procure repousar, dormir. Quando acordar já estará no hospital e de fígado novo.*

O *perispírito e suas modelações* 267

— De qualquer maneira, pelo que você me disse, eu ajudei alguém, não é?

— *Sim! Ajudou bastante. E esse alguém vai ficar eternamente agradecido a você.*

— Mas eu não queria mais ficar me vendo assim, com a barriga aberta.

— *Não vai ficar! Vamos lhe aplicar um calmante e você vai dormir. Nossos enfermeiros já estão presentes para transportá-lo para o hospital.*

Primeira Visita

— Estou defronte a um hospital cujo nome não consigo traduzir. Distingo bem a palavra hospital, mas o restante parece ser escrito em alemão, pois existem tremas em cima de algumas letras. É um hospital daqui mesmo, do plano dos encarnados, tenho certeza disso. Neste instante, penetro em uma sala de UTI e vejo uma jovem de aproximadamente 25 anos, que vai submeter-se a uma cirurgia no fígado.

Observo que o órgão se encontra totalmente enrugado, precocemente envelhecido, e apresenta uma tonalidade cinza. Ela já se encontra na mesa de operação e os médicos manejam seus bisturis com muita atenção. Posso perceber que o objetivo da cirurgia é a retirada do fígado, o que não ocorre por inteiro, e sim parcialmente. Vejo também, pairando sobre ela, em posição horizontal e inconsciente, o seu perispírito, que à semelhança do físico, está sendo operado por uma equipe de médicos e técnicos desencarnados.

Essa equipe faz as mesmas incisões que os encarnados, com a diferença que os pedaços não são retirados. O fígado sofre os cortes, mas não se retalha. Estou distinguindo muito bem as duas cirurgias, que estão sendo efetuadas ao mesmo tempo.

— *Pode fazer uma descrição dos dois fígados?*

— Os dois estão enrugados e envelhecidos. Vejo os médicos encarnados cortando-o, e o órgão expele secreções sanguinolentas. Os desencarnados fazem os mesmos movimentos em seus bisturis, mas, ao promoverem uma incisão, o local trabalhado no fígado adquire vitalidade, perdendo o aspecto enrugado e a cor cinza, tomando uma aparência saudável.

— *Busque saber do instrutor desencarnado por que o fígado perispiritual não está sendo retirado, e que técnica está usando para vitalizá-lo.*

— Ele explica que os técnicos em transplante que acompanham detalhadamente a delicada cirurgia, vão aplicando um fluido magnético que torna o fígado energizado, à proporção que fazem as incisões. É essa energização que está fazendo o fígado perispiritual parecer sadio e dotando-o de certa dose de vitalidade, para que possa funcionar durante um tempo limite que a ela será concedido.

— *Quer dizer que os desencarnados não farão o transplante de fígado nessa moça?*

— Exato! O transplante será restrito ao físico. O fígado perispiritual será vitalizado e acoplado ao fígado doado. Todo esse trabalho dos técnicos desencarnados tem como objetivo evitar que uma rejeição se instale no organismo, comprometendo a permanência do fígado doado. O instrutor informa ainda que esse trabalho é realizado porque a paciente possui créditos que o autorizam, e que embora ela não tenha muito tempo de vida, permanecerá na Terra para as realizações e resgates necessários à sua evolução. É ainda a misericórdia de Deus atuando em suas criaturas, uma vez que o seu carma, relacionado com esse órgão, determinava a sua passagem para o nosso plano no presente momento da vida.

— *Você pode perguntar ao instrutor o que motiva a rejeição? Já que estão trabalhando no sentido de evitá-la, devem saber quais as suas causas.*

— Ele pede que você aguarde apenas um momento, pois iremos observar outro caso, onde essa resposta lhe será fornecida.

Já nos deslocamos para outra sala do hospital. Nosso instrutor inicia observações sobre um transplante de pulmões já ocorrido, mas que sofreu complicações culminando com a rejeição. O paciente está em processo de desencarne. O rapaz que recebeu os órgãos tem cerca de 20 anos e sofreu um acidente no qual teve esses órgãos prejudicados irremediavelmente. Observamos primeiro o desencarnado que doou o órgão. Vejo ao lado do rapaz uma senhora de talvez 40 anos, que se encontra agarrada desesperadamente aos pulmões que foram seus. Ela grita umas palavras que eu não entendo, pois fala outro idioma, mas como a linguagem da dor é universal, no sentido que todos a

O perispírito e suas modelações

269

entendem, posso sentir que ela quer seus pulmões de volta.

Todavia, o instrutor traduz o que ela diz: Isso é meu! Eu preciso desses pulmões para respirar! Devolva os meus pulmões! A mulher apresenta crises de falta de ar, e quando se aproxima do rapaz ele sente as mesmas crises, as mesmas convulsões. O quadro patológico que o rapaz apresenta e que consta de febres, delírios, falta de ar e convulsões, é o mesmo quadro da doadora involuntária. Nosso irmão diz que a situação é crítica e que o paciente muito em breve entrará em fase terminal do processo desencarnatório. Aqui, explica ele, a rejeição tem como gênese a obsessão. A medicina terrena irá catalogar o caso como rejeição orgânica, tomando-a como fator determinante da morte. No entanto, do ponto de vista clínico, a operação foi perfeita, e não havia o menor risco de infecção ou qualquer outra variável que desencadeasse uma possível rejeição.

O processo de não aceitação orgânica foi motivado pela presença do Espírito, que exerce a sua influência sobre o órgão que lhe pertencia, instalando uma obsessão pertinaz. O processo obsessivo, aqui registrado, não se caracteriza por uma ação vingativa, nem é má a índole dessa irmã; apenas ignorante sobre a verdade do fato. Os pulmões da doadora estão impregnados com o seu fluido. Agarrado a eles, a pobre mulher transmite toda sua dor, desespero e desarmonia por via fluídica aos órgãos transplantados, imprimindo ao quadro precário a irreversibilidade que deságua na morte.

— *Acredito que a obsessão seja apenas uma variante no capítulo das rejeições. Será que agora ele pode desdobrar o tema?*

— O próprio instrutor é que vai responder

1. Obsessão: é o caso mostrado. Nele, o Espírito passou a obsidiar a quem recebeu seu órgão, mesmo sem conhecê-lo e sem ter contra ele nenhuma queixa ou ressentimento, a não ser o fato de ter se "apossado" de algo que é vital para ele, o obsessor. Sentindo-se fraudado ele partiu para recuperar o que lhe pertence de fato e de direito.

2. Carma: quando o perispírito traz em sua matriz a doença ou deficiência naquele órgão, devido aos desatinos do passado, no qual o Espírito se comprometeu perante a Lei. Pode ser o coração do colérico, o fígado do alcoólatra ou os pulmões do fumante. Devido ao problema cármico, o próprio organismo rejeita o órgão transplantado, porque já se adaptara, se programara para abrigar um órgão deficiente. A matriz perispiritual do órgão é comprometida, e mesmo que seja removido o órgão doente e substituído por outro sadio, não havendo a interferência benéfica da equipe espiritual atuando em conjunto com a equipe médica encarnada, em nenhum resultado prático redunda o transplante, visto que os técnicos não interferem na lei cármica.

Ele diz que não vai se prender, no momento, aos médicos que, estando com seus perispíritos impregnados de fluidos densos, os transmitem ao órgão transplantado que manipulam, podendo comprometê-lo, caso não haja por parte do plano espiritual uma assepsia fluídica.

Abro um parêntese, aqui, para dizer da imensa responsabilidade do profissional de saúde para com a vida que no instante da cirurgia detém em suas mãos. Quando esses médicos trabalham em conjunto com as equipes espirituais, como podem doar do seu próprio ectoplasma, se às vezes o têm encharcado de fluidos densos? Manipulando o órgão é evidente que deixam nele seus fluidos. E se a qualidade desses fluidos agir contrariamente aos mecanismos imunológicos do paciente, que quase sempre se encontra debilitado e enfermo?

Como há pacientes que lhes são entregues sobre a delicada linha demarcatória entre a vida e a morte, cujo menor ataque virótico, bacteriológico ou fluídico lhes desequilibra para o lado do túmulo, será que, nesses casos, aquele que deveria agir como salvador, imunizador, curador, não lhe desfere o golpe fatal, com venenos emanados de suas mãos, que, embora em dose mínima, se fazem mortíferos pela fragilidade do paciente?

Pensarão os ilustres esculápios encarnados, muitos deles vitimados de anorexia pelos assuntos espirituais, que não existem as bactérias, bacilos e vibriões fluídicos, igualmente nocivos à saúde? No século das luzes, desconhecem ainda que uma mente enferma, sendo a causa dessa enfermidade um conjunto de pensamentos desregrados, é capaz de transformar-se em agente transmissor de variados achaques? Que atentem para tais detalhes, para serem dignos do nome e da profissão que exercem, favorecendo a cura, cujo resultado não está restrito ao bisturi ou às drogas, fartas na alopatia terrena, mas, sobretudo, na dignidade do manejo de tais instrumentos e na pureza de sentimentos

O *perispírito e suas modelações* 271

que deve caracterizar o relacionamento médico-paciente.

Nossas palavras têm razão de ser. Todavia, não devemos generalizar tais riscos, porquanto a grande maioria dos profissionais da medicina é digna e fiel à condição de discípulos de Hipócrates.

3. Rejeição mental do transplantado: pode ocorrer de o próprio paciente não aceitar, em hipótese alguma, um órgão estranho ao seu corpo, mesmo sabendo que isso é vital para ele. Assim ocorrendo, a rejeição do órgão fica caracterizada, por imposição mental do paciente.

— *Mas isso é muito difícil, não? Geralmente, quem está prestes a morrer agarra-se a qualquer alternativa que lhe favoreça mais alguns dias de vida.*

— Mas, o médico está mandando que eu fale o que você ouviu! Manda que eu repita! Quando o paciente está convicto de que vai receber um órgão estranho, pode haver um processo de rejeição de sua parte, mesmo que essa rejeição seja em nível inconsciente. Tal rejeição reflete-se de maneira prejudicial no órgão transplantado, determinando a não aceitação orgânica.

Já não estamos mais no hospital. Estou sendo levada a outro, desta vez no plano espiritual. Diz o instrutor que vamos observar o caso de um doador involuntário, acompanhando os estágios iniciais que culminaram na doação. O hospital é muito belo em suas linhas arquitetônicas. Observo uma criança de aproximadamente 10 anos. Ela desencarnou num acidente, onde apenas a sua cabeça foi afetada, ficando intactos os outros órgãos. Retiraram-lhe então o pâncreas para ser doado a um necessitado. Sou alertada que vou presenciar a esse momento. A criança está deitada, e eles vão retirar as imagens mentais dela, no que começo a percebê-las. Isso não é uma regressão de memória, explica o instrutor. É a retirada de imagens dos arquivos mentais da criança. A imagem mostra o perispírito da criança sem o pâncreas.

— *Como essa imagem pode estar na mente dela se ela esteve inconsciente durante a extração do órgão?*

— Ela foi retirada (desdobrada) do físico, cerca de dois segundos antes do impacto em sua cabeça. É como se ela tivesse morrido antes do choque. No entanto, ela assistiu em perispírito ao acidente e também à retirada do seu órgão. Por esse motivo, a imagem mental do seu corpo sem o pâncreas ficou em sua mente e foi possível extraí-la. Depois da amputação do órgão, os Espíritos a adormeceram e passaram a ajudá--la mentalmente na criação de um novo órgão.

— *Vejamos se entendi bem. Você está vendo a imagem perispiritual da criança sem o pâncreas, porque o mesmo foi retirado do físico e, consequentemente, do perispírito, é assim?*

— Perfeito! Mas agora ela já tem um pâncreas novo. Eles a levaram à consciência de que havia esse órgão no seu corpo perispiritual. Afirmam, contudo, que antes fizeram um transplante desse órgão, fabricado com fluidos neutros, o qual sofreu a modelação final e acomodação às condições vibratórias e cármicas da criança, adaptando--se firmemente às exigidas do seu perispírito.

— *Pergunte a ele se a vibração do perispírito pode funcionar como fator de rejeição, quando existe uma diferença na frequência entre os órgãos do doador e do receptor.*

— No caso da garota não houve. Ela sabia que estava doando o órgão para alguém, pois encarnada ouvira falar de transplantes e já manifestara o desejo de doar seus órgãos quando um dia morresse. Havia anteriormente uma vontade expressa na sua mente.

— *Eu estou me referindo ao fator moral dos envolvidos. O indivíduo moralizado possui certa vibração perispiritual, que influi na densidade do mesmo, conferindo maior cota de saúde, excetuando-se os motivos cármicos. O não moralizado possui outra vibração e outra densidade em seu perispírito. Quero saber se, no caso de um transplante nessas condições, não existe uma descompensação ou desencontro nas frequências que resulte em rejeição.*

— De acordo com o que o médico está me explicando, o processo de rejeição pode ocorrer, no caso de um encarnado, ainda inferiorizado moralmente, doar para outro moralizado e esclarecido. Isso ocorre devido à quantidade de fluidos grosseiros que envolve o órgão e que poderá causar uma distonia no organismo mais harmonizado. Noventa por cento desses casos se convertem em rejeição. Especialmente quando o órgão transplantado é o coração, o pâncreas, o fígado ou os rins.

Agora preciso retornar.

Segunda visita

— Já me encontro em uma universidade. Sua entrada possui uma forma de arco, que traz o nome da entidade, escrito em outro idioma, não me sendo possível traduzi-lo. A universidade é no plano espiritual. À medida que eu vou entrando, vejo muitos alunos no movimento de entra e sai. Carregam volumes, livros, mapas, apontamentos.

Estou em uma sala onde alunos analisam próteses. São braços, pernas, órgãos de uma maneira geral. O que se destaca de imediato e o que mais me chama a atenção é a perfeição dessas próteses. Cada aluno trabalha em uma delas. Coração, rins, pulmões, pâncreas, traqueia, tudo perfeito. Esses modelos que observo não são iguais aos das nossas universidades terrenas, feitos de plástico, que comparados, se tornariam primitivos demais. A impressão que se tem é que essas próteses são vivas. Sei que são fabricadas, mas a perfeição é tamanha que aparentam vitalidade. Eles vão montar um corpo humano com essas peças. Digo melhor: vão montar o perispírito. Esse perispírito a ser montado não está destinado a ninguém. É apenas um estudo. O que está sendo montado tem pele, pelos, poros... É uma espécie de modelo com a máxima aproximação possível da realidade.

O corpo que se forma está estendido sobre a mesa e possui o tamanho natural de um ser humano. A montagem começou pelo rosto. Colocaram os olhos. Insisto em dizer que é tudo perfeito; que os olhos ficam como se fossem vivos. Brilham, piscam, possuem colorido e distingo até os capilares sanguíneos, como se o sangue corresse em seu interior. Agora foi a vez da traqueia. Os anéis são feitos de material símile à cartilagem. Os pulmões são colocados e os vejo funcionando como um fole, nos movimentos de inspiração e expiração. O coração é montado. No seu interior, a maravilha anatômica das aurículas e ventrículos, da tricúspide e da mitral. Colocado esse órgão, inicia-se a sístole e a diástole em ritmo harmonioso.

— *Espere aí, como é que você aprendeu tão depressa essa terminologia científica que está usando?*

— Eles estão descrevendo para mim. Imagina se eu ia me lembrar de tantos detalhes que não vejo há anos.

O instrutor nos diz que essas próteses, são feitas pelos estudantes que se especializam nessa universidade e que elas podem ser utilizadas, caso alguém necessite de um transplante.

— *Em que condições podem ocorrer tais transplantes?*

— Em acidentes muito graves, onde exista a mutilação de órgãos internos, como no caso da dilaceração do fígado. Como o órgão perispiritual pode ficar igualmente danificado, esses alunos, encarregados do fabrico dessas próteses, levam esse órgão para aquele Espírito, que ao ser operado, toma consciência da existência e do estado saudável do órgão, aceitando-o como parte sua. O órgão introduzido deixa então de ser prótese e passa a fazer parte real do perispírito que o acolheu.

— *Veja se entendi corretamente. Danificado o órgão, o fígado, por exemplo, este é amputado no físico, ocorrendo semelhante amputação no perispírito. Para suprir a falta do órgão perispiritual, eles colocam a prótese.*

— Exato! Colocam este molde que aparenta ser perfeito.

— *Dessa maneira, o Espírito não sente a falta do órgão, e sendo o mesmo neutro, falando-se em termos cármicos, é ajustado mentalmente às condições do seu perispírito, ou seja, imprime nele suas características cármicas e o seu caráter evolutivo.*

— É isso mesmo, diz o instrutor. Então aquele órgão torna-se definitivo no perispírito do paciente, no sentido de que substitui o original.

— *Podemos considerar isso como um transplante no perispírito, não?*

— Só que não é um transplante como o fazem os médicos terrenos, que aproveitam órgãos de outros pacientes. Neste tipo de transplante, os órgãos são pré-fabricados.

Esses alunos são especialistas, assim como existem na Terra os que se especializam em órgãos e sistemas humanos. Aqui eles se aperfeiçoam, e ao reencarnarem em futuro próximo, formarão grupos de pesquisas, descobrindo novos métodos de cura e técnicas de implantação e adaptação de órgãos. Breve a Terra os receberá. Serão cardiologistas, geneticistas, citologistas, histologistas. Serão, enfim, cidadãos fraternos e solidários com a dor de seus irmãos de caminhada.

Já me encontro em outra sala. Vejo diversos cérebros imersos

O *perispírito e suas modelações* 275

em um líquido claro. Aqui é uma sala de modelagem de cérebros. O transplante desse órgão passa pelo mesmo processo descrito para os outros moldes. A diferença é que este só é implantado em casos excepcionais. Quando um projétil o esfacela, em explosões que o fragmenta, em casos de suicidas, quando são queimados vivos, com prejuízos irreversíveis nesse órgão.

— *Por que a necessidade de implante de um cérebro no perispírito se existe a mente do Espírito que guarda seu arquivo de conhecimentos?*

— Porque o perispírito é o seu veículo de manifestação. Após um acidente de tal monta, a consciência do Espírito está muito fragmentada e ele não consegue raciocinar. É como se existisse a sua "morte". A acoplagem desse cérebro se faz urgente para que ele possa fazer o mesmo trabalho que o cérebro perispiritual fazia.

Quando o encarnado entra em coma, o cérebro perispiritual funciona. Mas quando isso acontece com o desencarnado, seu cérebro fica sem atividade. Se o dano causado ao cérebro perispirítico for considerável, como no caso de fragmentação, o transplante é imperioso, pois o cérebro do corpo mental encontra-se em turbação, como se a consciência estivesse fracionada. É feito então o transplante, sem a participação do Espírito na modelagem. Todavia o molde é ainda o seu corpo mental, registro de suas conquistas e fracassos. Isso de certa forma tende a estabilizar o fluxo de ideias do cérebro do corpo mental para o cérebro perispirítico, havendo a oportunidade de que o Espírito se manifeste. Antes, havia somente o cérebro do corpo mental que represava as emoções. Agora, com o novo órgão transposto, este funciona como um escoadouro e intérprete da vontade do Espírito.

Ainda que, a princípio, pelo seu sofrimento, traduza apenas a dor profunda que caracteriza os fugitivos da vida, como é peculiar aos suicidas, sem esse transplante o Espírito permaneceria como "morto" para o seu mundo. Isso ocorre porque a saída do corpo mental e a sua manifestação inteligente exigem certa evolução e harmonia espiritual, o que o suicida não possui.

Esse Espírito, sem um cérebro transplantado que lhe permita comunicar-se com o exterior, permaneceria no mundo dos Espíritos, na condição de deficiente mental, cujo Espírito é inteligente, mas seu cérebro não reflete suas ideias pela imperfeição de que é dotado. O corpo mental, nos Espíritos que ainda não conquistaram a angelitude, necessita de um perispírito em condições de atuar no cenário astral exteriorizando-lhe as vontades e emoções. No caso do suicida em questão, o cérebro do corpo mental depende ainda do cérebro perispirítico, de cuja ausência se ressente, gerando um quadro de fragmentação do raciocínio e do pensamento. Somente o transplante de um cérebro perispiritual estabelece o fluxo de ideias, apaziguando um pouco as emoções represadas, permitindo ao Espírito materializar sua vontade, dentro dos padrões evolutivos que lhe são peculiares.

É então que, auxiliado pela terapia do passe e projeções mentais do inconsciente, as ideias, antes fragmentadas, assumem uma linha lógica de encadeamento, sendo aceitas e interpretadas pelo novo cérebro. É nesse estágio que o Espírito dando vazão ao que sente, através da comunicação antes tolhida, começa lentamente a sair da alienação em que se encontrava, facultando a si a oportunidade de alívio. A partir daí, o procedimento é análogo ao de um transplante qualquer já citado.

— *Essa terapia de projeções mentais do inconsciente, como é feita?*

— É um trabalho árduo e profundo. É semelhante ao trabalho feito pelos psicanalistas terrenos, mas usando técnicas melhoradas e mais avançadas.

— *Sempre que se doa um órgão ele fica subtraído do perispírito?*

— Depende da condição do doador. Se há consciência da doação, não ocorre mutilação no perispírito. A mente não registra a ausência do órgão. Portanto, o não registro da ausência, o desejo sincero de auxiliar, a atuação mental do doador e o auxílio dos técnicos oportunizam uma substituição quase que automática do órgão extraído. Lembro de um amigo recém-desencarnado, cita o instrutor, que assistiu à doação do seu rim, e à proporção que esse órgão era implantado, pela emoção de transmitir a saúde a alguém, formou-se o rim em seu perispírito.

— *Formou-se somente pela emoção dele? Não foi um transplante?*

— Foi criado pela emoção dele. De poder doar algo seu e fazer alguém feliz. O processo de formação ele não me revelou *(informação da médium).*

— *Se alguém doa um órgão seu, como é possível não haver registro disso em sua consciência?*

O perispírito e suas modelações 277

— Expressando-se melhor, corrige ele, o registro é feito, mas sem a dramaticidade dos que ignoram o processo de doação. Existe a naturalidade, a tranquilidade, a certeza íntima de que ninguém é prejudicado por executar um ato de amor; de que Deus tem suas maneiras de repor o que falta aos justos. Isso gera no cérebro do corpo mental a despreocupação quanto à reposição do órgão, posto que a emoção de gerar alegria em alguém supera e domina qualquer expectativa de perda.

— *Será que poderemos ter em futuro próximo o transplante de cérebros aqui na Terra?*

— Ainda não existem condições de se conseguir um cérebro vivo para ser transplantado. O momento da retirada deve ser minutos ou segundos antes do desencarne. Isso seria eutanásia. A ciência ainda não evoluiu o suficiente para conseguir tal maravilha.

CAPÍTULO 49

PATOGENIA PERISPIRITUAL

Mas se há males nesta vida, de que o homem é a própria causa, há também outros que, pelo menos em aparência, são estranhos à sua vontade e parecem golpeá-lo por fatalidade. Assim, por exemplo, a perda de entes queridos e dos que sustentam a família. Assim também os acidentes que nenhuma previdência pode evitar; os reveses da fortuna, que frustram todas as medidas de prudência; os flagelos naturais; e ainda as doenças de nascença, sobretudo aquelas que tiram aos infelizes a possibilidade de ganhar a vida pelo trabalho: as deformidades, a idiotia, a imbecilidade, etc.

O Evangelho Segundo o Espiritismo – Allan Kardec
(cap. V – item 6)

PATOGENIA PERISPIRITUAL

No presente estágio acadêmico terrestre, podemos generalizar a medicina como carente de enfermagem. Tomando como base para seus conceitos patogenéticos o microbismo e as pesquisas laboratoriais que fornecem subsídios para um diagnóstico, nele se fecham impondo--lhes a gênese de todo o mal, quando a atitude correta seria buscar a causa profunda, a que se esconde além da matéria transitória.

A instalação da doença no corpo físico deve-se à vulnerabilidade perispiritual do indivíduo como causa primária, o que possibilita a instalação virótica ou bacteriológica como variável secundária. Como curar o homem, cujo físico ressente-se do acúmulo de substâncias tóxicas, que atingindo um limite insuportável, reage com a desarmonia, que é a doença, grito de alerta em última instância?

Não são os vírus que determinam as doenças. Existem pessoas portadoras de vírus de doenças graves, que nunca se manifestam em pústulas no corpo. Não são as bactérias. Muitas pessoas, ao contato com elas, adquirem imunidade, observando-se o efeito oposto ao esperado, substituindo a virulência pela resistência.

O que faculta a instalação definitiva da doença é a queda do tônus vital no organismo ou em um órgão em particular. E a gênese da patogenia é quase sempre o perispírito, pelo adensamento fluídico pernicioso a que se condena o Espírito pelo seu desregramento. Vírus e bactérias são fatores concorrentes; o afastamento das leis divinas são os fatores determinantes.

O perispírito do homem animalizado, cujo teor dos pensamentos se caracteriza pelo egoísmo, ódio, sensualidade e similares, fica impregnado de fluidos densos, cuja fuligem tóxica, aderente e nociva, superpõe-se em camadas, a exigir drenagem para clarificar--se. Quando esse fluido "petrificado" através dos séculos, é atraído pelo magnetismo natural do corpo físico, que funciona qual esponja absorvente, afeta o tônus vital da célula, trazendo como consequência imediata a redução nas funções de captação do fluido vital, do teor de oxigênio, forçando-a a sobrecarga de carbono, com efeito lesivo para o seu núcleo. Sobressai-se o processo cancerígeno, no ponto mais frágil ou vulnerável do organismo. Movidas pelo instinto de conservação, essas células deficitárias multiplicam-se em desarmonia, na ânsia de reter o oxigênio escasso. Obedecem à mesma lei da multiplicação de hemácias, quando o indivíduo passa a habitar grandes altitudes, onde o oxigênio é deficiente.

Viver é preciso! Essas células invadem o organismo instalando o caos orgânico, mas também liberando do perispírito o "piche", produto mórbido das más paixões. Exasperam-se os cientistas nas prováveis explicações para esse quadro. Vasculham, das radiações ionizantes até as alterações enzimáticas, que atuam contrariamente à economia celular. Mas, a terapia acadêmica surte efeito apenas nos casos onde a toxidez perispiritual se esgotava, sendo os demais casos solapados pela morte ceifadora.

A depender da resignação do Espírito, que por sua vez reflete perispiritualmente as suas novas e melhores condições morais, se as conquistou, segue-se a modelagem com o seu auxílio mental, ou sem ele, ocasião em que os técnicos, empregando a divina terapia da

O *perispírito e suas modelações* 281

reconstrução de órgãos, procuram auxiliá-lo no difícil recomeço da paz orgânica.

Que se adentre na pesquisa a Medicina, mas, observando o homem em sua plenitude, como ser imortal, enquadrado no pensamento evangélico que prescreve as boas obras como fatores determinantes para a saúde do Espírito. Esse determinismo é flexível em alguns pontos, pois se ajusta à vontade do Espírito, uma vez que ele, reconhecendo-se devedor, pode a qualquer instante do hoje iniciar o resgate da dívida, desobstruindo o futuro da parcela de determinismo que o aguarda.

A doença, pois, não é um castigo de Deus, que não chegaria à mesquinhez de anotar crimes para depois puni-los com a desgraça. Ventura ou sofrimento são criados por nós e para nós, sendo outras variáveis filosóficas a respeito do destino humano, meramente especulativas e vazias de bom senso. Busque-se, pois, a patogenia onde ela se encontra, ou seja, no perispírito, lá impressa pelos desmandos do Espírito. Difunda-se a profilaxia onde ela é mais eficiente; no pensar e no agir de cada um. Instale-se a terapia, obedecendo à triplicidade do homem, Espírito-perispírito-corpo físico, para que o reinado dos paliativos não se perpetue sobre a Terra.

Lembremos nossos antepassados, quando afirmavam que um corpo são é produto de uma mente sã; e Jesus aconselhando ao doente curado: "Vai e não peques mais, para que não te aconteça algo pior." Com esse conselho, Jesus demonstrou a teoria comprovada em nossa pele, que a doença é apenas a prática do pecado (erros) cometido por nós, contra nós ou nossos semelhantes.

Em razão do exposto, concluímos:

Nas ruas, entre outras variáveis de desequilíbrios, podemos observar o mendigo que nos estende as mãos, que poderá ter sido o avarento; o deficiente mental, o ex-viciado em drogas; o canceroso, o ex-suicida; os oligofrênicos, as inteligências pervertidas; o cardiopata, aquele que perfurou o coração do seu litigante.

Não nos preocupemos em rebuscar-lhes as lembranças, nem colocar-lhes ácidos nas chagas do refazimento. É o cumprimento da lei que se opera, o que não nos impede de oferecer-lhes o medicamento do trabalho e da oração, na certeza de que Jesus, o médico divino, vela por todos nós, enfermos.

Para o estudo das doenças em nível perispiritual, os Espíritos vieram ao encontro dos nossos anseios, resultando nos apontamentos adiante relacionados:

PRIMEIRA VISITA

— Observo um Espírito que ingressou no recinto agora, e que se dirige em minha direção. Ele tem um roupão branco e é um pouco calvo, aparentando talvez 50 anos. Ele pede que eu fique de frente para o meu corpo, pois dele eu saí de costas. Estou me vendo de frente. Minha roupa não é idêntica à do meu corpo. Uso o mesmo roupão que ele. Do umbigo vejo sair um cordão bem fino.

— *Se você tocar nele, sente a repercussão no físico?*

— Nosso amigo está pedindo exatamente que eu faça isso *(tremor no médium)*.

Voltei, logo que toquei o fio. Não estou mais desdobrada. Voltei independente da minha vontade, assim que o toquei.

Novamente saí do corpo. O fio não é uma coisa compacta; parece formado por delicadíssimos filetes prateados. O instrutor está pegando em minha mão. Encontro-me a uns vinte centímetros, afastada do corpo. Observo que estacionado aqui existe um veículo.

— *Que aparência tem esse veículo?*

— É como uma Kombi. Apresenta o seu tamanho, mas não tem pneus. Ele me adverte que devo entrar no veículo para uma visita a uma Colônia, onde se processam os mapas genéticos para os Espíritos que precisam encarnar. O carro não tem portas fechadas; as janelas são abertas à semelhança dos helicópteros. Ele está estacionado à altura da escada.

— *Você já se encontra no veículo?*

— Sim. Mas ele afirma que precisamos descer, pois já chegamos. *(Não acredito!)* Segundo ele, nos deslocamos em fração de segundo. Eu entrei no carro e num piscar de olhos cheguei aqui. Que coisa mais louca!

O *perispírito e suas modelações* 283

— *Você já se encontra na Colônia?*

— Estou em lugar verdejante. O carro está a meio metro do chão. O instrutor está me explicando que, para eles, a contagem do tempo é diferente. Não se processa como nós o aferimos. A rapidez foi tão grande, que não pude perceber nenhum detalhe da viagem. Posso afirmar, e ele confirma que viajamos rápido como o pensamento.

— *Que tipo de energia move esse veículo?*

— Eu o estou observando agora. É semelhante àqueles botes que flutuam na água, deslizando sem o auxílio de pneus, remos ou hélices. A energia que o impulsiona é retirada do sol e armazenada; mas existe também um componente mental atuante que o direciona. Agora o carro se desloca. Engraçado é que neste instante não existe nenhum guiador dentro dele. Sai sozinho, como se fosse orientado por controle remoto.

— *Vamos deixar as perguntas sobre o veículo para depois. Averiguemos o objetivo da viagem.*

— Estou entrando em uma casa, cuja arquitetura é antiga, à maneira colonial. Existem nela grandes colunas de mármore branco. O instrutor diz que tenho permissão para narrar tudo que vejo. Penetro em amplos salões ocupados por mesas e pranchetas de desenho. Nestas, vejo mecanismos de regulação de espaços, bem como instrumentos para traçar retas, curvas, elipses, parábolas... O material de desenho é farto.

Muitos Espíritos se empenham em desenhos anatômicos. São jovens estudantes, senhores, mulheres. Interessante! As mulheres desenham órgãos como o coração, útero, ovários e órgãos reprodutores femininos. Quando elas passam o pincel, o risco parece da cor da carne, com veias e capilares, como se houvesse no papel a imagem mental do desenhista. É uma imagem já em definitivo, que quase não exige retoque. Alguns estão desenhando a musculatura. Vejo músculos cujos nomes me são passados: bíceps, tríceps, trapézio, costureiro, deltoide... Observo a musculatura da perna. Um dos desenhistas faz referências sobre o ligamento rotuliano e o tibial anterior. O desenho apresenta a musculatura com visão anterior e posterior. É perfeitíssimo. São feixes de fibras que se entrecruzam e se sobrepõem, encobertos por uma película, aponeurose, diz ele.

Em outras pranchetas, os desenhos da estrutura óssea. Cada desenhista se detém em determinada parte do corpo. Neste setor da sala onde me encontro, são desenhados órgãos, músculos e ossos. Estamos indo para outra sala. Estou vendo um senhor idoso que está desenhando um fígado. Neste, ele acrescenta certas fissuras. Pergunto--lhe a razão dos cortes observados e ele responde ser aquele órgão uma peça do mapa genético, desenhado para um reencarnante que foi alcoólatra inveterado. Será a consequência que ele irá sofrer por haver danificado a sua matriz perispiritual, adentrando o mundo dos Espíritos como suicida involuntário.

Estes caracteres que tracei nesta glândula, explica, representam um câncer que deverá surgir no corpo denso, que terá nessa víscera o seu ponto vulnerável, sendo inútil a tentativa de transplante neste caso. Dirijo-me para outra sala, que é separada da anterior por uma divisória de "vidro". Meu traje é uma bata lilás bem clara. O amigo do veículo continua comigo. Ele é um professor. Traz aquela varinha na mão para apontar no mapa os detalhes que devo passar para você.

Agora ele cumprimenta outro senhor. Este diz que é um de seus amigos, que participou com você de alguns estudos em uma universidade na Alemanha e que continua em contato, através de estudos nunca interrompidos desde então. Ele está recolhendo todos os desenhos feitos na sala onde passei e os coloca sobre uma grande prancheta. Um dos desenhistas está fazendo a junção de todas as peças desenhadas, enfatizando os problemas futuros, a elas relacionadas, ou seja, vigor ou deficiência, na futura encarnação.

Todas as peças desenhadas vão para o corpo do companheiro suicida involuntário, cujo fígado observei. O coração possui a dimensão maior do que o órgão de uma pessoa normal. Os pulmões vão apresentar deficiências pelo vício do fumo. Ele nos diz que muitos órgãos vão estar comprometidos na futura encarnação, devido aos vícios e excessos do companheiro que os portará. Interessante é que esse seu amigo junta o papel com os desenhos anatômicos dos músculos, ao papel onde está a estrutura óssea; ocorreu um perfeito acoplamento. Fica como aquele papel manteiga, onde você consegue distinguir o outro lado. O encaixe é perfeito; um é o complemento do outro. Vejo quando ele coloca o coração parecendo aderir ao mediastino.

O perispírito e suas modelações

Estão formando o mapa genético. Todo o corpo humano aparece nos mínimos detalhes. Esse irmão, cujo mapa lhe retrata as condições futuras, quando completar aproximadamente 45 anos, apresentará um problema no fígado, que deverá generalizar em um câncer, espalhando-se por todo o organismo. Mostram-me agora outro mapa, destinado à mesma pessoa. Este apresenta o corpo após a instalação da doença. O fígado é como uma geleia. O coração totalmente arroxeado; os pulmões dilacerados; o estômago se diluindo e os rins com imensa dificuldade de filtrar o sangue. Todo sistema orgânico e glandular estão danificados. Assim serão as condições futuras do encarnante, conclui o instrutor.

— *Todas essas informações vão ser incorporadas ao perispírito dele e, quando chegar o tempo, vão rebentar?*

— É isso mesmo! A diferença entre os dois mapas é muito grande e notória. As informações serão esquematizadas para que, em época devida, se concretizem com detalhes e minúcias planejadas, mas, em verdade, já se encontravam registradas no perispírito sob a forma de fluido nocivo a exigir drenagem, o que se fará através do corpo físico.

Seguimos para outra sala. São salas contíguas que se interligam por portas e "vidros" divisórios. Já não estou mais de bata lilás. Esse troca-troca de roupa por aqui me deixa intrigada. A vestimenta agora tem a cor verde, bem terno, quase branco. O instrutor sorriu da minha observação sobre a roupa e está me explicando que ela obedece ao fluido predominante no ambiente.

Esta sala é mais ampla que as demais. No canto, sob a forma de uma câmara de vidro, observo o irmão que se candidata ao reencarne. Esta câmara leva o perispírito a recolher-se, a diminuir. Ao lado, mas no interior da câmara estão pregados os dois mapas em tamanho natural, em todas as formas e cores. São os mesmos mapas que observei. É como se fossem figuras em raios-X, colocadas em contraste para observação. O Espírito que está dentro da câmara parece ter que assimilar aqueles desenhos. A impressão que tenho é que ele terá que guardar em si os desenhos, mesmo contra a sua vontade. Seu perispírito vai reduzir-se com todas as informações mapeadas e arquivadas em sua tessitura. Tudo que foi desenhado será considerado como informação concreta para o novo corpo.

Ao ser ligado o perispírito com o óvulo fecundado, o corpo, que deverá formar-se, o fará obedecendo a tudo que foi programado. Reafirma que a matriz perispiritual se reduz, obedecendo rigidamente aos desenhos da parede. O professor fala que vamos assistir, em fração de minuto, ao que ocorrerá com o corpo perispiritual desse irmão, após haver assimilado o conteúdo dos mapas. Vejo, como em um desenho animado acelerado, seus órgãos mudando de forma e ajustando-se aos detalhes do desenho.

Esse irmão ainda não passou pela redução perispiritual. Encontra--se na fase de assimilação das futuras formas. Breve, quando o óvulo amadurecer e for fecundado, ele estará pronto para ser acoplado ao útero daquela que lhe será mãe na Terra. Pode ocorrer, mas não é comum, que o Espírito rejeite as novas formas para ele desenhadas. Sabe que as merece, mas não possui a força moral de aceitá-las. Nesse caso, ele pode interferir mentalmente, provocando uma rejeição ao novo corpo e até mesmo um aborto natural. Caso isso ocorra, o aborto surge porque o Espírito, não perdendo totalmente a consciência para o reencarne, promove o rompimento dos laços que o prendem à mãe, aumentando o seu débito para com as leis da vida.

Essa vigilância da sua consciência, embora um pouco entorpecida, prende-se ao fato de não aceitar a nova fôrma material, tomando-se de expectativa, onde a mente não apaziguada (embora de perispírito reduzido pela câmara) consegue atuar no sentido de rejeitar a situação. Para evitar tais processos de fuga, os Espíritos se veem forçados a submetê-los, quando reincidentes, às encarnações compulsórias, onde a influência mental do encarnante é neutralizada, mergulhando ele na carne para enfrentar o devido resgate.

— *Por que, no lugar de tentar um aborto posteriormente, o Espírito não se recusa a "absorver" esses mapas que estão na câmara?*

— Mas isso não depende dele. Ao entrar na câmara, essa assimilação se faz à sua revelia, não podendo ou não tendo meios de se livrar da situação. Repete o instrutor que isso independe da vontade de quem vai encarnar, pois os técnicos que estão no comando é que possuem as rédeas do processo. A assimilação do corpo saudável se faz necessária, porque ele precisa ter uma vida equilibrada, com saúde, para depois, mais tarde, manifestar a gama de anomalias ou

O perispírito e suas modelações

deformidades orgânicas que lhe estão destinadas. Se houvesse apenas a infiltração do corpo doente, ele já nasceria com as citadas patologias, previstas para anos após o nascimento, e não cumpriria a existência necessária em suas peculiaridades.

São casos onde o Espírito necessita de um tempo de vida saudável para cumprir determinadas tarefas a seu favor e de outros Espíritos a quem deve. Por outro lado, se houvesse apenas a infiltração do desenho do corpo sadio, ele não resgataria o seu carma.

— *Gostaria de saber como os técnicos fazem essas deformidades ou deficiências aparecerem, mais ou menos naquela faixa de idade, como nesse companheiro aos 45 anos.*

— Ele explica que a natureza se encarregará disso. Por exemplo. Esse Espírito um dia poderá tomar um remédio com data de validade vencida e ter uma hepatite, daí desencadear o processo cancerígeno. Pode reincidir e tomar alguns goles. No mais, sua constituição genética será preparada para apresentar essas tendências, como uma bomba--relógio a explodir mediante o gatilho preparado em seu perispírito. Complementa dizendo que o espermatozoide que lhe proporcionará a carga genética será atraído magneticamente pelas suas condições vibratórias de "devedor", não lhe sendo possível escapar a esse destino.

— *Estamos falando de determinismo, não?*

— Nesse caso específico, sim. Embora, cada caso exija suas especificidades, débito é débito e precisa ser ressarcido.

Segunda visita

— Já estou desdobrada e noto que a sala aumentou muito em suas dimensões. Tem agora oito a dez vezes o seu tamanho. Encontro-me no início da sala, próximo à porta de entrada. No meio, onde está a mesa junto à qual meu corpo físico está sentado, existe uma espécie de iluminação, algo como uma flor ou uma estrela, com muitas lâmpadas, coladas no teto. Esses refletores irradiam a luminosidade por toda sala. O restante das cadeiras está arrumado como em um auditório. Na primeira fila, estão quatro entidades, sendo que três delas são conhecidas. Elas me convidam para juntar-me ao grupo, o que aceito. Estão me advertindo para manter atenção máxima em uma tela muito branca, situada na parede à nossa frente. A tela está em penumbra, pois a luz do refletor não a atinge com intensidade. Ali vai passar um filme e eu tenho a missão de transmitir em detalhes para você, tudo a que assistir. Mas o interessante é que o filme irá parar quando você apresentar alguma dúvida ou indagação sobre o que estiver sendo exposto. O instrutor diz que você sinta-se à vontade para qualquer pergunta. Nós vamos tomar conhecimento desse filme, como se o evento estivesse ocorrendo neste momento, e não como um acontecimento já transcorrido. Ele pede atenção para os detalhes.

São coisas simples e não vão exigir estudo aprofundado para o entendimento. A primeira cena é de uma sala de hospital. Vejo dois leitos. Em um deles está um rapaz que conheci através das nossas visitas ao leprosário. Seu corpo ainda se encontra bastante ulcerado pela hanseníase. No outro leito, um paciente com o abdome muito alto, com poucos cabelos, devido ao tratamento a que foi submetido, cujo objetivo era impedir o avanço implacável de um câncer que o devorava. O câncer era no esôfago; ele aparenta sentir ainda muitas dores. O instrutor faz uma pausa na fita para explicar o que vem a seguir.

O que se segue é o desencarne dos dois rapazes. Vejo duas equipes espirituais que se dirigem para os leitos. No primeiro caso, o corpo perispiritual enfermo, pairando acima do corpo físico, a uma distância muito pequena. O perispírito aparece amarrado por muitos liames, como se fossem fitas presas aos chacras. Eles vão começar pelo hanseniano. Quatro técnicos iniciam a aplicação de passes enquanto outro ajuda no desenlace das fitas; ainda um outro procede anotações sobre uma ficha.

— *Esse desenlace é feito rompendo as fitas?*

— Não, elas não são quebradas. São apenas desligadas. Isso é feito com o auxílio dos passes. Todos eles emitem, através de suas mentes, fluidos para esse desenlace. Nenhum dos passistas toca os plexos. Apenas o companheiro, que auxilia no desenlace, faz movimentos em cada plexo, o que acarreta o desligamento dessas fitas. Estas vão se abrindo como um laço que se desfaz. O desligamento teve início de

O perispírito e suas modelações 289

baixo para cima, ou seja, inicialmente nas pernas. O rapaz que está anotando fica em posição que me permite ver o que está escrevendo. Vou passar os dados para você. Em cima está escrito: Pedro da Silva Cavalcante, 38 anos. Nascido aos 18 do mês de fevereiro. Deveria passar pela hanseníase como resgate de uma vida de muitos abusos. Mais embaixo, ele coloca assim: processo pelo qual a doença se instalou: ao nascer, o indivíduo já trouxe consigo o germe da doença. Aos 20 anos a doença aflorou após 12 anos de incubação; contágio: leve contato com alguém portador. Agora ele escreve: operação a ser efetuada após o desencarne.

— *Um instante. Essa ficha que você está observando é elaborada para todos os desencarnantes?*

— Não. Só para aqueles indivíduos que necessitam de restauração de órgãos. Nas mortes naturais ela não é necessária. Voltemos ao desencarne. Por último ele deixou o plexo cardíaco, a região do coração. Estavam aguardando que eu terminasse de ler a ficha para você. Ao desligar esse último plexo, todas as feridas, manchas, chagas, estão muito evidentes no perispírito, que é colocado sobre uma maca. O perispírito agora está em observação, para que seja determinado o tipo de tratamento pelo qual passará.

Voltamos para o rapaz das anotações. Existem duas pessoas a mais na cena do filme. São médicos, técnicos em cirurgias dos casos em estudo.

— *Esse hanseniano vai levar muito tempo para ficar curado?*

— Não. Ele responde que é só o tempo necessário para que ele recobre os sentidos e queira participar do seu restabelecimento. A cirurgia, voltando à observação da ficha, será: recomposição de células danificadas pela doença e eliminação de fluidos ligados à sua problemática. Claro que ele tem que ajudar com a sua conscientização e boa vontade.

— *Como será feita essa eliminação de fluidos?*

— Através de passes dispersivos e aparelhagem específica, espécie de sugadores.

Já passamos ao caso seguinte, o do moço que teve como causa de morte o câncer no esôfago. Observando-o, vejo que ele padece de grande falta de ar. Do lado de sua maca encontra-se um aparelho cuja função é auxiliar a sua respiração, levando oxigênio a seus pulmões. Enfermeiros ministram passes e noto, saindo de suas mãos, gotas que são absorvidas pelos poros do paciente. Tal como no caso anterior, aqui também tem alguém fazendo anotações em uma ficha. Se você deseja, eu posso narrar o nome e os detalhes ligados a este caso.

— *Se houver tempo e condições, sim.*

— José Belarmino de Sousa.

Idade: 36 anos.

Naturalidade: Petrolina – Pernambuco

Trouxe no perispírito os fluidos densos da doença devido ao problema cármico. Em encarnação passada envenenou-se por ingestão de ácido, infeliz e sofrido evento que resultou em avarias e danos em todo o tubo digestivo. Ao encarnar, trouxe uma deficiência nesse aparelho, caracterizada como um estreitamento do esôfago, que com o passar do tempo, imprimiu-lhe a dificuldade de engolir. Aos 21 anos, ele teve uma espécie de engasgo com uma espinha de peixe que lhe feriu o esôfago. Esse fato fez com que aquela área ficasse propícia ao ataque da moléstia.

Falo com o técnico que anota. Ele me diz: parece uma coisa boba, mas é a lei. O desenlace nesse caso é mais doloroso por causa da falta de ar. Quando o último plexo fica ligado, o cardíaco, ele se mostra mais agitado, gesticula bastante, diferindo do outro que foi mais calmo. Segue-se a aplicação de passes e ele dorme. Acima dele, o perispírito é retirado para ser colocado em uma maca. Observo o seu esôfago. Desde a região da glote até a traqueia, chegando ao estômago, os tecidos se encontram escurecidos e necrosados. A cirurgia pela qual ele passará será semelhante ao caso anterior. Vão eliminar tudo aquilo que possa estar em sua mente, repercutindo prejudicialmente em seu perispírito dificultando o restabelecimento. Será necessário dispersar, como no caso anterior, aquele mesmo fluido, ao qual me reportei, e repor células danificadas.

— *Será uma substituição de células?*

— Sim. Não será uma regeneração de tecidos, e sim uma reposição.

O perispírito e suas modelações   291

Terceira visita

— Saí! O instrutor afirma que iremos estudar dois casos de muita significação em nossa pesquisa. Veremos crianças xifópagas e o caso de uma criança que irá nascer sem o cérebro. Esse assunto foi escolhido para hoje (nascimento da criança sem o cérebro) devido ao acontecimento ocorrer dentro de alguns minutos em um hospital próximo, onde uma equipe de técnicos do nosso lado (desencarnados) já se encontra a postos para o estudo.

Apressemo-nos, diz ele, pois a criança terá apenas alguns minutos de vida e logo desencarnará. Conosco estão seis outros aprendizes que se dizem estudantes como nós. Três deles são mulheres, estudantes de Medicina que pediram para assistir à nossa reunião e indiretamente aos casos narrados, ora em desdobramento. O técnico que nos assiste já foi médico ginecologista e fala que ocorrem nascimentos de crianças sem a coluna vertebral e com outras malformações tão graves quanto esta.

Primeiro assistiremos ao nascimento; depois examinaremos o perispírito da criança. Já chegamos à *Maternidade Assis Chateaubriand* e estamos indo direto para a enfermaria, onde várias mulheres gestantes esperam seus bebês. É uma enfermaria coletiva. Vejo uma jovem de aproximadamente 27 anos que está para dar luz à criança a qual viemos observar. Ela não sabe ainda, pois é de procedência muito pobre e não teve condições de fazer o pré-natal. Estamos acompanhando a jovem na maca. Ela já se encontra em posição de ter o bebê, pois as auxiliares a trouxeram à sala de cirurgia quase na hora de parir. Observamos um médico e uma enfermeira, encarnados, e o nosso instrutor tecendo comentários a um dos alunos que nos acompanha. Vejo que a bolsa já se rompeu e o bebê começa a nascer. A cabeça dele está saindo agora. Mas ela não é compacta, não possui a rigidez, a solidez das outras. Você me entende? É como tênue cartilagem guardando uma porção gelatinosa. Vejo os olhos, o nariz, a boca, mas não tem os ossos cranianos fortes. É uma cartilagem meio transparente.

— *Como ele sobreviveu dentro do útero?*

— Era necessário que esse Espírito passasse nove meses de

292   Luiz Gonzaga Pinheiro

gestação vivendo o clima carnal. Os técnicos utilizaram de recursos magnéticos e fluídicos, retirados da mãe e deles próprios, a fim de auxiliá-lo no processo reencarnatório.

Percebo que o coração dele bate, mas nossos amigos afirmam que ele não sobreviverá mais que quinze minutos. Mesmo nascendo sem cérebro a sua vida uterina foi valiosa, porque modelou uma cabeça. Os ossos cranianos foram plasmados de maneira frágil, e foram modelados os olhos, o nariz, a boca, esculpidos pela Natureza, auxiliada pelos bons Espíritos. Ele foi um suicida que esfacelou a cabeça quando atirou no ouvido, fragmentando o cérebro.

Não foi possível a ele modelar o cérebro e os técnicos optaram pelo urgente reencarne, o que ocorreu quase imediatamente após o seu suicídio. Todavia, havendo sido modelado um novo corpo, isso muito o ajudará no mundo dos Espíritos, porque ele se impregnou de fluidos vitais da mãe, bem como os da matéria densa onde esteve mergulhado. Isso o ajudou. Tanto pelo esquecimento temporário do seu problema, quanto pela pressão da matéria orgânica, impulsionando seu perispírito a obedecer os padrões anatômicos peculiares à espécie. Houve um avanço em sua modelagem, que será aproveitada pelos técnicos para promoverem os reparos cerebrais em definitivo, à medida que ele for despertando. Estes modelarão determinada zona do cérebro – da visão, por exemplo – e ele se conscientizará de que pode ver. Depois, a parte relativa à audição, ao tato e assim por diante. Mas o paciente em si pouco participará da modelagem devido ao seu estado de alienação.

Em se tratando de suicidas, alguns até podem ajudar bastante na modelagem de órgãos menos complexos. O cérebro, como tradutor da memória do Espírito, é de tamanha complexidade, que somente os técnicos detêm os conhecimentos específicos para uma modelagem bem sucedida. A ajuda dele, portanto, será insignificante; podemos até dizer que será em nível inconsciente, à medida que suas lembranças comecem a aflorar. É uma ajuda indireta, não resultante do conhecimento do processo de modelação, mas pelo desejo de voltar à vida.

Podemos agora averiguar as crianças xifópagas. Observaremos sob a ótica espiritual, uma vez que pelo lado físico são dois Espíritos

O perispírito e suas modelações 293

distintos ligados por um único intestino, ou seja, mantendo-se vivos ligados um ao outro pelo tronco. Nós os percebemos agora. Essas duas crianças devem ter aproximadamente três ou quatro anos de idade. Apresentam o aspecto em que desencarnaram e ainda permanecem nessa faixa etária por vontade dos técnicos que promoveram a reencarnação. Foram Espíritos rivais nos últimos três séculos, onde conviveram em litígio por quatro encarnações, ocasião em que cometeram muitos abusos, não se suportando um ao outro. A Providência Divina então os colocou juntos, nutrindo-se por um mesmo organismo.

— *Deixe-me situar-me. Eles nasceram xifópagos. Posteriormente desencarnaram aos quatro anos e continuaram na mesma condição e na mesma idade por imperativo dos fiadores da reencarnação pela qual passaram, a fim de evitar um despertar das lembranças com consequente reinício do litígio?*

— Sim. É necessário que continuem juntos. Se um deles despertar, será pior. Suas memórias estão adormecidas. Observo que só existe um par de pernas. A outra criança sai do tronco da primeira. É como um Y. Mas vejo, no Espírito que sai do tronco, as outras pernas, como sombras que ele não nota.

— *É como nos casos dos amputados, onde se nota a presença de uma fôrma?*

— Sim. Mas ele não percebe. Pergunto ao instrutor como é o perispírito dessas duas crianças. São dois perispíritos?

É tal qual um enxerto em vegetais. É como se um deles tivesse sido amputado pelas pernas e sido acoplado no tronco do outro. Ambos são alimentados por um mesmo estômago.

— *Para encarnar, como procedem os técnicos? Eles são reduzidos ambos ao mesmo tempo, ficando perispírito interpenetrando perispírito, para nascer nesse formato?*

— É como eu falei. Uma acoplagem na fôrma perispiritual. Um deles não tem as pernas do perispírito, mas a sombra que diviso são as pernas do corpo mental. Na hora da redução perispiritual um deles estava amputado, existia apenas o tronco, que foi acoplado à altura do estômago do outro. No renascimento eles utilizaram um espermatozóide especial, escolhido antes da fecundação. Essa célula reprodutora escolhida, fecundou o óvulo, que não se partiu totalmente para gerar gêmeos normais, iniciando a multiplicação celular que deu origem a dois seres imantados um ao outro. No caso dos gêmeos univitelinos essa separação ocorre totalmente, culminando em crianças separadas e do mesmo sexo.

Eles vão continuar ligados por algum tempo, e depois os técnicos irão separá-los através de cirurgia. Posteriormente, reencarnarão como gêmeos idênticos.

— *Quando essa cirurgia for feita, claro que um deles deverá ficar com o estômago e os intestinos. E o outro? Sofrerá um transplante? Uma modelação?*

— Nesse caso, a cirurgia trará a mutilação para um deles. Os técnicos utilizarão o corpo mental do mutilado para plasmar os órgãos ausentes. É ainda a modelagem do perispírito tendo como base o corpo mental, a que você já está acostumado a discutir.

QUARTA VISITA

— Estou desdobrada, mas é como se eu tivesse adormecido; quando acordei já estava neste local. *(Essas coisas me deixam meio atordoada, sabe?)* É um hospital muito grande; tal qual uma colônia. Parece existir de tudo que se utiliza em uma comunidade qualquer. Igreja, Centro Social, praças... Antes de entrar, vestimos uma roupa, espécie de capa contra a chuva, que cobre meu corpo até os pés. Na porta leio: *Centro Dermatológico*. Penetramos numa ala à direita, onde vejo uma placa: *Hanseníase*.

Parecemos passear. O instrutor mostra tudo. Observo pacientes com grandes manchas na pele. Alguns com ferimentos profundos; outros já mutilados pela doença; muitos, adormecidos; outros, em aflição. Ele não me deixa demorar e já vai mostrando outra área. Nova placa surge: *Câncer Dermatológico*. Interessante! Neste setor as pessoas são desfiguradas. Não possuem nenhum pelo na cabeça. O corpo mais parece uma esponja vermelha. Ele aponta para outras alas, mas afirma que hoje irá mostrar uma das maneiras de restaurar células epiteliais danificadas por essa doença.

Lembra que as causas dessa enfermidade todos nós conhecemos. Estão nas fichas cármicas e relacionam-se com hábitos e atitudes

O *perispírito e suas modelações*

passadas. Vamos caminhando e atingimos o *Centro Cirúrgico*, no que penetramos em seus aposentos. Não há nada aqui dentro que impeça a entrada de alguém. Indago sobre contágio e isolamento, e ele explica que, geralmente, adquirimos determinadas doenças quando estamos comprometidos através do carma, para passarmos por aquela prova. Caso contrário, é como se existisse uma imunidade natural da pessoa com relação a elas. Apesar do contato com a doença tornar algumas pessoas resistentes contra seus efeitos, nunca é demais tomar os cuidados necessários, por causa dos familiares ou circunstantes com os quais se convive. Profilaxia e assepsia nunca são cuidados demasiados no capítulo da Medicina material ou espiritual, enfatiza.

Estamos observando um irmão na mesa cirúrgica. Os médicos colocam uma máscara em seu rosto, como se o anestésico agisse através do gás lá contido. Todavia, aplicam um líquido rosa na veia. O líquido vai fazer o papel de soro.

— *Que gás é esse existente na máscara, que anestesia e faz adormecer?*

— É um relaxante. Sua função é neutralizar qualquer sensação, deixando o paciente entorpecido. Passado o entorpecimento, após a cirurgia, ele volta ao normal. Isso ocorre quando não precisam de sua mente atenta, auxiliando na cirurgia. Como a restauração é apenas no tecido epitelial, esta é feita pela vontade dos técnicos, sendo que o paciente já foi advertido do efeito benéfico em sua pele, manifestando preliminarmente o desejo de recobrar o que perdeu, ou seja, a saúde.

Quando ele acordar, atuará no sentido de manter as modificações impostas, com otimismo e a certeza de que ficará curado.

Em alguns, os ferimentos são profundos, sem haver mutilações. Vejo o ferimento na perna de um senhor, onde aparece a tíbia. Os técnicos estão colocando uma espécie de gaze, parecida com algodão- -doce, algo muito macio que, ao tocar o ferimento, parece diluir-se. Em seguida tomam um aparelho à semelhança de um *spray*, explicando conter dentro dele um líquido que auxilia na recomposição celular. Adicionada ao líquido, está a energia vitalizante, que é a mesma vital humana. Esse líquido exala um odor forte de remédio, mas não chega a ser desagradável.

Após colocar a gaze e jatos de *spray* por cima, através de movimentos circulares, vejo a gaze se dissolver e aderir à ferida, como se passasse a fazer parte do tecido, recompondo-o. De imediato vai fechando, diminuindo o espaço onde se via o osso da perna. Não entenda como se o processo fosse qual mágica, rápida e definitiva. Você assistiu a demonstrações em pacientes conscientes e desejosos de sua regeneração, que mesmo assim estão aqui há algum tempo.

Dirijo-me a outra maca, onde se encontra um rapaz cuja área operada recebe uma faixa, isolando-o de qualquer outro contágio. Ele está sendo colocado em uma cabine de "vidro", espécie de UTI. O rapaz, portador de câncer de pele, está recebendo tratamento idêntico ao descrito (gaze e *spray*). Esse paciente era fumante e usava drogas injetáveis.

— *Mas o câncer dele é na pele ou nos pulmões?*

— Manifestou-se na pele como ulcerações no tecido epitelial, mas de gênese interna. Sempre temos algo de mais sensível em nós. Podemos adquirir um problema renal, quando os rins constituem a parte sensível do corpo, e dali a deficiência generalizar-se para outros sistemas, enfermando-os. Nesse rapaz, os órgãos agredidos foram os pulmões, mas a parte sensível é a pele. À medida que utilizava drogas injetáveis, provocou uma ulceração nas células do tecido epitelial, que foram enfraquecendo até se tornarem cancerosas. Foi um encadeamento de várias moléstias, culminando com o câncer comum de pele. A droga injetável foi para o sangue, que a levou a todos os órgãos, afetando assim a parte mais sensível. Para alguns essa sensibilidade é o coração; para outros, os pulmões; para ele, é a pele.

O instrutor comenta ainda que alguns recebem tratamento de emergência para que possam reencarnar sadios, sob a promessa de, a duras penas, conquistarem de vez o equilíbrio de seus Espíritos. Ocorre que sempre há os que voltam em piores condições, pois, portadores da sensibilidade, da predisposição à doença, abusam da condição de "liberdade condicional" e voltam aos cárceres que construíram para si próprios. Tais companheiros, quando partem daqui, reafirmam o compromisso de resistirem até o limite de suas forças. Mas levando o corpo "saudável", esquecem de dirigir o barco da vida sob a orientação do trabalho, buscando em meio às turbulências, as seguras correntes da fé, traduzidas através da vigilância e da oração. Em mar tormentoso tudo depende da atuação do timoneiro. Enfrentando borrascas e

O perispírito e suas modelações

ventanias, é de se esperar alguns naufrágios; porém, há marinheiros que vencem o intranquilo mar dos nevoeiros, evitando os acidentes de percurso, nunca insuperáveis para quem se escuda na confiança em Deus e tem como porto seguro a paz de consciência.

Estão nos dizendo que a visita terminou. Volto com eles. Estou levando dois frascos contendo material para exame durante o nosso sono físico. Em um dos vidros está a gaze e no outro o líquido rosa usado como soro. Logo mais, enquanto dormirmos, poderemos voltar para o Centro, e lá pegar, cheirar, analisar, fazer experiências com esse material.

Deus nos ampare em nossas pesquisas! É o que dizem na despedida.

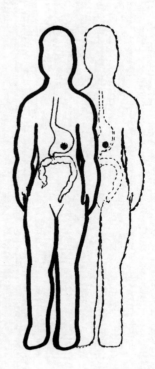

Exteriorização do câncer no estômago do corpo físico e iniciado preliminarmente no perispírito.

CAPÍTULO 50

O LABORATÓRIO DA NATUREZA

> — Então o Espírito pode dar não somente a forma do objeto, mas também as suas propriedades especiais?
> — Se o quiser. Foi em virtude desse princípio que respondi afirmativamente às perguntas anteriores. Terás prova da ação poderosa que o Espírito exerce sobre a matéria e que estás longe de supor, como já te disse.
> — Suponhamos que ele quisesse fazer uma substância venenosa e que a pessoa a tomasse. Ficaria envenenada?
> — O Espírito poderia fazê-la, mas não a faria porque isso não lhe é permitido.
> — Poderia fazer uma substância salutar, apropriada à cura de uma doença, e isso já aconteceu?
> — Sim, muitas vezes.
> — Poderia então, da mesma maneira, fazer uma substância alimentar? Suponhamos que fizesse uma fruta ou uma iguaria qualquer. Alguém poderia comê-la e sentir-se saciado?
> — Sim, sim. Mas não procure tanto para achar o que é tão fácil de compreender.

O Livro dos Médiuns – Allan Kardec
(cap. VIII – item 128)

O LABORATÓRIO DA NATUREZA

A Natureza é o especial laboratório que o Pai Celestial nos concedeu para que dele extraíssemos as essências curativas, energéticas e modeladoras utilizadas em nível físico e perispiritual. Os vegetais contribuem com larga parcela de fluidos exigidos na cura das mais variadas doenças, auxiliando na instalação da saúde e da harmonia em muitos corações aflitos que habitam o Planeta.

De suas raízes, troncos e folhas, substâncias generosas são aproveitadas, acalmando a dor do mundo, fechando chagas martirizantes. Os vegetais são fontes inesgotáveis de medicamentos, muitos dos quais ainda não revelados, por força da tímida pesquisa de que são objetos.

Utilizam os Espíritos, fluidos e energias retirados dos vegetais, processando-os como matéria-prima na elaboração de medicamentos para enfermidades várias, deles se beneficiando sob a inspiração do médico maior que é Jesus.

O passe, a água fluidificada, o emprego de chás de ervas são alguns de seus aspectos. A farmacologia terrena é hábil no manejo de muitos fluidos. Poderíamos pensar que a Medicina espiritual lhe estivesse abaixo? Os Espíritos se organizam em laboratórios com avançada tecnologia, e da Natureza extraem, processam, combinam, depuram e aplicam fluidos adaptados a imensa variedade de doenças. Aparelhos há, de tamanha sensibilidade, utilizados por eles nesse ofício, que descritos em funcionamento, pareceriam contos de ficção científica, talhados por mentes excitadas e amantes de aventuras.

O Espírito, consciente e preparado, é uma "máquina" insuperável nos milagres das modelações perispirituais.

Visita

— Desdobrei-me. Estou diante de uma casa com degraus junto à porta, sendo toda ela revestida por aquela trepadeira de pequenas folhas, parecendo grudar-se à parede. Ao redor da casa vejo muitas plantas cujas folhas possuem tamanho avantajado, predominando as cores, verde e roxo. Há, no entanto, como uma transparência nessa vegetação.

Desce da escada uma mulher muito bonita, alta, cabelos negros e olhos castanhos muito vivos. Ela apanha algumas folhas e pede que eu observe atentamente. Delas sai um líquido esbranquiçado e um

O perispírito e suas modelações

pouco pegajoso que é recolhido em pequeno vasilhame. Passa então a macerar as folhas para obtenção de maior volume de líquido, no que resulta um concentrado dessa substância leitosa.

Essa planta, vai macerando e explicando, é originária do mundo dos Espíritos, e não foi ainda transportada para a Terra. O seu poder medicamentoso é excepcional, pois, unindo o concentrado com um fluido preparado pelos técnicos, este adquire propriedades plásticas, prestando-se à construção de moldes e próteses de partes perispirituais. No *Vale das Flores*, colônia que trabalha com abortados, esse concentrado é utilizado largamente na restauração de corpos. O processo de cura não é tão simples como estou pensando, enfatiza. Extraem a substância e através de um processo bioquímico, regulado por fórmulas químicas, resulta o medicamento para a modelagem.

— *Você falou em prótese. Mas, por que prótese se o perispírito pode ser modelado sem esse arranjo?*

— O termo prótese é inapropriado. Foi uma palavra que usei como intérprete do pensamento dela. Na verdade, a modelagem fica fazendo parte definitiva do perispírito, a ele integrando-se e adaptando--se em substituição ao órgão danificado. Esse material vai compor o perispírito como um enxerto, promovendo uma regeneração.

Vamos observar uma pessoa portadora do bacilo de Koch. Seus pulmões mostram verdadeiras crateras provocadas pela erosão bacteriana. A instrutora nos diz que este hospital é específico para os casos graves de pulmão e coração. É justamente por esse motivo que fui levada a observar o medicamento obtido das folhas que descrevi. Sinto-me como se tivesse visão de raios-X. Vejo os pulmões em lamentável estado de desintegração. A instrutora pega então uma espécie de molde de dois pulmões e me diz sorrindo: "Veja o que aquela planta é capaz de fazer". Coloca então os dois pulmões no doente, como se coloca uma blusa em alguém, e imediatamente o molde passa a servir como órgão respiratório para o enfermo, cessando as hemoptises.

— *Estou entendendo. Sinto-me apenas admirado da rapidez com que isso ocorre.*

— Não! Não se precipite. É apenas uma demonstração. Os pulmões já estavam modelados. O enfermo, por sua vez, não aceita imediatamente esse tratamento. Há o fato da rejeição por parte dele, por não entender o processo, bem como a mentalização no quadro patológico que vivenciou, viciando o pensamento na depressiva imagem dos pulmões deteriorados. Essa demonstração visa torná-lo ciente de como seria o caso se ele aceitasse o tratamento, desvinculando-se da cristalização que o atormenta.

Ela retira o molde e ele volta ao estado de sufocação, procurando reter os momentos de melhora em que se sentiu aliviado.

— *E por que não deixam esse molde adaptado a ele, já que as melhoras foram marcantes?*

— Porque o seu pensamento viciado e cristalizado imprimiria no molde as crateras do seu pulmão fazendo-o retornar ao estado anterior. É necessário, antes de tudo, educar-lhe a mente para anular os efeitos materiais em seu aparelho respiratório.

— *Esse tratamento pode durar até quantos anos?*

— Nesse caso que observamos, onde o enfermo se mostra anêmico, magro, com acessos de tosses e hemoptises, tidos como realmente grave, a instrutora diz que ele está aqui há mais de vinte anos.

— *E continua com todos os sintomas da doença?*

— Sim. A observação na ficha indica um caso de carma agravado. O tratamento a rigor seria simples. Semelhante a um transplante de órgão. Todavia, a sua rejeição mental impõe sério bloqueio, patrocinado, inclusive, pelo seu comprometimento para com a lei. Terá que passar por árdua educação mental. Será levado a reuniões mediúnicas, para entender o funcionamento dos órgãos que tanto prejudicou. Depois começará a tomar conhecimento do poder modelador do pensamento, a fim de desvincular-se da cristalização que detém. Isso poderá parecer fácil, mas nada é fácil quando se tem uma cobrança da consciência a exigir reparos e a induzir necessidades de autopunição.

— *Enquanto ele não se educar mentalmente, continuará a sentir todos os sintomas que observamos?*

— É exato! O sofrimento é o mesmo do momento do seu desencarne, gravado nítido e forte em sua memória. Ele parece desencarnar a cada instante. Sente tosse, falta de ar, hemoptise, mas para aliviar esse sofrimento, os médicos fazem com que ele adormeça.

O perispírito e suas modelações

Impõem o sono letárgico; mas a imagem não lhe sai da mente. Quando ele desperta, é submetido a tratamento intensivo de educação mental.

Estou me despedindo. Angustiei-me um pouco com o drama desse irmão. Seja boa enfermeira, diz a instrutora. Como? Nada entendo de suas fórmulas e concentrados, respondo-lhe. Minha irmã conclui: Em qualquer circunstância, Jesus é o médico mais especializado, e todos nós somos enfermeiros a seu serviço.

CAPÍTULO 51

TRAUMAS POR ACIDENTES

— Imaginemos que fossem analisar as origens da provação a que se acolheram os acidentados de hoje... Surpreenderiam, decerto, delinquentes que, em outras épocas, atiraram irmãos indefesos do cimo de torres altíssimas, para que seus corpos se espatifassem no chão; companheiros que, em outro corpo, cometeram hediondos crimes sobre o dorso do mar, pondo a pique existências preciosas, ou suicidas que se despenharam de arrojados edifícios ou de picos agrestes, em supremo atestado de rebeldia, perante a lei, os quais, por enquanto, somente encontram recurso em tão angustioso episódio para transformarem a própria situação. Quantos romeiros terrenos, em cujos mapas de viagens contam surpresas terríveis, são amparados devidamente para que a morte forçada não lhes assalte o corpo, em razão dos atos louváveis a que se afeiçoam!... Quantas intercessões da prece ardente conquistam moratórias oportunas para as pessoas cujo passo já resvala no cairel do sepulcro?

Ação e Reação – André Luiz
(cap. 18 – pág. 246)

TRAUMAS POR ACIDENTES

Acidentes fazem parte da história de todos nós. Alguns por imprevidência, outros forçados e criados pelas leis cármicas, que funcionam qual cobrador incorruptível dos nossos delitos. No exato momento em que escrevia estas linhas, uma fragata de guerra americana lançava dois mísseis contra um avião comercial indefeso que sobrevoava o Golfo Pérsico, promovendo o espetacular desencarne coletivo de 290 pessoas.

Acidente? E o grande incêndio do Edifício Joelma? Negligência? Que dizer das quedas constantes de barreiras, soterrando centenas de vítimas? Das erupções vulcânicas, inundações, tempestades, guerras, dos pequenos acidentes particulares de cada um, que somados perfazem volumoso total de passageiros deste mundo para o outro?

Quem lhes dá os passaportes? O acaso que escolhe indiscriminadamente ou uma lei inflexível que traz de volta o culpado a rever e a responder pelos seus desmandos? Seria nada confortador para o habitante terreno, saber-se regido por lei caótica, que não leva em conta os méritos, a distribuir dores e alegrias de maneira arbitrária, materializando efeitos sem a observância das causas.

Não estou querendo criar a "síndrome do carma", onde uma criança, ao sofrer pequeno corte no pé, nada lhe seja feito além do curativo, pois aquilo lhe era reservado por predestinação. Talvez os velhos métodos educativos, de andar calçado, de não colocar vidro no chão, tenham sido esquecidos, e isso não é carma; apenas descuido dos pais; desde que tenham tomado conhecimento dos meios de evitar o acidente.

Atribuir as consequências das menores picuinhas nas quais nos envolvemos à lei cármica é não entendê-la. O carma de hoje é criação do ontem, quando nos descuidamos da ética evangélica. Podemos agravá-lo, aliviá-lo ou estacioná-lo.

A lei cármica admite flexibilidade em seu determinismo, mas seu cumprimento é inexorável, no sentido que cada um receba segundo as obras praticadas. É, portanto, criadora e determinadora de muitos "acidentes", acordando o Espírito da inércia ou da lentidão em que se encontra por livre vontade, de vez que o velocímetro da marcha evolutiva de cada um é ajustado por si próprio.

Neste capítulo, veremos alguns casos de acidentes, com as consequentes implicações no perispírito dos acidentados, bem como a terapia ministrada, objetivando a normalização desse corpo plástico. Quando esses acidentes atingem proporções inusitadas, prejudicando sobremaneira o perispírito, entra em cena o corpo mental servindo como fôrma para a nova peça a ser modelada. Até aqui isso parece ser uma constante em acidentes de grande porte.

O perispírito e suas modelações

PRIMEIRA VISITA

— O instrutor está me informando que vamos observar dois casos de acidentes traumáticos para o perispírito. A explosão de um avião de passageiros e um paciente, vítima de radiações atômicas de Hiroshima. São exemplos bem demonstrativos das agressões que o perispírito pode sofrer, determinadas pelas condições mentais e cármicas de cada um.

Fala-nos que nessa observação você pode explorar o assunto à vontade, de maneira a não permanecerem dúvidas em qualquer detalhe da narrativa. Encontro-me em uma sala ampla e arejada, onde homens e mulheres trajam batas, como se fossem profissionais da Medicina. À minha frente uma tela branca e grande, onde, segundo o instrutor, vamos assistir a um acidente ocorrido com um avião de passageiros. As cenas que começam a surgir mostram imagens tridimensionais de grande realeza. Como estou atenta a todos os detalhes, noto através das cenas que os passageiros do avião são as mesmas pessoas que estão aqui conosco, assistindo o filme.

No avião eles estão bem vestidos, paletós, elegantes vestidos, como se estivessem a passeio. O instrutor (*que coisa estranha!*) diz que as cenas relativas ao acidente estão sendo retiradas da mente dos passageiros. Devo permanecer com atenção máxima, para descrever o mais fielmente possível. Verei a atuação dos médicos e enfermeiros antes e após a tragédia.

Neste instante, ele coloca a mão sobre a minha cabeça e sinto como se extraísse algo de mim. Como no momento sou a única encarnada presente, devo funcionar como doadora de ectoplasma para uma melhor funcionalidade da tela. Todos os Espíritos que estão na primeira e na segunda fila estão concentrados, e de suas mentes sai uma substância azul prateada, que está dando vida às ações na tela. O avião está em voo e seus passageiros descontraídos. O clima é alegre e cordial e nada parece prenunciar uma tragédia.

As pessoas que passaram por esse acidente e aqui estão presentes encontram-se equilibradas e conscientes. Vejo agora vários enfermeiros dentro do avião. O acidente ainda não ocorreu. Cada enfermeiro, concentrado e em posição de alerta, se coloca ao lado de um passageiro. Os passageiros continuam despreocupados como se tudo transcorresse normalmente. Vejo também, com os enfermeiros, outras entidades desencarnadas; amigos e familiares dos passageiros, uns aflitos, outros orando, alguns prontos para o auxílio.

Os enfermeiros continuam posicionados, uns à frente, outros de lado e ainda alguns à retaguarda dos passageiros *(Isso está me deixando nervosa!)*. Como estou um pouco tensa, o instrutor diz que me poupará do instante dramático da explosão por ser bastante chocante, podendo me abalar e com isso prejudicar a narrativa. Verei cenas imediatamente após a explosão. Mas está acontecendo algo inesperado! Alguns Espíritos na assistência, que passaram pelo acidente estão vivendo fortemente o momento. Envolveram-se demais com o drama revivido e forçaram o aparecimento na tela do momento crucial da explosão.

A cena está sendo plasmada! Não há tempo nem para gritos! Explodiu de uma vez. Tudo e todos vão pelos ares. Pedaços humanos se projetam em várias direções. Os enfermeiros que estavam a postos, retiraram os perispíritos dos passageiros em fração de segundo, antes da explosão. É como se eles tivessem desencarnado antes da tragédia se consumar. Foram como que sugados do corpo; até aqueles mais arraigados à matéria.

Ocorre que alguns registraram tão fortemente a explosão, que a impressão que sentiram no momento pareceu fixar-se em suas mentes, entrando em coma profundo e a reviverem seguidamente a cena dantesca.

— *Esses que registraram rudemente a cena, sofreram o impacto no perispírito?*

— Sim. Vejo a cena onde um Espírito desesperado procura pedaços do seu corpo. Ele está totalmente alucinado.

— *E por que não entrou em prostração?*

— Por causa do seu apego demasiado à matéria e ao corpo físico. Era excessivamente vaidoso; cultivava certo endeusamento de sua figura, e os enfermeiros não conseguiram fazê-lo entrar em prostração. Seu desespero é muito grande. Procura juntar cada parte do seu corpo.

O *perispírito e suas modelações* 309

Aqui ele pega um pedaço da sua perna; ali ele apanha uma mão. Engraçado! Ele traz um pedaço da perna na mão, vejo seu perispírito sem a perna, mas ele caminha normalmente; como pode ser isto?

O instrutor explica que o pedaço de perna que está em sua mão é uma criação mental dele, estando seu perispírito intacto, posto que ele foi retirado do local antes da explosão. Insiste que são resíduos de sua mente, onde se alojou a ideia da mutilação, favorecida pelo desconhecimento da existência do perispírito. O tratamento para ele não será o mesmo dos mutilados comuns, uma vez que ele necessita apenas de educação mental e conhecimentos básicos sobre a vida espiritual.

Muitos Espíritos que entraram em prostração, abrigando em cores vivas nos arquivos mentais o drama sofrido, necessitam dessa terapia, pois se veem e se sentem mutilados, quando na realidade estão perispiritualmente intactos, sem a lucidez de perceberem tal realidade. Isso ocorre devido ao grau de alucinação em que se encontram e à falta de méritos que os credenciem a uma percepção mais vigorosa da realidade em que se inserem. Esse companheiro que traz o pedaço de perna em sua mão fechou todas as portas ao seu redor, para ter como visão única o pedaço de perna que julga ser real.

Os desencarnes coletivos, que são casos excepcionais, podem ser precedidos de um desencarne antecipado dos envolvidos, contabilizando-se neste caso o trauma perispirítico, por conta da cristalização mental da ideia do acidente e do despreparo do Espírito para com as leis divinas. Alguns passageiros assistiram ao acidente, mas não compreenderam que poderiam ficar imunes aos seus efeitos, justamente porque não havia intimidade com o estudo, nem a meditação sobre o seu mundo de origem, o plano espiritual.

— *Mas já estudamos casos de explosões em que o perispírito realmente sofreu danos profundos, à semelhança do corpo físico.*

— É verdade. Mas aqui o caso é diferente. O perispírito foi retirado do local da explosão, não lhe restando qualquer sequela. No caso que observamos (suicídio) houve por livre-arbítrio uma agressão às leis de Deus, naquilo que de mais sagrado o Espírito recebe como instrumento evolutivo: seu corpo. O suicídio é uma insubordinação à lei. Um capítulo à parte nos traumas do perispírito, pois nele há vontade deliberada de praticar o ato; de mutilar o corpo e retirar do Espírito a sua eterna e inextinguível chama, ato tresloucado do qual o infrator não consegue evadir-se sem macular-se profundamente. Como a deliberação para traduzir-se em tragédia é antecipada pela luta da consciência entre capitular ou resistir; como em nenhum instante ninguém está desamparado dos recursos divinos através da ajuda dos benfeitores espirituais; como tudo é tentado por parte da vida para lhe conservar na memória o ânimo e a coragem superando o instante depressivo pelo fortalecimento da autoestima; e ainda assim ele capitula, os enfermeiros divinos não podem salvaguardar um perispírito que em si mesmo contém a ordem de implosão. Nos suicídios, o perispírito não está imune às dolorosas mutilações orgânicas a que se condena, de vez que sendo o Espírito o carrasco de si mesmo, desertor do campo de lutas; renegado, pois abandona a fé em seu Criador, custa-lhe colocar a consciência em ordem para recuperar tamanho prejuízo causado a si mesmo.

— *As imagens colocadas em tela foram retiradas da mente de pessoas que passaram pelo acidente. Mas, as pessoas que estavam no avião não sabiam da presença de enfermeiros a bordo. De onde surgiram essas imagens, uma vez que os passageiros não as tinham registrado em suas mentes?*

— Os Espíritos podem retirá-las do éter. Mas aqui presentes, encontram-se enfermeiros que a tudo assistiram. As imagens em parte saíram de suas mentes.

— *Como se retira imagens gravadas no éter?*

— O vegetal retira do ar o gás carbônico para fazer a fotossíntese. Ele tem a sua maneira de materializar o alimento. Como isso é um procedimento inerente ao vegetal, retirar imagens do éter é um procedimento inerente ao Espírito. Entendeu?

— *Claro que não!*

— Você não pode ir além do que não conhece. São técnicas avançadas que eu não conseguiria explicar para você, mesmo com a aquiescência dos técnicos. Veja: tenho visto aqui um Espírito colocar a mão sobre a cabeça de outro e de lá retirar imagens de sua vida, usando técnicas de magnetismo pessoal. Apenas vejo os efeitos; eles conhecem a causa. O máximo que consigo entender é que eles fabricaram essa tela onde assisto ao filme, com fluidos retirados do

O perispírito e suas modelações

311

cosmo e do ectoplasma que cedi. Como as imagens passam da mente deles ou do éter para a tela, aí já não entendo nada.

Iremos agora a outro pavilhão a fim de observarmos perispíritos, vítimas de radiações nucleares. Já os vejo. Apresentam-se com profundas chagas. Foi um desencarne coletivo ligado ao carma daquele povo (Hiroshima). Como acidente de vastíssimas proporções, a retirada de perispíritos antes do acidente restringiu-se a casos isolados, levando-se em conta os méritos de cada um. Noto que as células perispirituais foram lesadas pela radiação. Alguns não desencarnaram de imediato, passando a arrastarem-se penosamente durante dias, semanas, sofrendo a destruição de suas células físicas, impressionando-se mentalmente, formando cristalizações demoradas.

As lesões com feridas profundas, pondo à mostra as partes ósseas, instalaram-se fundo na mente de muitos deles. Milhares já reencarnaram e outros continuam em tratamento. O panorama que vejo é, por demais, tristonho. Pessoas muito magras; umas com lesões cerebrais, como se a cabeça estivesse sem o cérebro; outras com o cérebro aparentando geleia. Esse órgão parece ter sido duramente atingido pelas radiações.

Os pacientes estão passando por um acoplamento de células cerebrais, com finalidade de restaurar esse órgão. Os que ficaram em estado de alienação profunda foram separados dos demais, para não prejudicá-los, alucinando-os também.

O tratamento aqui é bem específico. O Espírito é prostrado e encaminhado aos departamentos para projeção e desenho dos órgãos afetados. Vejo um rapaz portando grande ferimento, tendo o osso da perna à mostra. Observo o curativo ministrado pelos enfermeiros. Eles analisam a ferida, e notando-a limpa, sem pústula, colocam sobre ela um pó esbranquiçado e algo gelatinoso. O pó torna-se aderente, e sob a ação mental desses enfermeiros, parece confundir-se com o tecido ulcerado do paciente. A ferida aparenta entrar em processo de regeneração. A pele não fica totalmente restaurada, mas encena um princípio de cicatrização. Quando os enfermeiros se retiram e o rapaz relembra a cena que viciou sua mente, a ferida volta a abrir.

O instrutor, sempre atento, explica que superado esse impasse, a cristalização da ideia, o processo cicatrizante se instalará em definitivo sobre os ferimentos. Alguns levarão sequelas físicas para as reencarnações futuras, devido ao fato de suas fichas cármicas acusarem grande envolvimento em episódios que marcaram outras pessoas com dor e sofrimento. Tais espíritos, julgados e condenados por suas próprias consciências, não logram forças para a regeneração perispiritual completa.

— *Os Espíritos que você observa se encontram nesse estado desde 1945 quando sofreram o acidente?*

— Sim. O tempo para o Espírito não é regulado pelo relógio terreno; a vontade bloqueada torna a ação obstruída. O tempo passa sem tecer os fios da saúde, para quem se deixa paralisar na própria enfermidade.

SEGUNDA VISITA

— Estou fora do corpo e... é dia! Que sensação estranha é saber que estou aqui durante o dia e meu corpo está aí, que é noite. O céu está bem azul, contrastando com o verde da relva. Estou flutuando com Rose, aproximadamente a três metros de distância do solo. A sensação é a de se estar em uma câmara sem gravidade. Sinto-me bem leve; o traje é uma roupa suave, uma camisola azul clara, tão macia que o vento faz flutuar.

Rose dá-me a mão e partimos assim flutuando para as observações que nos esperam. Estamos pousando. É um prédio com vigorosas colunas e uma delicada escada de acesso. Ao seu redor, frondosas árvores. Este local faz parte de uma colônia de refazimento, para Espíritos que, enquanto encarnados, foram mutilados em seus corpos. As mutilações a que me refiro foram involuntárias, causadas por acidentes nos quais eles foram vítimas. Todavia, tais eventos causaram forte impressão em suas mentes, afetando seus perispíritos. Todos eles são conscientes de que já desencarnaram e que aqui fazem uma terapia intensiva para romper o bloqueio mental que lhes causa embaraços. Estou entrando. O ambiente é maravilhoso.

O clima é comparável ao de um ar condicionado gostosamente

O *perispírito e suas modelações*

313

regulado. O ambiente natural tem um aroma levemente perfumado. Encontro-me em uma sala com cadeiras em semicírculo, onde posso assistir à aplicação de uma terapia de grupo. Alguns Espíritos, homens, mulheres e até crianças, pois que vejo uma de aproximadamente doze anos, se exercitam sem afobação. A criança traz um braço ressecado devido a uma grande queimadura que lhe dilacerou o tecido epitelial, tornando-o liso e grosseiro.

Vamos estudar esses casos, diz Rose. O método que está sendo utilizado é o da conversação. Existe uma espécie de mentor, que orienta a cada um em particular. Primeiro comenta-se o caso específico de alguém, e todos observam atentamente, uma vez que os problemas se assemelham, embora tenham ocorrido em situações diferentes. Aqui todos conhecem a sua história atual e a anterior, ou seja, o que lhes aconteceu, como e porque foram atingidos, mas ainda há bloqueio.

A garota foi escolhida para falar. Ela morava em uma fazenda, onde em determinada época do ano se ferviam em grandes tachos, o mel para fazer puxa-puxa. Ao mexer em um deles, derramou o líquido fervente sobre seu braço. O choque foi tão forte que ela registrou no perispírito a queimadura. Esse registro mental, como uma fotografia petrificada, é a causa do braço se mostrar carbonizado. Ela passará pelo seguinte tratamento: como as células perispirituais foram ressecadas devido à forte impressão e como ela pode restaurar esse tecido através da sua vontade educada, torna-se necessário desfazer a sua ideia cristalizada, liberando-a. Assim, através do seu poder mental e com a orientação dos técnicos, ela estará capacitada a promover a sua cura. Essa terapia é repetida diversas vezes, até que o Espírito se convença de que pode ser seu modelador.

Agora a menina vai tentar alterar o quadro impresso em seu braço, pois para isso vem sendo exercitada. Rose diz que ela passou por uma aprendizagem, tal como uma criança memoriza o alfabeto, e que agora vai tentar ler algumas frases. A base do tratamento é a repetição até que o aluno esteja apto a caminhar sozinho.

A menina se concentra e percebo que ela se fixa na imagem mental de um braço perfeito. Observo as duas imagens: a mental e a real. Ela inicia o processo de restauração pelas células, as mesmas que estudou e criou, em separado, através de exercícios. A garota fez esse estudo; conheceu um pouco de anatomia das células epiteliais e o formato dos epitélios simples e estratificados. Ela está mentalizando as células em cima do braço, fazendo um esforço mental na criação das mesmas. Meu Deus! Que coisa linda! Noto que alguns pontos do seu braço danificado começam a se modificar pela formação de novas células. Mas apesar do esforço que nos emocionou, a criação não foi uniforme. Ficaram ainda espaços por preencher. O mentor vai ao seu encontro e diz: Bom! Ótimo! Criaram-se muitas células. Em breve, você terá condições de modelar todo o tecido avariado. A menina sorri. A instrutora diz que o que presenciamos foi um teste para aferição de sua capacidade plasmadora. Ela precisa treinar ainda mais.

Agora observamos um senhor sexagenário. Ele traz à mostra um profundo corte na parte anterior do tórax. Vejo nítida cicatriz, que se estende da garganta até o umbigo. Esse paciente participava de um torneio em uma vaquejada, quando seu cavalo assustou-se, atirando--o mais adiante sobre uma cerca de arame, arrastando-o e rasgando--lhe o esôfago, o coração, o estômago e os intestinos. Ele tem plena consciência desse fato. Sua terapia é rever o acontecido, mentalizar os órgãos afetados e estudar um pouco da Biologia desse sistema afetado.

Como no caso anterior, devido à sua forte impressão mental, danificou os órgãos. Seu tratamento será por etapas. Primeiro ele se fixará em um único órgão até plasmá-lo perfeito; depois passará para o órgão seguinte. Ele agora está com a mente voltada para o coração. No seu coração há um pequeno corte, e ele precisa unir as fibras cardíacas, mentalizando essa união entre as mesmas. Começa a se concentrar e a pequena fenda vai se fechando. Ele parece muito contente, pois em breve poderá superar totalmente esse problema.

— *Para o paciente plasmar qualquer órgão, é necessário primeiramente que ele aprenda a sua anatomia e fisiologia?*

— Nesses casos que observamos, onde o Espírito possui a consciência de sua problemática, ele precisa passar pela terapia grupal, e em particular, pelo estudo do órgão afetado. No entanto, as condições de estudo aqui são diferentes da didática terrena. Esse companheiro conheceu previamente o funcionamento do coração. Viu as fibras estriadas cardíacas, aurículas e ventrículos, tricúspide e mitral...

O perispírito e suas modelações   315

— *Como é então essa didática tão diferente da nossa?*

— Eles não usam livros como nós. Estudam em moldes perfeitos. Espécie de livro vivo, onde vê, sente, observa o funcionamento, o que lhes facilita a aprendizagem, com consequente restauração. O coração onde ele se exercitou é um órgão de modelação perfeita, onde ele sente a sua sensibilidade, pois que se iguala a um órgão vivo.

— *Então os que possuem condições de aprender pelo estudo promovem suas próprias modelagens; os que não possuem, recorrem aos técnicos.*

— Exatamente! A modelagem aqui também se opera pela função dos técnicos, quando existe a incapacidade do paciente. Entre esses incapazes estão alguns intelectuais, que apesar da cultura acadêmica que apresentam, estão contaminados com vibrações do derrotismo, negativismo ou por paixões inferiores que neutralizam qualquer ação criativa ou plasmadora da estética orgânica. Quando tentam, deformam-se cada vez mais, exigindo o concurso dos técnicos. Daí depreende-se que, não são somente a cultura ou a inteligência os fatores básicos para a plasmação. Mas, deixe-me terminar o relato do senhor com a fenda cardíaca. Ele mentalizou o coração perfeito, e eu notei que a fenda desapareceu. No entanto, o mentor solicitou-lhe retornar à época do acidente. Ele sofreu um pouco com as lembranças e a fenda se abriu novamente.

Apesar de se encontrar mais treinado que a garota, ele ainda necessita educar as emoções. São muitos pacientes. Converso com eles. Dizem que já sabiam da nossa visita. Falam dos seus casos, mostram seus membros, mas não se afligem com isso. Repetem que são orientados como alunos. Existe um professor, mas a tarefa é do aluno.

A experiência terminou. Estamos muito alegres. O professor nos abraça e agradece a nossa visita. São todos tão amigos. Estou de volta.

TERCEIRA VISITA

— Encontro-me no interior de uma casa que em tudo se parece com uma maternidade. Vejo muitos berçários e crianças recém-nascidas. Sinto fortes vibrações no ambiente, como se as crianças sofressem e isso repercute em meu Espírito. O instrutor explica que são crianças abortadas.

Esses pequeninos passaram pela redução perispiritual e não tiveram condições de retornar ao tamanho natural. Aqui eles são tratados como recém-nascidos e postos em incubadoras. Existem crianças abortadas com até seis meses, quando o esquecimento e o aprofundamento na matéria, já bem pronunciados, dificultam o seu retorno ao estado anterior ao reencarne. O tipo de aborto e o tempo de gestação muito contribuíram para que a condição do bebê, após o aborto, seja irreversível.

Estou observando uma delas (*Coitadinha! É tão indefesa!*). Estou com uma roupa apropriada, esterilizada, para observá-las. Uso luvas, máscaras, bata, gorro e sapatos de pano. Elas devem ficar isoladas o mais possível de nossos fluidos, diz o instrutor. Este pequenino que observo tem entre cinco e seis meses de gestação. Mostra grande deformação no crânio que se apresenta perfurado. Chora constantemente, como se estivesse apavorado. Na verdade, relembra o instante em que o crânio foi perfurado pela técnica abortiva.

Ele está me causando um sentimento muito forte de piedade. Também existe uma mutilação em seu braço, que aparenta estar quebrado. Observo os detalhes. Vejo que é um corte, ou talvez, uma fratura. Esses Espíritos passaram por acidentes, embora provocados, e não se encontram em condições de promoverem suas modelações.

Noto que um dos medicamentos usados é o passe, e que ele acalma a sensação de pavor. O tratamento básico consiste na fluidoterapia e em vibrações amorosas das enfermeiras especializadas. O regime alimentar se reduz a substâncias à base de sucos, de legumes e de um vegetal que desconheço, sendo este utilizado na fabricação de um chá revigorante e ao mesmo tempo calmante. A alimentação é introduzida no intestino por uma espécie de sonda. O tratamento é intensivo. Vejo a enfermeira colocar a mão sobre a cabeça de uma delas, que grita convulsivamente. Então ela vai acalmando... acalmando.

Vamos à outra sala onde a criança com o crânio perfurado a que me referi foi transportada. Quatro médicos a examinam e decidem por uma espécie de enxerto, colocando pequeninas porções em sua massa cefálica, em verdadeiro trabalho artesanal. No ferimento do braço,

O perispírito e suas modelações 317

refazem o tecido epitelial. A pele dela é frágil, quase transparente.

Após a superação dessa fase crítica, essas crianças irão crescer normalmente, como as nossas aí na Terra. Relatam então o que lhes aconteceu, fortalecendo-as com ensinamentos morais, para que possam enfrentar a vida com otimismo, sem mágoas ou revanchismo. Precisamos ir para outro local, diz o instrutor.

Chegamos. É um prédio amplo, mas não tem características de hospital. A aparência é de uma escola. Está comigo também aquele seu aluno, William *(aluno que enquanto encarnado estudou com o autor e que desencarnou vítima de atropelamento)*. Na frente da escola existe uma placa luminosa cuja mensagem é: *Centro Espiritual de Treinamento Intensivo*. Penetro no recinto caminhando por um grande corredor, com a nítida impressão de estar reconhecendo o local. Encontro-me com a roupa que usava na reunião.

O instrutor é que está usando bata. Na porta da sala onde penetro, existe uma placa indicativa da atividade que aqui se desenvolve: supervisão. A sala parece pequena, mas apresenta o formato de um auditório. Sentamos os três. Sou informada de que vamos assistir a cenas monstruosas, diz William, em tom de brincadeira.

As primeiras imagens mostram uma sala, com uma mesa longa e rústica, e ao seu redor, cadeiras bem fornidas. E...! Mas somos nós que estamos lá! Vou tentar identificar quantos do nosso grupo estão lá. *(Segue-se a identificação dos médiuns)*. A câmera focaliza nosso grupo. Eu estou em uma segunda mesa. Fiquei curiosa. Por que estou separada da equipe? Na mesa grande você está de um lado e o instrutor do outro. Dirigem uma discussão sobre o perispírito, sendo o assunto exatamente o mesmo que foi descrito nessa reunião de hoje. Vocês discutem e nós na outra mesa anotamos. Tudo parece igual à reunião de hoje, estruturada ontem.

Respondendo à minha indagação sobre a separação da equipe em duas mesas, ele adianta que existe a necessidade do conhecimento anterior, dos assuntos a serem desdobrados no dia seguinte. Então, segundo o preparo de cada um, alguns discutem e outros anotam. Essa separação é democrática. Aqueles que não dominam bem o assunto, e que não dispõem de tempo para pesquisas ou mesmo leituras atualizadoras, ficam no grupo secundário, observando e anotando, podendo fazer indagações no caso de dúvidas. É uma maneira de ordenar melhor o debate, tornando-o mais produtivo e objetivo.

No entanto, isso não é suficiente. Os médiuns devem estudar pelo menos meia hora por dia. Agora ele vai mostrar o caso que estudamos e que nos foi apresentado como objeto para debate, ontem à noite. Com isso quis mostrar a necessidade de um melhor preparo, não somente no dia da reunião, como no dia anterior, quando somos levados a estruturar o tema. O exemplo de ontem vai ser mostrado em filme.

Um rapaz de aproximadamente 20 anos, caminha em direção a um helicóptero em movimento. O aparelho está parado no pátio, mas suas hélices giram aceleradamente. Ele vai muito eufórico, correndo. Parece muito saudoso e contente por encontrar a pessoa que vai descer do aparelho. Mas... Meu Deus! Ele não se abaixou e a hélice o atingiu com grande violência. É horrível! Ele ficou girando com a hélice e vai sendo triturado. Os pedaços do seu corpo estão caindo no solo. Enfermeiros correm com uma maca e retiram-no.

Esses enfermeiros pertencem ao plano espiritual. Sabe o que parece? Um amontoado de roupa velha ensanguentada. Não se vê um osso sequer inteiro. Ele parece ter sido triturado em um liquidificador! Eu pergunto: E o perispírito? Isso que você está vendo é o perispírito, é a resposta. A cena que assisti foi filmada pelos Espíritos. Eles carregam os restos para uma sala de hospital e arrumam pedaço por pedaço. Interessante, é que alguns médicos passam a mão naquelas "tiras" e elas vão juntando. Eles fazem uma espécie de seleção, observando o tipo de tecido. O que faz parte do tronco, músculos da perna...

— *Os pedaços vão se unindo sem deixar cicatrizes?*

— Não. Ficam cicatrizes. Você já observou o vidro de um carro quando sofre um impacto e não quebra, ficando com muitos raios ou rachaduras? Pois o perispírito está ficando assim. Todo remendado. Eles colocam o corpo completamente estriado, em uma gaveta de vidro. O instrutor diz que agora é esperar a ação do tempo para este caso. É preciso que o Espírito passe pelo transe da morte, acorde e sinta vontade de viver, para o início do tratamento.

William parece um pouco decepcionado. Ele gostaria de assistir à cirurgia conclusiva.

Com votos de paz e confiança nos despedimos por hoje.

CAPÍTULO 52

Estranhos desencarnes

Daí a minutos, acompanhando-o, penetrei vasto hospital, detendo-nos diante do leito de certo enfermo, que o Assistente deveria socorrer. Abatido e pálido, mantinha-se ele unido a deplorável entidade de nosso plano, em míseras condições de inferioridade e de sofrimento.
O doente, embora quase imóvel, acusava forte tensão de nervos, sem perceber, com os olhos físicos, a presença do companheiro de sinistro aspecto. Pareciam visceralmente jungidos um ao outro, tal a abundância de fios tenuíssimos que mutuamente os entrelaçavam, desde o tórax à cabeça, pelo que se me afiguravam dois prisioneiros de uma rede fluídica.
Pensamentos de um deles com certeza viveriam no cérebro do outro. Comoções e sentimentos seriam permutados entre ambos com matemática precisão. Espiritualmente, estariam, de contínuo, perfeitamente identificados entre si. Observava-lhes, admirado, o fluxo de comuns vibrações mentais.

No Mundo Maior – André Luiz
(cap. 3 – págs. 38-39)

Estranhos desencarnes

Muito já discutimos sobre desencarne neste volume. Não propriamente o desencarne em seu instante de ocorrência. Mas, como em muitos casos esse instante cristaliza-se, qual fotografia estática na mente de milhares de Espíritos que atravessam o túmulo nas mais variadas condições de consciência, há de se admitir que, estudando tais registros, aprofundamos os pormenores relativos a esses desencarnes.

Verificamos, logicamente, que não existe um tipo padrão de desencarne, variando o evento, em tempo, gênero, intensidade dolorosa, técnicas empregadas, tipo de auxílio recebido, dentre outros. O certo, e o que podemos generalizar é que, embora todas as evidências possam parecer contrárias a que haja auxílio ao desencarnante nessa hora crucial, Deus vela e ampara a todos em sua misericórdia, doando--lhes conforme semearam, e até sem semeadura alguma, posto que ninguém é órfão de Deus. Mesmo quando a condição moral daquele que invade o túmulo atinge as raias da inferioridade, a reencarnação é a mão de Deus estendida, a abrir novas portas para a regeneração.

Observando-se a problemática da morte, evidencia-se o seu caráter fictício, posto que a vida, uma vez criada jamais se interrompe. Muda--se de roupa, de plano, mas não de vida.

A vida determina o tipo de passaporte por ocasião da viagem, pois o que se julgou determinar como sendo morte tem o seu cenário e enredo pintado e escrito pela vida, tal como foi vivida. Ninguém sai da vida; antes muda de vida. Nascer e morrer são faces de uma mesma moeda chamada vida. Viagens, nada mais. Tolo é o que pensa bloquear a vida; ingênuo o que julga barrar a morte; sábio o que prefere valorizar a vida e aceitar a morte.

Não há como esconder as vibrações de vitalidade que pulsam em qualquer recanto do universo. O caráter ilusório da morte, como ponto final da existência, não tem respaldo em nenhuma nota da imensa sinfonia divina. Se alguém acredita na morte como extinção da vida, terá grandes decepções nas sucessivas viagens que fará nas diversas moradas do Criador.

Visita

— Estou me deslocando rapidamente para cima. Vejo as luzes da cidade diminuindo. Sinto as gotas de chuva que me tocam o rosto (*chovia*). Dois companheiros seguem comigo; percebo apenas as mãos deles que me apoiam. Estamos pousando. O local é um morro com inúmeros barracos. Estamos entrando em uma casinha tão baixa que chego a tocar no telhado. Minha missão é observar um senhor que está deitado sobre uma esteira.

É um caso estranho, pois vejo dois perispíritos ligados a um mesmo corpo. Os técnicos iniciam atento exame na área cerebral do senhor, no que me esforço para entender o que fazem e falam. Um deles

O perispírito e suas modelações   321

coloca a mão sobre a cabeça perispirítica do Espírito que está ligado ao desencarnante. Começo a observar cenas que estão registradas em sua mente. Estas mostram os dois se digladiando. É uma disputa ferrenha, em que ambos se mutilam.

Eles haviam feito um pacto antes da luta: aquele que fosse derrotado teria que amputar um membro. A perna, na altura do joelho, foi o membro escolhido pelo perdedor. Interessante, é que não existe obsessão maléfica. Apenas sintonia, sem a tônica da maldade, da vingança, da crueldade ou do ressentimento. Ambos respiram o mesmo clima psíquico em dependência total um do outro. Aparentam ser dois Espíritos abrigados em um mesmo corpo.

Na presente encarnação, o corpo físico do senhor, que se apresenta magrinho, pois alimenta dois perispíritos, sofreu um acidente na firma onde trabalhava, quando um caminhão lhe esmagou a perna. Tal ocorrência repetiu-se em seu companheiro, mutilando a ambos. A separação para esses dois irmãos representará a "morte" real para o encarnado, e a morte aparente, não menos real, para o seu inquilino.

Os instrutores estão aplicando passes para afastar o perispírito imantado do idoso. É um verdadeiro sanduíche. O perispírito do idoso, que se situa um pouco acima do seu corpo, (*deslocado pelos passes*) o seu corpo físico, e o perispírito do seu companheiro.

A princípio, quando observei logo de chegada a figura do idoso, notei que o seu perispírito não se encaixava bem dentro do seu corpo físico; como se o seu estado normal fosse o parcial desdobramento.

— *Quando esse senhor desencarnar permanecerá unido ao companheiro até a próxima encarnação?*

— No momento em que o corpo físico desfalecer os dois serão amparados como desencarnantes, pois este é o estado real de ambos.

— *Quero saber se os técnicos vão separá-los por cirurgia, ou ambos vão ficar juntos até nova encarnação.*

— Eles vão ficar juntos, pois existe um pacto entre eles para não se separarem, mesmo após a morte. Aqui são duas mentes funcionando como uma só. Os técnicos não podem quebrar esse vínculo, mesmo porque não existe a maldade ou a perversidade imantando-os. O que há é afinidade. Estão unidos porque gostam dessa união.

O pacto foi muito forte, e mesmo com os recursos magnéticos que poderiam separá-los, isso seria temporário, pois a sintonia de ambos acabaria por uni-los novamente. Vão continuar assim ligados, a não ser que alguém interceda por eles, separando-os. Aqui existe o respeito pelo livre-arbítrio, e se houver necessidade, renascerão xifópagos, ou a depender da quebra do pacto, gêmeos univitelinos.

Vejo agora que o perispírito do senhor se distanciou um pouco do corpo, entrando em estremecimento, como se sentisse convulsões. O perispírito do seu companheiro parece imitá-lo em todos os gestos, parecendo agonizar. Por isso não podem separá-los. O velho está na iminência do desencarne; já atingiu o pré-coma, o mesmo ocorrendo com o seu perispírito. Vamos assistir ao desencarne, por isso estão afastando um pouco o perispírito do acompanhante. Nesse barraco só existe uma senhora muito idosa, que está adormecida.

O instrutor pede que eu coloque a mão sobre a cabeça do Espírito que está ligado ao idoso. Isso afrouxará um pouco os laços a que ambos se prendem. Ele também atingiu o pré-coma, e insisto em dizer que assisto a um duplo desencarne, coisa que jamais eu tinha pensado existir.

O trabalho aqui está em fase final e o instrutor me convida para visitar outro local, para assistirmos a mais um desencarne.

Já nos encontramos em um hospital. A mulher que está no leito é muito magra, e imantada a ela, com profundos liames (*pior que no caso anterior*), um irmão em iguais condições de assustadora miséria orgânica. Os órgãos dessa pobre mulher estão todos comprometidos por essa ligação. O fígado diminuiu, parece atrofiado, encolhido, sem o brilho característico dos órgãos sadios. Ligando os intestinos de ambos, vejo fios, como se fossem veias, raízes, que permutam princípios nutritivos em intercâmbio oneroso para ela.

No interior dessas "veias", encontram-se substâncias esbranquiçadas que passam dela para o hóspede, que se apresenta igualmente esquelético e debilitado. Os rins da mulher também estão atrofiados, procedendo à filtração sanguínea com grande dificuldade. O baço faz esforços para fabricar elementos sanguíneos e não consegue. O coração bate tão vagarosamente que as veias e artérias quase não circulam a massa sanguínea já desidratada. Os cérebros de ambos se interpenetram através dessas raízes e veias de que lhe falei.

O perispírito e suas modelações

Vejo na cama uma espécie de tabuleta descrevendo o quadro como processo infeccioso: septicemia, sem possibilidades de uma reação orgânica favorável. Como o coração e o cérebro ainda trabalham, os médicos ministram o soro, que não surte nenhum efeito. Explica o instrutor, que assistimos a um desencarne por subjugação e vampirização, em que o vampiro sofre o mesmo processo patológico que impõe à sua vítima. Ele está debilitado, sofrido e sem reações. O desencarne, como no caso observado anteriormente, se efetuará como se fosse para ambos.

Nesse processo obsessivo, o obsessor não encontrando nenhuma reação ao seu assédio, antes estabelecendo perfeita sintonia, aprofundou sua invasão, caracterizando uma simbiose plena, onde ambos se parasitam e se vampirizam. O desencarnado agora tenta retirar sem muita resistência, o restante de vitalidade que a mulher ainda traz. Ao mesmo tempo, ele tudo tenta para mantê-la viva, evitando assim que a sua fonte se esgote.

Escuto os médicos falando: ela já deveria ter morrido. É apenas um esqueleto revestido por pele molambenta. O instrutor comenta que os médicos apontam uma infecção onde o corpo já não reage. Mas, na realidade o quadro mostra um diagnóstico de vampirização, onde houve a espoliação de grande volume de fluidos vitais determinando o desencarne. Obedecendo ao livre-arbítrio de ambos, os técnicos nada fizeram para separá-los.

Após o desencarne ainda permanecerão unidos, até que sejam liberados por cirurgia. Os técnicos afastam algumas dessas "veias" que grudam cérebro a cérebro, liberando um pouco a influência do obsessor. A mulher expira. Apenas leve sopro. Param cérebro e coração. É uma pausa na batalha, diz o instrutor.

Retorno silenciosa com ele.

CAPÍTULO 53

REENCARNES

Admitindo, de acordo com a crença vulgar, que a alma nasce com o corpo, ou, o que vem a ser o mesmo, que antes da encarnação ela não tinha senão faculdades negativas, colocamos as seguintes questões:

1. Por que a alma mostra aptidões tão diversas e independentes das ideias adquiridas pela educação?

2. De onde vem a aptidão extra-normal, de certas crianças de tenra idade por tal arte ou tal ciência, enquanto outras se conservam inferiores ou medíocres por toda sua vida?

3. De onde provêm para alguns, as ideias inatas ou intuitivas que não existem em outros?

4. De onde vêm, em certas crianças, os instintos precoces de vícios ou de virtudes, os sentimentos inatos de dignidade ou de baixeza, que contrastam com o meio em que nasceram?

5. Por que certos homens, abstração feita da educação, são uns mais avançados que outros?

6. Por que há selvagens e homens civilizados? Se vós tomardes uma criança hotentote recém-nascida e a educardes nas melhores escolas, fareis dela, um dia, um Laplace ou um Newton?

Perguntamos: Qual é a filosofia ou a teosofia capaz de resolver esses problemas? Se a considerarmos quanto ao seu futuro, encontraremos as mesmas dificuldades:

1. Se a nossa existência atual, unicamente, deve decidir nosso destino, qual é, na vida futura, a posição respectiva do selvagem e do homem civilizado? Estão eles no mesmo nível ou distanciados em relação à felicidade eterna?

2. O homem que trabalhou toda a sua vida no seu aprimoramento, está na mesma posição daquele que permaneceu inferior, não por sua culpa, mas porque não teve nem tempo, nem disponibilidade de se aperfeiçoar?

3. O homem que praticou o mal porque não pôde se esclarecer, será culpado de um estado de coisas que não dependeu dele?

4. Trabalha-se para esclarecer, moralizar, civilizar os homens. Mas, por um que se esclarece há milhões que morrem, a cada dia, antes que a luz chegue até eles. Qual o destino destes últimos? Serão tratados como réprobos? No caso contrário, que fizeram para merecerem estar na mesma categoria que os outros?

5. Qual o destino das crianças que morrem em tenra idade, antes de poderem fazer o bem ou o mal? Se estão entre os eleitos, por que este favor, sem haverem nada feito para o merecer? Por qual privilégio estão isentas das tribulações da vida? Existe uma doutrina que possa resolver todas essas questões?

O Livro dos Espíritos – Allan Kardec
(cap. V – pergunta 222)

REENCARNES

O reencarne é sempre um acontecimento constrangedor para o Espírito. Habitando um mundo menos denso e agindo com mais liberdade, ele se vê forçado a um mergulho na carne, e condenado ao esquecimento da sua própria história, para recomeçar quase sempre trabalhos incompletos, missões naufragadas. Acompanha-o ainda, extensa relação de dificuldades relativas à região onde habitará e ao círculo de pessoas com as quais manterá relações, sem contar que muitas vezes, se fará acompanhar de doenças e atrofias, deficiências e aleijões, de montanhas quase inamovíveis.

Voltar à carne significa esforço, iniciado bem antes da gestação, quando o candidato a reencarnante planeja com os mentores a busca dos futuros pais. Estes podem ser amigos, inimigos, estranhos à sua vida, pois é essencial que eles (*pais e filhos*) estejam incursos em uma conjuntura cármica que favoreça a todos, sem trazer prejuízos individuais.

Segue-se o planejamento para o novo corpo; a elaboração de um mapa genético que é levado a efeito com ou sem a sua presença, delimitando-se e imprimindo-se ali o volume de fluidos vitais, as potências orgânicas, as mutilações, as possibilidades de contrair enfermidades e outras informações específicas e necessárias à prova. Vencida esta etapa, vem a redução perispiritual com consequente esquecimento do passado, o que mais apavora o candidato.

Como nasce bem e morre bem quem faz o bem, o Espírito poderá ter em sua partida, centenas de amigos dedicados, orações, acompanhamento amoroso. Tudo isso, como acréscimo de misericórdia a que ele fez jus, pelo que soube realizar e conquistar. Caso seja adepto da desordem, essas efusivas demonstrações de apreço, geralmente

O *perispírito e suas modelações* 327

não acontecem. No entanto, não seguirá espicaçado como um boi ao matadouro. Os pacientes fiadores de sua viagem às paisagens terrenas dedicam-lhe o carinho desinteressado, fazendo-se de paternais figuras frente ao filho ingrato.

Diante da partida daquele amigo, que por vezes se albergou naquela colônia, estimando e fazendo-se estimar através do exercício do trabalho e do estudo, a saudade instala-se nos corações que ficam. E passada a gestação, visitam-lhe emocionados, reconhecendo no pequerrucho que se agita o amigo amado. Mas para o Espírito que caminha à margem da lei, o quadro é mais simplório. Às vezes, sua ventura é ter apenas com o que se alimentar, após venturosas preces inibirem as traiçoeiras mãos do aborto. De outras, é a figura vigilante e hostil de um ou mais obsessores a lhes vergastarem o corpo.

Trataremos neste capítulo, apenas das reencarnações compulsórias, por representarem o lado drástico da questão, compreendendo que as encarnações de caráter normativo são bastante discutidas em dezenas de obras doutrinárias.

PRIMEIRA VISITA

— Observo na sala alguns companheiros com pranchetas. São alunos que vão estudar conosco a mediunidade em ação. No grupo há moças e rapazes que observam atentamente tudo que ocorre na reunião mediúnica. Portam aparelhos e os colocam em nossas cabeças, como a aferir vibrações, estado mental ou coisa parecida. Estou sendo alvo de suas pesquisas.

Eles me examinam pormenorizadamente, comparam meu perispírito de encarnada com o deles; acham-no mais compacto e comentam ser devido aos meus fluidos vitais e ao meu hábito alimentar. Eu também faço comparações. Meu perispírito é realmente mais pesado. Os alunos se organizam diante do fio prateado que se liga ao meu corpo. Fazem desenhos, anotações e um deles, diz que vai fazer uma experiência comigo. Ele vai tocar no fio prateado (*A médium voltou imediatamente ao corpo físico após o toque em seu fio prateado, seguindo-se novo desdobramento*).

O rapaz que tocou no fio explica-me que usou um fluido mais pesado para tocar o cordão. Ele sabe que ao tocá-lo pode ocorrer algum estremecimento em meu corpo, mas não obrigatoriamente o retorno. A volta repentina ao corpo foi motivada pelo fluido denso que ele usou. Vamos nos deslocar para uma colônia. Alguns estudantes vão conosco e outros permanecem aqui em estudos. Estamos subindo a uma velocidade moderada. Vejo as nuvens, passamos por elas, quais passageiros de uma aeronave. Pousamos.

O instrutor informa que esta colônia se situa em cima do Rio de Janeiro, e que nos deteremos em um departamento em especial. À minha frente encontra-se um muro com forte portão, fabricado com uma substância parecida com o ferro. Ele se abre ao toque do instrutor. Não é qualquer pessoa que consegue abri-lo. Existe uma espécie de célula, pequeno ponto luminoso, que parece responder às impressões digitais dele ou à sua condição mental, favorecendo a abertura. No interior, os primeiros pavilhões formam um semicírculo, e se destinam ao atendimento emergencial de suicidas, enfermos graves que aqui são acolhidos, separados conforme os sintomas. Mas nosso objetivo não é este, e sim, o departamento de reencarnação.

Neste instante, penetro vasto salão, onde concentrados em seus desenhos, diversos técnicos trabalham sem atropelos. A aparência do local é a de uma sala de pintura. Muitos cavaletes, pranchetas, desenhos de órgãos, sistemas inteiros e corpos humanos. Estou trajando um roupão esverdeado, e me dirigindo com os amigos a outro local onde se processa a redução perispiritual de um candidato a encarnação. O instrutor nos adverte que existem algumas técnicas para esse trabalho, e que elas dependem das condições do candidato. Afirma que a minha presença aqui se restringe à observação dos preparativos para uma reencarnação compulsória.

Nesse tipo de encarnação, o Espírito pode ou não tomar conhecimento da redução perispiritual. Os suicidas com grandes mutilações e que exigem um reencarne imediato para a modelação de órgãos danificados, seguem adormecidos, acordando encarcerados no corpo denso, manietados por suas deficiências. Basicamente existem aqui dois aparelhos, cuja função redutora comprime os espaços intermoleculares do perispírito. Uma câmara semelhante a uma

O perispírito e suas modelações

incubadora, cuja parte superior é semelhante ao vidro, e uma cabina. A primeira é utilizada em casos mais urgentes, onde o perispírito fica deitado, permanecendo em seu interior por um espaço que varia de uma semana a um mês.

O restringimento é semelhante em ambos, sendo que na cabina de compressão, o processo se opera de maneira mais lenta. Nesta, o perispírito fica sentado, e o Espírito, ao contrário do caso anterior, permanece consciente e conhecedor da sua gradativa redução perispiritual. Em ambos os aparelhos, avistamos os mapas do futuro encarnante.

Observo agora a câmera em atuação. Dentro dela está um paciente como que adormecido. O mapa que o acompanha possui várias partes do corpo lesadas. O processo de redução vai começar. O mapa acima, do tamanho natural do corpo, começa a ser iluminado por cores roxas, azuis, verdes; essas cores são cintilantes. Igualmente, o perispírito está iluminado por esse verde cintilante, principalmente em sua área cerebral (*Puxa! Como é que posso explicar isso!*). O mapa vai sendo passado para o perispírito e ele vai encolhendo. É como tirar uma foto em tamanho reduzido. Isso aconteceu apenas com a cabeça, pois ele desligou o aparelho.

Esse tipo de restringimento utilizado em Espíritos inconscientes é rápido. No caso desse companheiro apenas duas semanas, tempo em que o óvulo de sua futura mãe amadureça, será suficiente. Seus pais já foram escolhidos, pois estão comprometidos com ele. A redução começa pelo cérebro impondo o esquecimento das vidas passadas. Como a redução é rápida, pode ocorrer nos casos de suicidas, que o esquecimento não se aprofunde bastante, a ponto de imunizá-los dos traumas sofridos. Isso é natural e faz parte do carma de cada um. É comum suicidas reencarnarem e lembrarem através de traumas e fobias variadas do seu gesto impensado. É uma catarse, um esvaziamento do inconsciente naquilo que lhe é lastro. O paciente sob a câmara deixou o mundo por uma explosão ativada por ele mesmo, ocasião em que se mutilou duramente. Esse reencarne funcionará para ele como uma colagem, uma modelação perispiritual, impondo-lhe recomposição e drenagens de fluidos.

— *No processo de redução, você assistiu apenas a uma demonstração?*

— Sim. O processo foi acelerado para efeito didático. Na prática não é assim. Ele colocou o mapa sob a tampa transparente, ficando este e o perispírito correspondente órgão a órgão. Acionou a máquina, e vi o cérebro ir diminuindo, assemelhando-se no final a um cérebro infantil.

— *E quanto ao Espírito se lembrar do passado devido à rapidez do restringimento?*

— Na fase infantil, muitas lembranças dramáticas podem aflorar e serem revividas com muita intensidade pelo Espírito. À medida que a encarnação se robustece elas vão caindo no esquecimento. Isso ocorre porque o restringimento rápido não soterra profundamente os fatos marcantes dos quais o encarnante foi protagonista, podendo ser evocados por uma circunstância externa, trazendo à tona uma carga de sofrimento e emoção, ainda não domesticados. Ele insiste em dizer que isso é necessário para o Espírito infrator, a fim de que se forme uma espécie de reflexo condicionado, um automatismo que lhe force a fugir de tais acidentes.

Sigo agora para outra observação. Aqui o candidato está consciente. Vejo que sua fisionomia é tristonha. O instrutor diz que o processo é indolor. O candidato sente apenas uma dor moral que tem gênese no medo de falir, quando encarnar. Ele levará consigo incertezas, saudades, depressões, muito naturais em quem parte. Nas despedidas, raramente a felicidade está presente, comenta.

A diferença deste processo em relação ao outro é que aqui o candidato recebe aulas, se exercita, permanecendo horas dentro da cabina, como se submetesse a um tratamento. A presença dos mapas no interior da cabina às vezes o angustia, pela consciência de que portará deformações. Nessa cabina, ele sente a redução. Nota como se alguma coisa lhe fosse subtraída, comprimindo-lhe o corpo, enevoando-lhe o pensar.

— *A redução é feita por etapas? Diariamente ele faz exercícios?*

— Ele fica nesse exercício até o período em que deverá ligar-se ao óvulo na hora da fecundação. Ao aproximar-se esse dia, o processo do restringimento se acelera, entrando em fase terminal.

Após exercitar-se na cabina, ele não volta para as suas atividades. É recolhido a uma cama, pois o seu estado é de convalescença, de

O perispírito e suas modelações

prostração, debilidade. Esse exercício tem a finalidade de diminuir os espaços intermoleculares do perispírito, provocando a redução de todos os órgãos, ao mesmo tempo em que dele retira os fluidos que lhe foram incorporados por outros hábitos alimentares, respiratórios, ou mesmo provenientes do plano espiritual.

A redução obedece perfeitamente à simetria orgânica do perispírito, afirma o instrutor, graças à sua maleabilidade, imprimindo-lhe ainda as futuras características orgânicas. À proporção que ele se exercita na cabina, e que vai sofrendo a redução, paralelamente esquece os fatos ligados à sua vida, ocasião em que o rumo dos acontecimentos passa a ser direcionado unicamente pelos técnicos.

— *Quanto tempo dura em média esse processo?*

— Esse candidato já se prepara há um ano. O tratamento dele é lento. As suas células vão ficando cada vez mais *compactas, densas,* apenas efeito do restringimento, diz o instrutor.

— *Ele é um Espírito de evolução mediana? Esse período de um ano está ligado ao seu carma?*

— Esse companheiro foi um grande ajudante aqui no hospital. Atuando como enfermeiro junto aos suicidas recolhidos, ele conquistou muitos méritos que agora revertem em seu favor. É por esse motivo que a encarnação está revestida de cuidados especiais, embora não seja do agrado dele a partida, pois gostaria de ficar neste plano muito mais tempo. Todavia, vejo em seu mapa fixado na cabina, que ele terá uma atrofia na perna, embora eu não saiba o motivo.

Ao contrário deste paciente, que embora não desejando a reencarnação neste momento a ela se submete, outros oriundos de diferentes religiões que combatem sistematicamente essa lei natural, oferecem grandes barreiras mentais para aceitação do fato. O fanatismo religioso é um problema à parte a ser tratado, e os técnicos o fazem com toda consideração à maneira de pensar e interpretar a vida de cada um; mas, fazendo cumprir a lei maior que é soberana.

Veremos agora a ligação do perispírito com o óvulo, culminando o processo encarnatório. Inicialmente vamos averiguar uma tentativa de reencarne, sem o planejamento desta colônia. É o caso de um Espírito que está querendo aproveitar o exercício do sexo pervertido, para tentar o mergulho carnal. Mesmo assim, aqueles que agem dessa maneira são observados e auxiliados pelo Alto.

— *Se tais Espíritos aproveitam o deslize de um casal, então como se opera a redução perispiritual e o consequente esquecimento do passado, para aproveitar a chance?*

— O instrutor diz que você está se antecipando, e que as respostas surgirão com a minha narrativa. Relata que em hipótese alguma interferirão no ato sexual, e que não assistiremos a ele. Vejo os lances através de uma tela, como no cinema. O irmão que quer reencarnar não tem o aspecto muito bom. Ele sabe que vai acontecer o ato sexual e quer ficar perto.

— *Mas a intenção dele não é encarnar?*

— Sim. Mas o seu pensamento não é de ter uma oportunidade para o seu crescimento espiritual. Ele quer reencarnar para prejudicar a vida do casal. É um ato tolo, diz o instrutor, pois que ele não se submeteu a nenhuma técnica de restringimento. Ele apenas observa o ato sexual e fica próximo, bem junto ao casal, na intenção de ser atraído e reencarnar.

O que vejo na tela neste instante é que o espermatozoide não conseguiu fecundar o óvulo. Algo o impediu.

— *Se houvesse fecundação, haveria reencarnação?*

— Não. Esse Espírito para reencarnar, deverá passar inevitavelmente pela redução perispiritual, para que seja acoplado ao óvulo. Se houvesse uma fecundação, não germinaria vida, e provavelmente, aos dois meses, haveria um aborto espontâneo, expelindo uma massa informe. Mas isso dependeria ainda do carma do casal, pois o acaso não prevalece nesses acontecimentos. Nesta mesma tela, vamos observar agora, a um reencarne bem sucedido, com ênfase para a ligação do perispírito ao óvulo.

Vejo em tamanho ampliado as duas células germinativas. São coloridas. O óvulo apresenta cor alaranjada e o espermatozoide é azulado. Percebo nitidamente, que existe no óvulo uma espécie de fio muito tênue, que não é notado pelo microscópio, talvez por encontrar-se em sua contraparte energética. Esse fio, chama a atenção o instrutor, é que vai se ligar ao perispírito, formando o cordão prateado que nele existe.

Agora observo o feto.

O perispírito e suas modelações   333

— *Pergunte ao instrutor, se esse fio que você notou no óvulo, existe em todo óvulo fecundado.*

— Todo óvulo fecundado e que se destina ao acoplamento com o perispírito, o possui. No momento em que o espermatozoide bombardeou o óvulo, este se fechou sobre si mesmo e eu vi sair dele, esse fiozinho como uma linha.

— *Isso ocorre toda vez que o óvulo é fecundado, ou quando especificamente esse óvulo está destinado a se ligar com o perispírito?*

— Quando o óvulo foi preparado para receber a acoplagem do perispírito.

Agora vejo o feto; é minúsculo... O perispírito ficou desse tamanho?

— *Qual a dimensão do perispírito em centímetros?*

— Entre 10 a 15 centímetros. É como um feto de dois ou três meses.

Esse perispírito que foi reduzido na câmara é ligado através do fio existente no óvulo fecundado. Nesse instante, qualquer acidente que venha a romper esse fio, informa o instrutor, neutraliza a oportunidade de retorno para o candidato. O feto perispiritual é um bonequinho perfeito. Diferencia-se muito bem os olhos, a boca, as orelhas, as mãos... A partir daí, haverá a divisão celular preenchendo a fôrma perispiritual, fazendo surgir os tecidos epiteliais, conjuntivos, musculares e nervosos. A saúde ou a doença que venha a alojar-se em tão nobre miniatura, dependerá do que lhe foi predestinado pelo seu mapa genético, em concordância com as leis cármicas.

Ainda estou admirada com o perispírito. É tão lindo! Estou até vendo os cabelos, as unhas, o sexo... Ele apenas crescerá dentro do útero, afrouxando um pouco mais a compressão molecular imposta pela cabina. Ele sofrerá transformações no seu semblante, o qual se ajustará à carga genética paterna e materna, determinantes das futuras características físicas que ele portará.

— *Fale mais sobre esse fio existente no óvulo, e que vai originar o cordão prateado.*

— Ele diz que você já entendeu. Repete apenas que ele vai se fortalecendo à medida que o corpo se desenvolve, formando o laço que retém o Espírito preso à matéria, que rompido, o libertará através do desencarne.

— *Então o cordão prateado não vem com o perispírito reduzido. Ele surge do óvulo.*

— Estou vendo na tela esse fio sair do óvulo. Não sei se no perispírito existe também algo semelhante, para que se faça uma junção.

— *Procure se certificar.*

— Esse fio que é ligado ao Espírito reencarnante, é propriedade inerente à matéria. É através dessa ligação que o Espírito passa a habitar o corpo material. Essa é a resposta dele.

— *Insisto ainda uma vez, visto reconhecer o perispírito como sendo matéria, embora que em estado mais sutil. Qual a sua origem? Física, unicamente do óvulo ou perispiritual?*

— Sua gênese é material, física. O perispírito, ao ser ligado ao óvulo, o faz através desse fio, gerando o cordão prateado. Imediatamente, devido à constituição celular do óvulo, o contato Espírito-matéria se estabelece. Isso ocorre com a fecundação. Os técnicos utilizam os recursos da célula germinativa e do perispírito, para efetuar a ligação. Ele me pergunta se você tem alguma dúvida, enquanto vai fazendo correr as imagens na tela.

— *Não. A minha dúvida era quanto à formação do cordão prateado.*

— Ele explica de novo, rindo da sua teimosia. Esse fio que parte do óvulo fecundado é ligado ao perispírito no exato momento da fecundação. A constituição de ambos os elementos favorece a acoplagem, transformando-se no cordão fluídico que todo encarnado possui. Observo agora em outra imagem, o zigoto já dividido em diversas células. Ele explica que a sombra que se encontra unida ao zigoto, representa o perispírito, funcionando como um ímã, motivando as divisões celulares e os encaixes nas regiões apropriadas às suas especialidades. É a acoplagem das células materiais, às células perispirituais.

— *Você está vendo a célula-ovo bastante desenvolvida, com células já multiplicadas. E também uma sombra em forma de feto. Essa sombra está sendo preenchida por células que se diferenciam em tecidos, e cada tecido ocupando a parte correspondente da sombra. É isso?*

— Descrição exata a sua. É o mergulho do perispírito na matéria.

O perispírito e suas modelações   335

— *O perispírito é que está comandando essa diferenciação? Por exemplo: fibras cardíacas, no coração; fibras esqueléticas, prendendo-se ao esqueleto...*

— Observo já outro dispositivo projetado sobre a tela. Essa figura mostra o preenchimento a que você se refere. Realmente o perispírito parece orientar a divisão celular. Na mão, (*vejo a mãozinha dele*) noto pequena mutilação no dedo. O perispírito já determinou no físico essa mutilação, uma vez que a fôrma do dedo, espécie de campo organizador celular, através de suas linhas de força, não permitiu o alongamento no dedo defeituoso como ocorreu com os demais. A parte faltosa não foi preenchida pela matéria orgânica, ficando delimitada por uma espécie de barreira invisível.

O que vejo agora parece autorizar-me a dizer que o perispírito traz a mutilação e as células vão se multiplicando obedecendo as suas linhas já traçadas. Vejo outra cena com um bebê. A sua idade aproximada deve ser de três meses, pois já se encontra totalmente formado. Seu corpo apresenta-se cheio de vasos sanguíneos e encaixado no perispírito. O instrutor está afastando um pouco o perispírito do corpo material do bebê para que eu o observe. São exatamente iguais. Um é símile do outro.

A missão está cumprida, afirma.

Não me encontro mais desdobrada, mas continuo a ver os estudantes em exercício com os médiuns. Um deles, com uma espécie de binóculo, observa a sua cabeça. Outro, com um aparelho que lembra um voltímetro sofisticado, o encosta na cabeça de X, e o ponteiro se desloca um pouco para a direita...

— *Deixemo-los trabalhar e vamos à prece final.*

Segunda visita

— Observo quatro entidades amigas que nos esperam. Uma delas, o nosso instrutor, adverte-nos de que hoje trataremos do tema reencarnação. Veremos casos de suicidas que se submeterão a reencarnações compulsórias. A região que vamos visitar situa-se em ambiente de pesadas vibrações. Observaremos a redução do perispírito desses companheiros, ocasião em que você poderá se alongar em detalhes, se necessário e conveniente.

Chegamos à frente de uma grande e alta muralha. Por fora o ambiente está às escuras. Adentramo-nos por um grande portão. Nessa colônia, são recolhidos suicidas voluntários e involuntários, bem como outros irmãos comprometidos com a lei, no que tange ao descuido para com a vestimenta carnal. A acolhida aqui é temporária. Essa colônia, que possui forma circular e situa-se em zona perigosa, é um posto de emergência. Ela tem o aspecto de um forte. Avistei isso de cima. No centro, em meio aos pavilhões, existe uma construção diferente, como uma capela, de cor branca muito limpa. Mais à frente vejo uma praça, mas o contraste entre a cor da capela e da praça é notório.

O contraste entre as cores e também entre o clima desses recintos se deve às vibrações dos Espíritos que os habitam. Na capela, por força das vibrações das preces, vê-se certa luminosidade ambiental, o que não ocorre na praça. Vou ingressar no pavilhão. Habitam esse recinto ex-alcoólatras com seu diário de mazelas. Eles são conscientes de seus problemas. Estamos examinando um rapaz de aproximadamente 35 anos, que apresenta o rosto e o abdome, muito inchados. Ele está em coma. Estou sentindo em meu corpo choques e arrepios devido às condições do lugar. Esse Espírito reencarnará em breve, o que ocorrerá independente de sua vontade.

Aproximo-me dele e consigo ver a sua pele como se fosse transparente. Percebo todos os órgãos internos. O fígado está enorme, apresentando colorido desfigurado, possuindo vários pontos negros. O instrutor diz tratar-se de uma cirrose em avançado estado degenerativo. O quadro que vejo é o mesmo apresentado por ele no momento do desencarne. O coração está bem maior que o normal e os intestinos, em petição de miséria. Os rins apresentam imensa dificuldade em filtrar o sangue. Tudo isso me foi possível observar devido a uma ampliação na minha capacidade visual.

Vamos adiante. Pedem que eu grave os detalhes, pois vou precisar deles logo mais. Estou em outro pavilhão. Ambos são separados por uma porta, mas não existe permissão de ultrapassagem por parte dos pacientes. Cada pavilhão abriga certo tipo de enfermo. Em tudo os pavilhões se assemelham a uma enfermaria, onde a limpeza é bem acentuada. Vejo enfermeiros trabalhando, limpando, usando água

O perispírito e suas modelações

medicamentosa, aplicando passes. Muitos enfermos se encontram em total prostração. O tipo de paciente hospedado neste pavilhão é o que se suicidou por combustão. Noto que a maioria é de mulheres.

Alguns pacientes apresentam-se enfaixados com ataduras. Vou observar em detalhes o perispírito de uma paciente em tratamento. Estão retirando as ataduras e seu corpo surge em lamentável estado. Essa irmã lançou gasolina sobre o corpo e se incendiou. O estrago é generalizado. Está sem mãos, e parece ter passado por um encolhimento. A fisionomia não traz os traços distinguíveis. É horrível! Pedaços arrancados, enrugamentos, calombos...

A maioria das encarnações aqui planejadas, visa apenas à restauração de danos causados ao perispírito, não havendo condições de sobrevivência para o corpo físico. A densidade do físico, forçando uma modelagem no perispírito, ajuda na restauração do reencarnante, mas pode levar a mãe à morte, devido à carga tóxica e fulminante que o suicida pode portar. Estamos falando de casos graves como este, em que a sua permanência na carne após o parto, será de horas ou no máximo, dias.

O instrutor pede-me para colocar a mão sobre a cabeça da suicida. Nosso trabalho aqui não é somente a pesquisa, diz ele. Já que estamos em condições de doar algo não devemos perder a oportunidade. Eu obedeço, e sinto como se minhas energias estivessem sendo canalizadas para a paciente. Ela, à semelhança de um ímã, parece sugar a minha vitalidade. Um enfermeiro orienta-me para apontar as mãos na direção do tórax da paciente, que se encontra muito ulcerado. Vejo ocorrer nítida transformação em sua pele, parecendo que ela perdeu o aspecto rugoso e doentio, adquirindo certa uniformidade.

Com a transferência da minha energia vital, sinto-me exausta, desvitalizada (*A médium sente dificuldade de falar pela exaustão sofrida*).

Vamos sair. Sou amparada, pois realmente estou debilitada. Entramos em uma sala, onde me aconselham a deitar e a aspirar algo em uma espécie de máscara. A sala tem um perfume diferente. Está impregnada de fluidos reconfortantes. Quando os enfermeiros trabalham longos períodos junto aos suicidas, se refazem ao contato com essa substância que é agradavelmente relaxante.

Sinto que minhas energias estão de volta, qual se eu tivesse tomado um elixir revigorante. Precisamos ir ao outro lado da colônia; não andando, mas volitando, afirma o amigo que me acompanha. De cima vejo que a colônia é muito grande. Passamos por vasto gramado verdejante, jardins, grandes árvores.

Este lado é bem diferente do outro. Pousamos em frente a um pavilhão com dois andares, com aparência de uma escola. Penetramos no térreo. O ambiente tem uma coloração verde luminosa. Procuro as lâmpadas, mas não as vejo, e isso me intrigou bastante. É o tom da sala. Essa cor é devido à vibração dos Espíritos que habitam esta parte da colônia. Todos eles estão afinados nos mesmos objetivos. O mesmo ocorre nos pavilhões onde as cores são sombrias devido às vibrações dos enfermos. O Espírito modifica o meio onde se encontra, através do seu pensamento, que por sua vez lhe confere uma vibração, caracterizando o tom do ambiente. Mas esse não é o objetivo da visita, lembra o instrutor.

Na sala à minha frente leio: *Departamento de Reencarnações Compulsórias*. Os enfermos que habitam o outro lado da colônia são trazidos para cá e submetidos a planejamentos, para que possam reencarnar, retomando o caminho que tentaram bloquear. Como muitos são trazidos em coma ou semicoma, nem sequer se apercebem do processo de restringimento pelo qual passam, mergulhando na carne em total estado de alienação.

Observemos um caso: O Espírito encontra-se no interior da câmara de restringimento, a qual, na parte superior, apresenta o mapa construído para o seu futuro corpo. O paciente que observo, por ter sido alcoólatra, terá apenas dois anos de vida física. Pelo mapa, observo as deficiências físicas que ele portará. Nascerá com o fígado irremediavelmente falido. Os médicos poderiam tentar um transplante, mas este redundaria inútil, pois seu problema é cármico. O fígado observado no mapa é desproporcional e cheio de lesões.

— *O mapa tem o tamanho natural do paciente?*

— Sim, e por ele posso lhe dar mais informações. Como a faringe e a laringe sofreram vigorosa agressão, ele não terá condições de falar corretamente. Os rins serão lentos na filtração do sangue; seu corpo será demasiadamente raquítico; um esqueleto vestido em pele molambenta. O instrutor complementa que ele nascerá em um meio

O perispírito e suas modelações

onde a assistência médica e fraterna será escassa, pois assim está escrito em sua prova.

— *Explique melhor essa assistência precária que ele enfrentará.*

— Seus pais foram escolhidos de conformidade com as provações e resgates que os três precisam enfrentar. São pessoas pobres, faveladas, onde até mesmo o pão material, que lhes serve como ração de cada dia, é minguado. Esse casal, pela ignorância e pobreza, não poderá submeter o reencarnante a um tratamento específico que lhe ampliaria a vida na matéria.

Não é uma prova insuperável, diz o instrutor. Ela lhe permitirá uma espécie de drenagem do seu perispírito, expelindo grande quantidade de toxinas que o enfermam. Durante a sua estada no cárcere físico, ele terá o amparo e a assistência daqueles que lhe são benfeitores, e que daqui e ao seu lado, velarão pelo sucesso de sua prova. Sairá da carne, aos dois anos, mais purificado, e poderá voltar futuramente, com deficiências menores e vida mais prolongada. Existem muitas câmaras em funcionamento aqui neste vasto salão, restringindo perispíritos para enviá-los à Terra aumentando-lhe as lágrimas e as aflições. São levas de enfermos que o planeta recebe, e que a sociedade, como fruto dela, terá que suportar e amparar para o seu próprio saneamento, pois ela não mudará senão tratando seus próprios rebentos, de vez que os feriu, cabendo-lhe a enfermagem.

Apontam-me outro mapa. Foi preparado para a irmã que ateou fogo a si mesma. Será uma reencarnação frustrada, no sentido que ela não sobreviverá. Ela já está consciente desse detalhe. Surgirá no cenário do mundo com os membros superiores e inferiores ressequidos, deformações grotescas na pele, como se fossem mondrongos, cicatrizes profundas que deixam a pele enrugada como a lixa. Noto que a pele terá pigmentação alterada, portando estrias irregulares. Viverá algumas horas somente. Apesar do seu reencarne estar marcado para breve, ela ainda não se encontra na câmara. Como ela já tem consciência da gravidade do seu problema, deverá sentir os efeitos da redução perispiritual.

— *Quanto tempo ela passará na câmara de restringimento?*

— Tudo depende das condições do Espírito. Mas, em se tratando de compulsória, o dela não excederá um mês, devido à urgência

340   Luiz Gonzaga Pinheiro

que o caso requer. Existem casos cuja encarnação exige pressa, mas insisto em dizer que resultam quase sempre em abortos naturais ou em natimortos. Casos há, onde o Espírito mergulha na carne duas ou três vezes seguidas para que as células, principalmente as nervosas, reassumam seu formato e função.

— *Esse Espírito, ao desencarnar, voltará para a colônia ou continuará o crescimento em outra instituição?*

— Voltará para a colônia e reiniciará o tratamento, visando outra encarnação breve, até que atinja uma moderada harmonia anatômica--fisiológica, ocasião em que poderá ela mesma, em consonância com os técnicos, planejar uma reencarnação prolongada, ainda e sempre sujeita aos débitos e aos créditos que tem.

O instrutor menciona que aqui existe também o que ele chama de concessão. Alguns pedem e recebem, após o exame da sua ficha cármica, a concessão de uma vida prolongada na matéria. Essa vida pode ser vegetativa, ou até mesmo produtiva, a depender do corpo em questão. Todavia, um suicida não consegue subtrair-se dos traumas mentais que o perseguem nem da cobrança da consciência a exigir reparos para com a lei. Caso ele se fortaleça na prece e no trabalho de renovação espiritual, terá sempre forças para superar a provação, que forçosamente repetirá na encarnação em pauta, um drama semelhante ao que ele faliu.

O instrutor me entrega alguns papéis para que eu leia, pois, se tiver que lhe explicar tantos casos, ultrapassará o tempo previsto. Vou apenas ler o que se encontra nessa página.

Algumas doenças apresentadas no futuro corpo carnal dos suicidas, conforme o gênero de suicídio escolhido.

Fogo: fobia ao fogo; doenças como a hanseníase e o fogo selvagem; manchas e urticárias na pele;

Afogamento: Fobia a grandes massas de água; doenças pulmonares; asfixias; esquistossomose;

Envenenamento: enfermidades no sistema digestivo; câncer de esôfago, de estômago, de intestinos; alergias rigorosas;

Enforcamento: doenças nervosas; enfermidades na coluna; dificuldades na fala; doenças respiratórias;

Tiro no peito: doenças ligadas ao sistema circulatório; deformação

O perispírito e suas modelações   341

torácica; corpo sujeito a hemorragias e abalos nervosos;

Tiro no ouvido: deficiência mental; surdez; cegueira; dificuldade de aprendizagem; deformações cranianas e cerebrais;

Explosão: mortes prematuras para regeneração perispiritual; natimorto; mutilações generalizadas; hidrocefalia; vida vegetativa.

Apenas li a mensagem que ele me trouxe. Pede que você analise a conveniência de divulgá-la ou não.

CAPÍTULO 54

CONCLUSÃO

Eis que chegamos ao fim do trabalho, com o pensamento firme de que é preciso continuar. O movimento é o que caracteriza a vida. Adotar a inércia como paradigma, jamais.

Se tivéssemos que resumir o que dissemos na segunda parte desse trabalho, lembraríamos que toda e qualquer modelagem perispiritual é, em última instância, promovida pelo Espírito que dela necessita, sendo a grande variedade de técnicas descritas e utilizadas pelos cientistas espirituais, métodos indutores para que ele tenha condições de se automodelar.

O conhecimento, neste campo, exige trabalho exaustivo, tal como o garimpeiro procede na remoção de montanhas de cascalho para encontrar uma pepita de ouro. Mas como lembrou Jesus, o troféu para quem persegue e adquire o conhecimento da verdade é a liberdade.

Foram anos de pesquisa e convivência com nossos amigos e instrutores espirituais, a quem devemos a elaboração deste compêndio, no qual apenas participamos como aprendiz. O verdadeiro mérito cabe a esses dedicados mestres, que adotando-nos como seus alunos, nos levaram as mais longínquas e bizarras regiões do espaço, onde um evento pudesse significar ensinamento para as questões que formulávamos.

Ignorando nossas imperfeições, não perdiam a oportunidade em incentivar-nos para as virtudes evangélicas, notadamente a vigilância e a oração, o estudo doutrinário e a sua aplicação prática, como normas a serem observadas por bons aprendizes.

Vasculhamos com eles nesses anos, à procura de exemplos práticos para modular nossa teoria à realidade palpável do mundo espiritual, numerosas colônias, universidades, hospitais, laboratórios, cenários dantescos, pântanos trevosos, perigosos recintos situados no nosso plano e no deles. Onde o ensinamento pudesse ser feito adequado às condições teoria-prática, lá estávamos nós, com a costumeira curiosidade.

Pronunciamos centenas de vezes as interrogações, *como* e *por que*, pois estas são as palavras mais frequentes entre os aprendizes das coisas e dos eventos do plano espiritual.

Inútil tentar esboçar um agradecimento. Não saberíamos como fazê-lo, nem jamais nos exigiriam tal procedimento. No entanto, às centenas de irmãos que nos ajudaram nesta obra, seja de maneira direta ou indireta, desde o mais evoluído até o mísero suicida que se fez objeto de estudo, desejamos que Deus os recompense com a paz, salário do servo fiel.

Cremos que a idéia de condensar ensinamentos sobre o perispírito foi alcançada, visto não termos a pretensão nem a competência de elaborar um tratado sobre o mesmo. Como convivemos com a imperfeição, sem com ela pactuarmos, nosso trabalho pode conter falhas as quais atribuímos a nossa pessoa, por ocasião da interpretação e redação da idéia. Os médiuns que colaboraram na obra não são técnicos polivalentes para que pudessem argumentar sobre tantas faces da ciência. Possuem suas limitações como todos nós, mas nunca se mostraram ilhados na acomodação. Estudamos juntos, sofremos juntos, nos intrigamos juntos, diante de tantas sutilezas mostradas no perispírito. Ao final, ficamos felizes juntos com a conclusão da obra.

O trabalho está terminado. Que apareçam os estudantes. *O perispírito e suas modelações* constitui assunto vastíssimo na pesquisa moral, filosófica e científica do Espiritismo. "Aquele que não sabe é como aquele que não vê", diz velho adágio popular.

E aquele que não vê, sem um bom guia, pode cair no abismo.

Deus seja louvado.

Luiz Gonzaga Pinheiro

GLOSSÁRIO
(BIOLOGIA E QUÍMICA)

Biologia

Angiospermas: árvores (fanerógamos) que apresentam flores.

Anorexia: falta de apetite.

Autótrofos: Seres capazes de sintetizar seu próprio alimento (vegetais).

Auxina: hormônio que produz o crescimento nos vegetais.

Briófitas: musgos. Vegetais sem raízes, flores e frutos.

Caroteno: pigmento existente em alguns vegetais.

Celulose: substância que forma o arcabouço dos tecidos vegetais.

Cianofíceas: algas azul-verdes, filamentosas e microscópicas.

Citoplasma: substância celular situada entre a membrana plasmática e o núcleo.

Clorofila: pigmento verde das folhas vegetais.

Coanócitos: células com colarinho pertencentes às esponjas.

Estigma: parte superior do estilete da flor.

Euglena: protozoário não parasita, que possui clorofila e é autótrofo.

Fanerógamos: vegetais superiores que possuem flores.

Filóide: folha rudimentar.

Flagelo: estrutura utilizada por bactérias e protozoários, na locomoção.

Gimnospermas: árvores (fanerógamos) que não apresentam flores.

Hifas: células longas dos fungos.

Nastismos: movimentos de curvatura cuja direção independe da origem da excitação, mas da simetria interna do órgão que reage (existentes nos vegetais).

Protoplasma: a maior porção intercelular.

Predador: animal que mata para se alimentar.

Rizóide: estrutura de fixação que absorve água (raiz rudimentar).

Sépia: espécie de bolsa com tinta semelhante ao nanquim, com a qual o polvo confunde seus inimigos.

Tropismo: movimentos de curvatura orientados em relação a um agente excitante, podendo ser negativo ou positivo (existente nos vegetais).

Vacúolo: cavidade que se forma na massa protoplasmática.

Xantofila: substância amarelada que substitui a coloração verde das plantas.

Química

Átomo: porção elementar da matéria.

Alfa: primeira letra do alfabeto grego, utilizada para designar uma radiação atômica de características próprias.

Beta: segunda letra do alfabeto grego, utilizada para designar uma radiação atômica com características próprias.

Corpo: qualquer porção limitada de matéria.

Elétron: partícula pertencente do átomo e que possui carga negativa.

Eletrosfera: região do átomo ocupado pelo elétron ao redor do núcleo atômico.

Fluido: designação genérica de qualquer líquido ou gás.

Gama: terceira letra do alfabeto grego, utilizada para designar um tipo de radiação atômica.

Isótopos: átomos com diferentes números de massa e iguais números de prótons e de elétrons.

Matéria: tudo que ocupa um lugar no espaço.

Molécula: agrupamento de átomos formando a menor porção de uma substância, conservando todas as suas propriedades.

Nêutron: partícula sem carga elétrica, pertencente ao núcleo do átomo.

Núcleo: porção central do átomo.

Neutrino: partícula eletricamente neutra e de carga desprezível.

Número atômico: o número de prótons do núcleo de um átomo.

Número de massa: soma do número de prótons com o número de nêutrons de um átomo.

Orbital: região do espaço em que há maior probabilidade de encontrar um elétron.

Próton: partícula pertencente ao átomo e que possui carga positiva.

Radioatividade: propriedade que os núcleos atômicos instáveis possuem de emitirem partículas e radiações eletromagnéticas para se transformarem em núcleos estáveis.

Reação nuclear: reação que altera o núcleo do átomo.

BIBLIOGRAFIA

Abeille, R; Rusconi, F. – Os Segredos da Astronomia. Gênova, Editions Farmot, 1977.

Bander, P. – Os Espíritos Comunicam-se por Gravadores. 2 ed., São Paulo, Edicel, 1977.

Blackmore, S. – Experiências Fora do Corpo. 3 ed., São Paulo, Pensamento, 1988.

Bozzano, E. – Desdobramento. São Paulo, Indústria Gráfica Saraiva.

_____, E. – A Crise da Morte. 4 ed., Rio de Janeiro, FEB, 1979.

_____, E, – Enigmas da Psicometria. Rio de Janeiro, FEB, 1949.

Cerviño, J. – Além do Inconsciente. 2 ed., Rio de Janeiro, FEB, 1979.

Delanne, G. – O Fenômeno da Morte. 3 ed., Rio de Janeiro, FEB, 1977.

_____, G. – A Evolução Anímica. 4 ed., Rio de Janeiro, FEB, 1976.

Denis, L. – No Invisível. 4 ed., Rio de Janeiro, FEB, 1939.

_____. – Depois da Morte. 9 ed., Rio de Janeiro.

_____. – O problema do Ser, do Destino e da Dor. 9 ed., Rio de Janeiro, FEB, 1975.

Erny, A. – O Psiquismo Experimental. 3 ed., Rio de Janeiro, FEB, 1982.

Feltre, R. - Físico-Química e Reações Nucleares. São Paulo, Editora Moderna, 1979.

_____, R. – Química Geral e Atomística. São Paulo, Editora Moderna, 1979.

Guillon, C; Bonnice. – Suicídio, Modo de Usar. 1 ed., São Paulo, EMW Editores, 1984.

Guimarães, H. – Espírito, Perispírito e Alma. 1 ed., São Paulo, Pensamento, 1984.

_____, H. – Psi Quântico. 2 ed., São Paulo, Pensamento, 1986.

Geley, G. – Resumo da Doutrina Espírita. 3 ed., São Paulo, Lake, 1975.

Hawking, Stephen W. – Uma Breve História do Tempo. Rio de Janeiro,

Rocco, 1988.

Kardec, A. – O Livro dos Espíritos. 2 ed. São Paulo, IDE, 1975.

_____. – O Evangelho segundo o Espiritismo. 20 ed., São Paulo, Lake, 1980.

_____. – O Céu e o Inferno. 19 ed., Rio de Janeiro, FEB, 1963.

_____. – A Gênese. 17 ed., Rio de Janeiro, FEB, 1975.

_____. – O Livro dos Médiuns. 6 ed., São Paulo, Lake, 1978.

Lago, S. R; Carvalho, C. R. – Origem da Vida, Evolução e Ecologia. São Paulo, IBEP, 1978.

Martho, A; Mizuguchi. – Os Seres Vivos. 2 ed., São Paulo, Editora Moderna, 1979.

Miranda, P. Manoel – Painéis da Obsessão. 1 ed., Salvador, Alvorada, 1983.

_____, – Nas Fronteiras da Loucura. 1 ed., Salvador, Alvorada, 1982.

_____, – Nos Bastidores da Obsessão. 2 ed., Rio de Janeiro, FEB, 1976.

Miranda, H. – Diálogo com as Sombras. 2 ed., Rio de Janeiro, FEB, 1981.

Muller, K. – Reencarnação Baseada em Fatos. 1 ed., São Paulo, Editora Difusora Cultural, 1979.

Norman, R. – Você Vive Depois da Morte. 1 ed. São Paulo, Nova Época Editorial.

Owen, V. – A Vida Além do Véu. 4 ed., Rio de Janeiro, FEB, 1983.

Pereira, Y. – Devassando o Invisível. 3 ed., Rio de Janeiro, FEB, 1976.

_____. – Memórias de um Suicida. 2 ed., Rio de Janeiro, FEB, 1975.

_____. – O Drama de Bretanha. 5 ed., Rio de Janeiro, FEB, 1973.

Pires, H. – Vampirismo. 1 ed., São Paulo, Paideia, 1980.

Russel, B. – ABC da Relatividade. 5 ed., Rio de Janeiro, Zahar Editores, 1981.

Sagan, C. – Cosmos. 1 ed., Rio de Janeiro, Francisco Alves, 1981.

Storer, T; Usinger, R. – Zoologia Geral. 2 ed., São Paulo, Companhia Editora Nacional, 1976

Toben, B; Wolf F. – Espaço, Tempo e Além. São Paulo, Pensamento, 1988.

Vieira, W. – Projeções da Consciência. 1 ed., São Paulo, Lake.

O *perispírito e suas modelações*

351

Weinberg, S. – Os Três Primeiros Minutos. Rio de Janeiro, Guanabara Dois, 1980.

Xavier, F.C. – O Consolador. 2 ed., Rio de Janeiro, FEB, 1945.

_____. – Paulo e Estêvão. 4 ed., Rio de Janeiro, FEB.

_____. – A Caminho da Luz. Rio de Janeiro, FEB, 1972.

_____. – Cartas de uma Morta. 8 ed., São Paulo, Lake, 1978.

_____. – Entrevistas. 3 ed., São Paulo, IDE, 1981.

_____. – Dos Hippies aos Problemas do Mundo. 3 ed., São Paulo, Lake, 1972.

_____. – Evolução em Dois Mundos. 2 ed., Rio de Janeiro, FEB.

_____. – Libertação. 6 ed., Rio de Janeiro, FEB, 1974.

_____. – Obreiros da Vida Eterna. 9 ed., Rio de Janeiro, FEB, 1975.

_____. – Ação e Reação. 7 ed., Rio de Janeiro, FEB, 1980.

_____. – No Mundo Maior. 5 ed., Rio de Janeiro, FEB, 1970.

_____. – Nos Domínios da Mediunidade. 8 ed., Rio de Janeiro, FEB, 1976.

_____. – Missionários da Luz. 14 ed., Rio de Janeiro, FEB, 1981.

_____. – Mecanismos da Mediunidade. 3 ed., Rio de Janeiro, FEB, 1970.

CONHEÇA TAMBÉM

Mediunidade para iniciantes
Luiz Gonzaga Pinheiro
14x21 cm • 184 pp.

A possibilidade de comunicação entre vivos e mortos é um tema que interessa a cada um em particular. Este estudo que Luiz Gonzaga Pinheiro nos apresenta é fundamental para os que desejam se informar sobre o que significa a mediunidade, tornando-nos mais aptos a perceber os seus sinais em nossa vida.

Doutrinação para iniciantes
Luiz Gonzaga Pinheiro
Doutrinário • 14x21 cm • 256 pp.

Criada e desenvolvida por Allan Kardec, a doutrinação espírita é usada para conduzir à luz os espíritos desencarnados. Antes muito voltada aos espíritos obsessores, hoje a doutrinação se destina a todos os espíritos. Neste livro, Luiz Gonzaga Pinheiro retoma o assunto que, em suas palavras, é "uma das mais belas tarefas da casa espírita", mas também "uma das mais difíceis de executar".

Diário de um doutrinador
Luiz Gonzaga Pinheiro
14x21 cm • 216 pp.

É obra que enfoca, através de relatos sintéticos e de fácil assimilação, a realidade de uma reunião de desobsessão. São narrados fatos reais, onde a necessidade de conhecimento doutrinário, da aquisição da disciplina moral e mental são indispensáveis. Recomenda-se como livro obrigatório para médiuns, dirigentes e doutrinadores em centros espíritas.

Não encontrando os livros da **EME** na livraria de sua preferência,
solicite o endereço de nosso distribuidor mais próximo de você através de
Fones: (19) 3491-7000 / 3491-5449
(claro) 9 9317-2800 / (vivo) 9 9983-2575
E-mail: vendas@editoraeme.com.br – Site: www.editoraeme.com.br